司法责任制度比较研究丛书

丛书主编：蒋新苗 肖北庚

湖南师范大学法学学科经费资助出版

加拿大司法责任制度研究

黄文旭 著

武汉大学出版社

图书在版编目(CIP)数据

加拿大司法责任制度研究/黄文旭著.—武汉:武汉大学出版社,2018.5

司法责任制度比较研究丛书/蒋新苗　肖北庚主编

ISBN 978-7-307-20178-1

Ⅰ.加… Ⅱ.黄… Ⅲ.法律责任—司法制度—研究 —加拿大 Ⅳ.D971.16

中国版本图书馆 CIP 数据核字(2018)第 087031 号

责任编辑:林　莉　沈继侠　　　责任校对:李孟潇　　　版式设计:韩闻锦

出版发行:**武汉大学出版社**　　(430072　武昌　珞珈山)

(电子邮箱:cbs22@whu.edu.cn　网址:www.wdp.com.cn)

印刷:北京虎彩文化传播有限公司

开本:720×1000　1/16　印张:16.25　字数:232 千字　插页:1

版次:2018 年 5 月第 1 版　　2018 年 5 月第 1 次印刷

ISBN 978-7-307-20178-1　　定价:48.00 元

版权所有,不得翻印;凡购我社的图书,如有质量问题,请与当地图书销售部门联系调换。

总　序

　　司法责任一般是指司法责任主体违反其职业操守和背离司法权运行基本规律而需承担法律方面的不利后果，乃至遭受惩处的法律责任。早在我国西周时期《尚书·吕刑》中的"五过之疵"就可视为古代对判官追责的萌芽，而唐朝《唐律疏议·名例》所规定的"出入人罪"则更加明确了对司法官员追责的依据和标准。宋元明清在司法责任追究方面除沿袭唐制外，并无新的建树。1949年中华人民共和国成立初期全面废除旧法统，加之一些历史原因，导致我国的司法责任制度在很长一段时间内处于缺位状态。从20世纪80年代开始，一些地方法院开始试行"错案责任追究制"，以结果责任模式为逻辑建立法官责任制。我国《宪法》第126条明确规定"人民法院依照法律规定独立行使审判权"，但司法权作为一种权力，也会被滥用甚至导致腐败，因而必须通过责任追究等措施对司法权进行控制。中国有近20万名法官，掌握着司法权。法官在什么程度上承担责任，如何承担责任对人民群众的日常生活有重大影响，影响人民群众对依法治国的信心，影响人民群众能否在每一个案件中感受到公平正义。而1995年《法官法》的颁行是我国司法责任制建立的标志，该法于"惩戒"一章规定了对法官的追责事由与惩戒方式。此后，党中央与最高人民法院制定了诸多关于法官责任制的政策性文件与规定。1998年，最高人民法院颁布了《人民法院审判人员违法审判责任追究办法（试行）》和《人民法院审判纪律处分办法（试行）》。1999年《人民法院五年改革纲要（1999—2003）》（《"一五"改革纲要》）要求"对法官担任审判长和独任审判员的条件和责任做出明确规定"。2005年《"二五"改革纲要》要求"建立法官依法独立判案责任制，强化合议庭和独任法官的审判职责。院长、副院长、庭长、副庭长应当参加合议庭审理案件。逐步实现合议庭、独任法官负责制"。2009年《"三五"改革纲要》要求"建立体现宽严相济、促进社会和谐稳定的办案质量考评制度和奖惩机制，改进办案考核考评指标体系，完善人民法院错案认定标准和违法审判责任追究制度"。2010年最高人民法院发布了《法官职业道德基本准则》和《法官行为规范》。同年，全国政法工作会议提出了"四个一律"的要求。最高人民法院还发布了法官"五个严禁"（2009年）、"十个不准"（2013年）等禁令。

2013年11月12日，党的十八届三中全会通过了《中共中央关于全面深化改革若干重大问题的决定》，标志着我国改革进入了新的历史时期。十八届三中全会决定提出："完善主审法官、合议庭办案责任制，让审理者裁判、由裁判者负责。"2014年6月6日，中央全面深化改革领导小组第三次会议通过了《关于司法体制改革试点若干问题的框架意见》，标志着我国开启了新一轮司法改革。该意见要求主审法官、合议庭法官在各自职权范围内对案件质量终身负责，严格错案责任追究。2014年10月23日，十八届四中全会通过的《中共中央关于全面推进依法治国若干重大问题的决定》进一步强调："完善主审法官、合议庭、主任检察官、主办侦查员办案责任制，落实谁办案谁负责。……明确各类司法人员工作职责、工作流程、工作标准，实行办案质量终身负责制和错案责任倒查问责制，确保案件处理经得起法律和历史检验。"而《四五改革纲要》则更具体地提出："按照权责利相统一的原则，明确主审法官、合议庭及其成员的办案责任与免责条件，实现评价机制、问责机制、惩戒机制、退出机制与保障机制的有效衔接。主审法官作为审判长参与合议时，与其他合议庭成员权力平等，但负有主持庭审活动、控制审判流程、组织案件合议、避免程序瑕疵等岗位责任。科学界定合议庭成员的责任，既要确保其独立发表意见，也要明确其个人意见、履职行为在案件处理结果中的责任。"2015年9月21日，最高人民法院发布了《关于完善人民法院司法责任制的若干意见》，该意见规定了审判责任的认定与追究，包括审判责任范围、审判责任承担、违法审判责任追究程序等。该意见第25条规定："法官应当对其履行审判职责的行为承担责任，在职责范围内对办案质量终身负责。法官在审判工作中，故意违反法律法规的，或者因重大过失导致裁判错误并造成严重后果的，依法应当承担违法审判责任。"2015年9月28日，最高人民检察院发布了《关于完善人民检察院司法责任制的若干意见》，2016年7月22日，中央全面深化改革领导小组通过了《关于建立法官、检察官惩戒制度的意见（试行）》，2016年10月22日，最高人民法院和最高人民检察院联合将该意见发布。这标志着我国的司法责任制在全国范围全面推行。

习近平总书记指出，司法责任制改革是全面深化司法体制改革的"牛鼻子"。司法责任制改革在全面深化司法体制改革中具有基础性、全局性地位，是本轮司法改革的重要内容。当前，司法实践中依然存在冤假错案，有损司法公正和司法公信。导致错案的原因很多，但审者不判、判者不审、权责不清无疑是重要原因。司法责任制改革对于完善中国特色社会主义司法制度，促进司法公正高效，提高司法公信力具有十分重要的意义。如何科学界定法官的审判责任，构建符合权责一致性规律的法官责任追究机制，是当前人民法院深化司法责任制改革的一个重大课题。为此，习近平总书记还特别强调，全面深化司法体制改革，"要紧紧抓住司法责任制这个牛鼻子，凡是进入法官、检察官员额的，要在司法一线办案，对案件质量终身负责。法官、检察官要有审案判案的权力，也要加强对他们的监督制约，把对司法权的法律监督、社会监督、舆论监督等落实到位，保证法官、检察官做到'以至公无私之心，行正大光明之事'"。

虽然《关于完善人民法院司法责任制的若干意见》、《关于完善人民检察院司法责任制的若干意见》以及《关于建立法官、检察官惩戒制度的意见（试行）》已经发布，但这不是我国司法责任制度改革的终点。司法责任制度的建立和完善是一项长期工程，不可能一蹴而就。域外一些法治比较发达的国家依然在通过推进司法制度改革不断完善司法责任制。比如，美国的司法责任追究制以美国联邦《宪法》第2条第4款和第3条第1款的"弹劾"为基础，而为完善司法惩戒机制进行的司法改革就从未停止过，2015年9月美国联邦司法中心就对《联邦司法改革纲要》进行了新一轮修订。加拿大1971年设立了负责司法惩戒程序的司法理事会，但此后一直在对司法惩戒程序进行修正和完善，2016年10月加拿大司法理事会又发布了《关于改革对联邦任命法官的司法惩戒程序的建议》。德国曾在1851年就设立了法官纪律法院（Dienstgericht），随后又通过《德国基本法》和《德国刑法典》等不断健全和完善法官的弹劾与惩戒机制。由此可见，域外司法责任制的推行是一个长期的、不断探索发展完善的过程。要在我国科学构建和完善司法责任制度并使其在实践中发挥应有的作用，在上述关于司法责任制和惩戒制度的意见颁布之后，还有很长的路要走。除了上述意见本身还需要解释细化之外，我国司法责任制的基本原则、司法责任制的适用范围和标准、司法责任追究的程序和承担形式等都还需要进一步完善。

  法治是人类智慧的结晶，是人类文明的共同财富。不能因法律的政治目的不同而抹煞其具体功能上的一致性，更不能以政治体制的不同而否认不同法律制度间相互借鉴的可行性和必要性。我们要积极借鉴人类社会创造的一切文明成果，不管是哪种社会制度下创造的文明成果，只要是进步的优秀的东西，都应积极学习和运用。[①] 各国司法制度在回应社会需要和自身的发展规律等方面已有趋同之势。一些国家的司法责任制度已经比较成熟，司法惩戒程序已经运行多年并积累了丰富的案例。我国的司法责任制改革应该树立现代司法理念，勇于冲破思想观念的障碍和利益固化的藩篱，直面改革中的深层次问题，积极借鉴国外司法责任制度发展的经验。尽管司法更多地体现了一种地方性知识，但司法改革也要尊重司法

---

① 《深刻领会和全面落实邓小平同志的重要谈话精神，把经济建设和改革开放搞得更快更好》（1992年6月9日），载中共中央文献研究室编：《十三大以来重要文献选编》（下册），中央文献出版社2011年版，第2068~2069页。

自身的规律。考察不同国家的司法责任制度及其演变过程，有助于总结司法责任制改革中的司法规律，有助于理解当前中国司法责任制改革面临的问题和使命。

目前，我国的司法体制改革已进入深水处，司法责任制的建立和完善已到了全面推行的阶段，仅仅靠自己摸着石头过河还不够，在某些方面也许还需要借鉴和参考具体细致的域外经验。理想的状态是，针对一项改革措施，能够尽可能全面地收集域外做法，包括一项制度的演进脉络、配套措施、实施效果和不利影响等。然而，现有的对域外司法责任制进行研究的比较法资料不够全面、系统、深入和具体。为此，我们选择了英国、美国、加拿大、德国、法国、澳大利亚、日本以及我国香港特别行政区、澳门特别行政区等能够代表英美法系和大陆法系主要国家和地区的司法责任制度为研究对象，对这些国家或地区司法主体的职责、行为规范与惩戒程序等进行分门别类、全面系统的研究，力图将各个法域关于司法责任的立法、理论和司法实践图景完整展现，使国内读者能够直接、全面地掌握相关资料。通过对司法责任制的比较研究，有利于厘清司法责任制的内涵与外延、司法责任的范围和法律依据，有助于借鉴国外司法责任制在具体内容和形态（如惩戒责任和刑事责任）、责任追究程序（例如惩戒诉讼）等方面的先进经验，为我国的相关制度构建提供理论支撑，为司法责任制度的进一步完善提供参考资料。

比较法研究应当是问题导向和功能主义的，本丛书不拘泥于其他国家或地区包括"司法责任"的概念或法条，而是关注我国司法责任制改革所需要解决的问题，探究其他国家为了达到相似的功能所采取的制度安排以及背后的成因。需要说明的是，我们清醒地认识到，域外关于司法责任制度的实践经验并不是解决中国问题必然可行的"灵丹妙药"。因此，这一套司法责任制度比较研究丛书提供的是一种视角、一种思路、一种启发，而不是一种答案。对于中国的司法改革来说，无论是本土资源，还是域外经验，都是一种视角，还需要通过进一步研究转化为可操作的改革措施。在本丛书的基础上，可以进一步研究不同法律制度下司法责任制度之间的相同和差异,以及差异形成的原因,探讨我国借鉴的可能性与限度。

当前,党中央高度重视全面推进依法治国,加快建设社会主义法治国家,这是一个千载难逢的伟大时代。我国的司法改革面临前所未有的发展机遇和挑战,司法改革中有大量的问题需要理论研究支撑,司法改革方案在实施过程中也会遇到新的问题需要理论研究来解决。希望本套丛书的出版,可以为解决中国司法问题,为推进全面依法治国,为建设社会主义法治国家提供域外经验参考。正如邓小平同志所言:"我们的制度将一天天完善起来,它将吸收我们可以从世界各国吸收的进步因素,成为世界上最好的制度。"

蒋新苗

教育部长江学者特聘教授

第五届全国十大杰出青年法学家

第七届国务院学位委员会法学学科评议组成员

国家万人计划哲学社会科学领军人才

中国国际私法学会副会长

湖南师范大学副校长、教授、博士生导师

2017 年 3 月 1 日

目 录

绪论 …………………………………………………………… 1

第一章 加拿大司法体制与司法责任概述 …………………… 5
第一节 加拿大的司法体制 ……………………………… 5
一、加拿大司法的概念 ………………………………… 5
二、加拿大司法的横向结构 …………………………… 6
三、加拿大司法的纵向体系 …………………………… 8
四、加拿大司法的特征 ………………………………… 10
第二节 加拿大司法责任的理论基础 …………………… 11
一、加拿大司法责任制度的前提 ……………………… 11
二、加拿大司法责任制度的目的 ……………………… 13

第二章 加拿大司法权力运行机制 …………………………… 15
第一节 加拿大司法流程管理制度 ……………………… 15
一、加拿大司法流程管理的由来与意义 ……………… 15
二、加拿大司法流程管理的主要内容 ………………… 17
第二节 加拿大司法质量管理制度 ……………………… 36
一、司法质量管理的概念 ……………………………… 36
二、加拿大司法质量管理的标准 ……………………… 38
三、加拿大司法质量的考核与评估 …………………… 42
第三节 加拿大司法管理制度的改革 …………………… 49
一、《法院管理替代模式》报告简介 …………………… 49
二、目前的行政模式 …………………………………… 51
三、改革的宪法基础 …………………………………… 59

目　录

　　四、替代模式 ……………………………………………… 68

第三章　加拿大司法责任的主体 ………………………… 77
　第一节　法官 ………………………………………………… 77
　　一、法官的选任 …………………………………………… 77
　　二、法官的任期 …………………………………………… 83
　　三、法官的薪酬 …………………………………………… 83
　第二节　司法辅助人员 ……………………………………… 96
　　一、登记处工作人员 ……………………………………… 96
　　二、法庭服务处工作人员 ………………………………… 98
　　三、其他辅助人员 ………………………………………… 101

第四章　加拿大司法责任的内容 ………………………… 102
　第一节　加拿大法官职业道德准则的形成与发展 ………… 102
　　一、《加拿大1867年宪法》与良好行为标准 …………… 102
　　二、《加拿大法官法》与加拿大司法理事会 …………… 104
　　三、从《法官手册》到《法官职业道德准则》 ………… 105
　第二节　加拿大法官承担司法责任的事由 ………………… 109
　　一、没有保持司法独立 …………………………………… 109
　　二、没有维护司法尊严 …………………………………… 113
　　三、没有勤勉敬业 ………………………………………… 115
　　四、没有实现平等 ………………………………………… 121
　　五、不公正 ………………………………………………… 123

第五章　加拿大司法责任的追究 ………………………… 163
　第一节　加拿大联邦司法责任追究的基本架构 …………… 163
　　一、加拿大联邦司法责任追究依据 ……………………… 163
　　二、加拿大联邦司法责任追究的机构 …………………… 164
　第二节　加拿大联邦司法责任的追究程序 ………………… 166
　　一、调查程序的启动 ……………………………………… 166
　　二、筛选程序 ……………………………………………… 168

三、正式调查 …………………………………………… 172
第三节 加拿大联邦司法责任追究情况分析 …………… 177
第四节 加拿大各省法官责任追究程序 ………………… 179
一、安大略省 …………………………………………… 180
二、英属哥伦比亚省 …………………………………… 184
三、曼尼托巴省 ………………………………………… 185
四、魁北克省 …………………………………………… 187
五、萨斯卡其旺省 ……………………………………… 188
六、阿尔伯塔省 ………………………………………… 188
七、爱德华王子岛省 …………………………………… 189
八、纽芬兰与拉布拉多省 ……………………………… 189
九、诺瓦斯科迪亚省 …………………………………… 189
十、新布朗斯维克省 …………………………………… 189

附录 …………………………………………………… 192
附录1 加拿大《法官法》节选 ………………………… 192
附录2 加拿大法官道德准则 …………………………… 197
附录3 2015年加拿大司法理事会调查细则 ………… 230
附录4 加拿大司法理事会关于对联邦政府任命的法官投诉或指控的审查程序 …………………… 236
附录5 加拿大司法理事会调查委员会实践与程序手册 …… 241
附录6 加拿大司法理事会年度报告2015—2016 …… 245

绪 论

《中华人民共和国宪法》第131条规定，人民法院依照法律规定独立行使审判权。法院依法独立行使审判权的同时也承担相应的义务，受到各方面的约束。这些约束在普通法国家称之为司法责任、司法义务或司法约束（Judicial Accountability），是一个完整的体系。① 中国的近20万名法官，掌握着司法权。法官在什么程度上承担责任，如何承担责任对人民群众的日常生活有重大影响，影响人民群众对法官依法治国能力的信心，影响人民群众能否在每一个案件中感受到公平正义。在法官责任的追究上，我国存在三种模式：一是结果责任模式；二是程序责任模式；三是职业伦理责任模式。所谓结果责任模式，是一种在案件出现裁判错误的情况下，对存在过错的法官予以追责的制度模式。所谓程序责任模式，是指法官在审判过程中存在程序违法行为并造成严重后果的情况下，对其予以追责的制度模式。无论结果责任还是程序责任，都属于广义上的"办案责任"。而职业伦理责任则属于法官因违反职业伦理规范而要承担的法律责任。这种责任可以发生在法官办案过程之中，也可以发生在这一过程之外，但与办案本身的结果和过程没有直接关系，因而带有"职业责任"的性质。上述三种责任的一些内容已经被确立在我国的法律和规范性文件之中。陈瑞华教授认为，职业伦理责任作为一种理想的法官责任模式，完全可能成为未来法官责

---

① 蒋惠岭：《谈对〈法官职业道德基本准则〉的理解》，载《法律适用》2001年第11期，第8页。

任制度的改革选项。① 对域外司法责任的模式及其细节进行深入研究，可以为我国司法责任制度的完善提供有益的参考资料。在英国司法网站上，专门有个栏目介绍司法责任及其独立。在英国，大部分法官的责任通过上诉制度来体现，而首席大法官和上议院大法官的责任通过投诉制度来体现；对公众的责任则通过裁判文书公开来体现。

  司法责任是司法的重要价值已经得到普遍承认，但大部分有关司法责任的论著都集中于司法责任与司法独立的关系，而很少对司法责任的概念进行定义，这一事实容易让司法责任这一概念被误用或滥用。司法责任这一概念由一个名词"责任"和一个形容词"司法"构成，要理解"司法责任"，必须先理解"责任"的含义。《新华字典》对"责任"的解释是：(1)分内应做的事；(2)没做好分内事而应承担的过失。《牛津词典》对"责任"（accountable）的定义是，一个人对自己的决定或行为负责并在被要求时作出解释。"责任"是一个复杂且模糊的词语，这增加了"司法责任"被误用的危险。对"责任"的定义应当回答两个基本问题：(1)责任机制是否必须包括制裁权？(2)责任是否仅包括负面行为？而要对"司法责任"这一概念进行定义，需要回答六个问题：(1)谁是"法官"？(2)法官向谁承担责任？(3)法官因为什么承担责任？(4)法官通过什么程序承担责任？(5)法官承担责任的标准是什么？(6)法官承担责任要达到什么效果？

  对于谁是法官的问题，此处的法官指的是通过正当程序任命的各级法院的专职职业法官。

  对于法官向谁承担责任的问题，即法官承担责任的对象，可以从行政机关、立法机关、公众、法官的同事四个方面进行考虑。司法责任机制中的某些方面是向特定的对象负责，比如弹劾只能由立法机关负责，有些可以向所有对象负责，比如对法官的批评，有些可能设计成不同的方式包括一个以上的对象，比如惩戒程序。

---

  ① 陈瑞华：《法官责任制度的三种模式》，载《法学研究》2015年第4期，第5页。

对于法官因为什么承担责任的问题，可以分为裁判责任和行为责任两个方面。裁判责任指的是法官对其作出的司法裁判负责，司法裁判责任应作广义理解，不仅包括裁判的实体内容，也包括裁判的形式、排版等。行为责任指的是法院应对其庭内行为与庭外行为负责。

其他三个问题，即法官承担责任的程序、标准、效果，它们之间是密切相关的。即使对司法责任作狭义理解，依然有很多机制在司法责任定义的范围内，比如法官弹劾机制与法官惩戒机制。对于司法责任的标准问题，不同的司法责任制度之间差别很大，但可大致分为政治标准和法律标准两类。法官承担责任的一个重要特征是最大限度地将"司法责任"法律化。这意味着自由裁量权更大的法官的政治责任在减弱，其政治责任被严格依据法律标准的法律责任所取代。

在回答了以上问题之后，可对司法责任作如下定义：司法责任指的是法官的行为或裁判过于偏离公认标准时，法官预期需要承担的代价或获得的利益。① 2015 年 9 月 21 日，最高人民法院发布了《关于完善人民法院司法责任制的若干意见》（以下简称《意见》），《意见》第 25 条规定，"法官应当对其履行审判职责的行为承担责任，在职责范围内对办案质量终身负责。法官在审判工作中，故意违反法律法规的，或者因重大过失导致裁判错误并造成严重后果的，依法应当承担违法审判责任。法官有违反职业道德准则和纪律规定，接受案件当事人及相关人员的请客送礼、与律师进行不正当交往等违纪违法行为，依照法律及有关纪律规定另行处理"。《意见》的出台是我国司法责任制改革的重要成果，但该《意见》并非我国司法责任制改革的终点，除了《意见》本身还需要解释细化之外，我国法官司法责任的范围与责任追究程序都还需要进一步完善。法治是人类智慧的结晶，是人类文明的共同财富。我们要积极借鉴人类社会创造的一切文明成果，不管是哪种社会制度下创造

---

① Defining "Judicial Accountability", http://www.legalindia.com/defining-judicial-accountability/.

的文明成果，只要是进步的优秀的东西，都应积极学习和运用。①一些国家已经有了较为成熟的司法责任制度，我们在进一步完善我国司法责任制度的过程中要大胆学习和借鉴。

加拿大领土面积为998万平方千米，位居世界第二，和我国领土面积相当。加拿大有着经济繁荣、人口聚集的多伦多、温哥华、渥太华等城市，也有着努纳武特地区、育空地区等很多人口稀少的偏远地区。加拿大还是英法双语国家，有着两种不同的法律体系，即魁北克省的法国法传统，而其余地区传承的是英国普通法。加拿大的领土面积和复杂的国情都和我国有着某种程度上的可比性，这是研究加拿大司法责任制度的第一个理由。第二个理由是加拿大设立了司法理事会这一专门负责调查法官行为的机构，制定了详细的法官职业道德准则和调查法官行为的规定，并且有着大量处理有关法官投诉的案例，在司法责任制度上积累了丰富的经验和研究素材。因此，本书选择加拿大司法责任制度为研究对象，对加拿大法官的职责、司法责任的范围与追究程序进行系统研究，以期为我国司法责任制度的进一步完善提供参考资料。

需要说明的是，司法责任制度与法官惩戒制度是可以互相替代的概念，对法官实施惩戒就是因为法官因不当言行导致其需要为此承担责任，故惩戒法官就是追究法官的责任。② 因此，本书研究的对象是加拿大司法责任制度，用另一种表述方法也就是加拿大的司法惩戒制度。

---

① 《深刻领会和全面落实邓小平同志的重要谈话精神，把经济建设和改革开放搞得更快更好》（1992年6月9日），载《十三大以来重要文献选编（下册）》，人民出版社1993年版，第2068~2069页。
② 全亮著：《法官惩戒制度比较研究》，法律出版社2011年版，第11页。

第一章 加拿大司法体制与司法责任概述

第一节 加拿大的司法体制

一、加拿大司法的概念

本书研究的对象为加拿大司法责任制度，因此，首先要对加拿大司法的概念进行界定。一般认为，司法是指由专门的国家司法机关根据法定职权和法定程序，具体适用法律、处理案件的专门活动，特别是指法院的审判活动。但司法的概念有着广义与狭义之分。狭义的司法特指法院的权限及其审判活动。在这个意义上，司法与法院的审判活动具有基本相同的内涵和外延，司法即审判，司法机关，即法院，司法程序即诉讼程序。广义的司法指与立法和行政相对的、通过适用具体法律规范解决纠纷的一种国家的专门活动，在这个意义上，除法院以外的许多国家机关或机构也承担着一定的司法功能（或准司法功能）。[①] 司法是历史的产物，是一种社会现象，不断演进变化。它随着国家的社会制度、历史背景、文化传统和经济发展程度的不同而存在差异。[②] 在实行三权分立的国家，司法是与立法、行政相对应的一项国家活动，即国家适用法律

[①] 范愉著：《司法制度概论》，中国人民大学出版社2004年版，第2页。

[②] 熊先觉、刘运宏著：《中国司法制度》，法律出版社2005年版，第1页。

解决纠纷的活动。在这些国家，司法就是审判，司法权就是审判权，司法机关也仅指法院。至于检察权，则是作为行政权的一部分，因而检察机关隶属于行政系统。而在苏联、东欧等社会主义国家，司法不仅包括审判，而且包括检察，司法机关由审判机关和检察机关共同构成。① 在我国，司法机关包括人民法院和人民检察院也已成为通说。

加拿大是实行三权分立的国家，法院是加拿大的司法部门，独立于立法部门和行政部门。根据加拿大的法律制度，本书将加拿大司法的概念界定为：加拿大法院根据法定职权和法定程序，具体适用法律、处理案件的专门活动。

二、加拿大司法的横向结构

加拿大是个三权分立的国家，立法机关、行政机关与司法机关是政府的三个独立部门。立法机关、行政机关与司法机关在加拿大司法管理中的地位与权限划分是加拿大司法管理体制的核心内容。

（一）立法机关

加拿大的立法机关并不直接参与加拿大的司法管理，但这并不是说加拿大立法机关在加拿大司法管理中没有地位。加拿大立法机关主要是通过制定与司法管理有关的法律来间接影响司法管理。加拿大立法机关制定的与司法管理有关的法律有《法官法》《联邦法院法》《法院管理服务法》等。目前，加拿大司法管理由行政机关控制，而行政机关则向立法机关报告。所以加拿大立法机关在司法原理上还处于接受报告的地位，在形式上是加拿大司法管理的最高机关。加拿大法官薪酬委员会的部分成员也是由立法机关任命的。因为有关公共资源分配的决定，一般属于立法机关的事务，因此，加拿大司法管理的财政预算也是经立法机关通过后，交由行政机关执行。此外，虽然根据加拿大的惯常做法，法官薪酬由综合收入基金拨款支付，无须经立法机关每年表决拨款，但这并不表示法官薪酬的调整无须经立法机关审议。这是因为法官薪金的实际金额通常

---

① 谭世贵著：《中国司法制度》，法律出版社2005年版，第1页。

由法律规定，如要调整金额，必须由立法机关修订有关法律。

（二）行政机关

在加拿大目前的司法管理模式中，行政机关占有主导地位，因此该种模式也被称为行政模式。在行政模式下，法院管理由行政机关控制，而行政机关则向立法机关报告。行政机关的代表通常是司法部部长。然而，在加拿大的多数省份，一些法院管理的决定还由政府的其他部门负责，因此司法部并不是负责法院管理的唯一行政机关。虽然司法部不是负责法院管理的唯一行政机关，但却是承担责任的主要机关。如联邦法官的任命是先由司法部部长向内阁推荐，然后由内阁通知总督，最后由总督任命法官。实际上，是否任命候选人为联邦法官的决定权掌握在顾问委员会和司法部部长手上。司法部部长对联邦法官的任命负有主要责任。总之，加拿大法院法官的任命、法官的薪酬、法官的免职、法院财政预算等行政事务都是由行政机关负责的。所以，行政机关是加拿大司法管理的主要机关。当然，由行政机关主导的司法管理的行政模式在加拿大已经受到了批评，有了改革的倾向。

（三）司法机关

司法管理体制当然不能忽略司法机关。在加拿大目前的司法管理模式中，行政机关占主导地位，而司法机关并不能控制司法管理事务。在宪法赋予的裁判领域外，法官在法院管理中的作用明显是由行政机关授予的。其结果是行政模式在很大程度上依靠行政机关与司法机关之间的相互信任与善意。在财政方面，法院几乎没有能力决定法院开支的先后顺序。在加拿大的大部分省份，法院对自己的财政预算的影响甚少，对如何使用法院预算的实质控制就更少了。总的来说，司法机关只能通过司法部来对司法管理施加影响，而法院与司法部之间的关系却是不明确的。由于司法独立原则不应限于审判独立，应扩展到法官的任期保障、财政保障与管理独立，因此加拿大司法机关在司法管理中的作用将随着加拿大司法管理制度的改革而逐渐增强。

（四）其他机关

以往讨论较多的是司法机关与司法部在法院管理决策中的地

位。这种讨论集中在司法部能否在内阁或最高级别的政府委员会中作为法院管理事项的代言人,以及如何划分司法机关与司法部对法院管理决策的控制。随着时代的发展,政府的组织政策以及法院提供的服务类型都发生了改变,其他一些机关也开始在法院管理决策中发挥一定的作用。这些机关包括加拿大司法理事会、加拿大法官薪酬及福利委员会等。

三、加拿大司法的纵向体系

加拿大在相当长的时期内都以英属北美殖民地和英帝国自治领地的面貌出现在世界舞台上,其国家主权是经过了一系列演变才逐步获得的,现在名义上依然是英联邦的成员。因而,英国的法律制度对加拿大产生了巨大的影响,加拿大法律制度的形成和发展都深深地打上了英国法律传统的烙印。[1] 但不可否认的是,加拿大的法律制度是由两个部分组成的,属于"一国两制",即有十一个省或地区属于英国法影响下的普通法系,而魁北克省却是一个例外,因为魁北克省原属法国殖民地,英法战争后英国获得其统治权。但魁北克省已经于1866年以《拿破仑法典》为基础制定了《魁北克民法典》,建立了以法国法为基础的大陆法系制度,一直沿用至今。

加拿大现行司法体制的基本框架是由《加拿大1867年宪法》确立的。但这个宪法实际上是英国议会的法律,是1867年确认加拿大脱离英国组成联邦政府的法律,当时称为"英属北美法案(British North America Act)"。该法案之后多次修正,但每一次修正,加拿大议会都需要报请英国议会批准。1982年,加拿大议会通过了《加拿大法案》(Canada Act, 1982),把《英属北美法案》变成了加拿大议会的法律,并且重新命名为《加拿大1867年宪法》(Constitution Act, 1867)。与此同时,通过了以"加拿大权利与自由宪章"为主要内容的《加拿大1982年宪法》。因此加拿大宪法实际上包括《加拿大1867年宪法》(Constitution Act, 1867)

---

[1] 蓝若兰:《加拿大的法律传统与联邦制》,载《中外法学》1991年第3期,第62页。

及其修正案、英国宪法的不成文的规则,以及《加拿大1982年宪法》。

加拿大的国家结构形式为联邦制,国家权力由联邦和省分享。加拿大联邦与省两级政府的权力分配,是由《英属北美法案》,即《加拿大1867年宪法》确定的。在立法与司法等法律事务方面的权力分配,联邦政府主要负责:破产,专利与发明,知识产权,结婚与离婚,刑法与刑事诉讼程序,监狱的设立、管理与维护。此外还规定,总督任命各省高级法院、地区和县法院的法官,上述法官的工资、福利、退休金等由联邦政府规定和提供,法官从律师协会中选拔。加拿大议会可以设立全国性的上诉法院,以及其他专门法院,各省主要负责:省法院的设立、管理与组织,包括民事与刑事法院,以及法院的民事程序,有关罚金、处罚及监外执行,感化监所的设立、维护与管理,财产与民事权利,婚姻的仪式等。

根据上述权力分配的相关规定,加拿大司法体系表现出两个特点:一是联邦负责刑法及特殊法律,民事法律属于各省的权限。因此,目前的魁北克省仍然沿用法国的民法体系,其他各省则沿袭英国普通法的传统。二是各地法院的设立、维护与管理属于各省权限,各省决定设立法院,提供法院场所及设施,负责法院场所及设施的管理与维护,联邦法院及联邦专门法院的设立与维护由联邦专门部门负责。但是法官的任命属于联邦权限,法官的任命通常以总督的名义发布,目前只有各省最基层法院的法官,各省拥有任命的权力。①

加拿大法院分为联邦和省两级。加拿大联邦法院主要负责实施联邦法律,按照法律的规定,联邦法院负责审理涉及外国使领馆人员、海事海商案件,两个或两个以上的省之间、联邦政府与省之间的案件。现行联邦法院又分为联邦最高法院、联邦上诉法院和联邦法院三级。另外,依据1867年宪法法令,联邦法院系统内还设有专门法院、税务法院和军事上诉法院。加拿大的省法院体系分为三

---

① 孙建:《加拿大法院体系及法官选任》,载《中国司法》2010年第8期,第104页。

级，即省上诉法院、省高等法院（或王座法院）和省法院。①

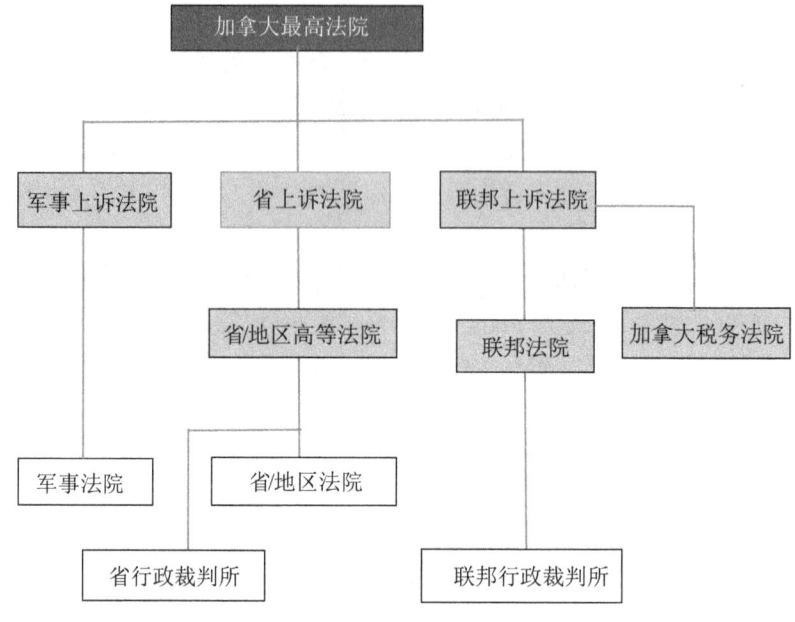

图1 加拿大法院体系概览

四、加拿大司法的特征

加拿大的司法具有以下几个显著特征：（1）独立性。在加拿大，行政权、立法权和司法权三权分立，其"司法"独立于政府其他部门。在加拿大，法官是完全独立的，只忠实于法律，其行使审判权利，任何人都不得干预。（2）终局性。终局性是现代司法的根本属性。② 在加拿大，任何进入司法程序的案件，由加拿大法院依法作出生效的判决、裁定或决定后，便得到最终解决，任何机关和个人都不得再作处理。因此，加拿大法院的审判活动是解决各

---

① 张庆申：《加拿大司法体制》，载《人民法院报》2004年3月第19期。

② 谭世贵著：《中国司法制度》，法律出版社2005年版，第3页。

种社会纠纷的最终手段，具有终局性的特点。(3)"一国两制"。由于历史原因，加拿大有着两种法律制度，即普通法系与民法法系。加拿大的魁北克省属于民法法系，而其他地区则属于普通法系。因此加拿大的司法呈现出"一国两制"的特点，大部分地区实行判例法，司法需遵循先例，而魁北克省则实行成文法。

第二节　加拿大司法责任的理论基础

司法责任的含义，大致可分为狭义与广义两种。狭义说认为司法责任即与法院审判有关的责任制度，广义说认为司法责任不仅包括与法院审判有关的责任制度，而且包括与检察官提起公诉等所有司法活动有关的责任。本书认为，一个国家司法责任的含义与其司法体制密切相关，不同的国家有着不同的司法体制，因此，在不同的国家，司法责任有着不同的含义。由于加拿大是一个三权分立的国家，法院独立于其他政府部门，加拿大的司法指的是加拿大法院根据法定职权和法定程序，具体适用法律、处理案件的专门活动，司法权指的是法院的审判权。因此，加拿大司法责任的概念是狭义的，仅指与法院审判有关的责任制度。

一、加拿大司法责任制度的前提

加拿大司法责任的制度前提是司法独立。司法独立原则与现代国家形成的历史是分不开的，现代民主国家都强调司法独立。在英美法国家，经常可以在媒体上看到行政部门的部长因为在履行职务中存在不当行为或失职行为而被迫辞职或被免职。在媒体上也能看到某些新闻标题对法官提出谴责，比如批评对某些罪犯判决过轻，但几乎没有看到有法官因为这些批评而被迫辞职或被免职。很多人就会疑惑，为什么不免除这些法官的职务或者迫使其辞职呢？为什么这些法官面对批评而不用承担责任？为什么对法官的处理不同于政府的部长或其他公职人员？

事实是司法也是要承担责任的，但方式不同。这一不同是因为需要确保法官在履行司法职责时保持公正与独立，不受中央与地方政府的干预，不受媒体、公司和压力集团的影响。所有民主国家的宪法都规定了这样的要求。我们都明白司法独立对现代民主国家来说至关重要，但司法独立对司法责任有什么影响？

一方面，保障司法独立是为了确保司法公正，司法独立是达到这一目标的方式。司法独立并不排斥司法责任，但能使法官免于对不该负责的主体负责、承担不应该承担的责任。[1] 另一方面，司法独立有其自身的宪政价值。一般认为，英国1701年的《和解法案》是加拿大司法独立制度最早的法律渊源，也是加拿大司法独立制度发展的重要转折点。司法独立原则在加拿大真正确立的标志是1867年的《北美法案》——即现行的加拿大宪法。1982年加拿大《权利与自由宪章》对司法独立原则作了全面的阐述，并以此为基础发展出一套健全的保障司法独立的制度体系。《权利与自由宪章》第11条（d）款规定："被指控犯罪的人享有以下权利：……（d）在独立的不偏袒的法庭举行的公平、公开审判中，根据法律证明有罪之前，应推定为无罪。"加拿大社会和政治文化都不能容忍司法独立受到任何侵犯，社会公众普遍认同司法应该独立。[2] 司法独立包含审判独立是没有疑义的，但司法独立不仅仅指审判独立。由于加拿大现有的司法管理模式为行政模式，即由司法部负责对法院行政事务进行管理。虽然司法部对法院行政事务进行管理并没有直接影响法院在审理具体案件中的独立地位，但由司法部对法院行政事务进行管理容易给人一种行政干预司法的感觉。因此，加拿大司法管理的目标之一就是保障加拿大的司法独立。Le Dain法官认为，加拿大司法独立需要三个基本条件，即任期保障、财政保障和管理独立。[3] 上述三个条件是司法独立原则的三根支

---

[1] Penny J. White, Judging Judges: Securing Judicial Independence by Use of Judicial Performance Evaluations, Fordham Urban Law Journal, 2001, p. 1060.

[2] 李琴、王小光：《加拿大法官管理和职业保障制度》，载《人民司法》2014年第23期，第101页。

[3] Alternative Models of Court Administration, Canadian Judicial Council, 2006, p. 33.

柱。只有在司法独立的前提下，司法行为才应承担责任，可以说无司法独立则无司法责任。

二、加拿大司法责任制度的目的

（一）提高司法质量

对于司法而言，司法质量的恶劣，危害的是社会公众，并且消费者无法找到合适的替代消费品来填补社会正义最后一道防线崩溃后的巨大黑洞。因此，司法质量是司法的生命。在民主法治社会中，离开司法质量，司法的存在价值及政府的正当性就很成问题。① 司法质量管理是司法责任制度的核心目的，是司法责任制度的出发点和归宿。可以说，司法责任制度归根结底都是围绕司法质量目标的实现而进行的。加拿大司法质量具体包括以下几个方面：（1）使法院争端解决易于获得（如降低成本、程序更有效率）；（2）确保诉讼各阶段能按时进行；（3）提高争议解决的质量（即程序与结果的公平、公正）；（4）提高法院透明度；（5）改善法院工作环境。

（二）提高司法公信力

司法是正义的最后一道防线，加拿大法院属于全体加拿大公民。加拿大政府将提高公众对司法制度的信心作为司法管理的目标之一。要实现这一目标，除了要保持司法独立与司法质量之外，法官的操守也是关系到公众对司法制度是否有信心的关键因素。法官必须对他们的司法行为及司法外行为负责。必须维持公众对司法机构的信心，正如时任司法部部长阿兰·洛克1994年8月在对法官的一次讲演中所说的，应当使公众满意地感到"对法官不当行为的投诉作出了客观和公正的处理"。同时，司法责任对法官的行为和言语有禁止的作用。当我们说一个司法裁决被上诉法院推翻，我们通常不担心这会影响到法官的行为自由。上诉的目的就是纠正审

---

① 韦群林：《基于质量管理理念的我国司法质量的提高》，载《常熟理工学院学报（哲学社会科学版）》2007年第3期，第86~90页。

理法官的错误或由加拿大最高法院来纠正上诉法院的错误。与此相似，一个司法理事会阻止法官粗暴、不敏感、带有性别及种族歧视的言论也是人们所期望的。① 加拿大司法责任的各项制度都将提高公众对司法制度的信心作为潜在的目标。

---

① 怀效锋主编：《司法惩戒与保障》，法律出版社2006年版，第51页。

第二章 加拿大司法权力运行机制

十八届三中全会通过的《中共中央关于全面深化改革若干重大问题的决定》提出了"让审理者裁判，由裁判者负责"的审判权运行机制改革任务。"让审理者裁判，由裁判者负责"的审判权运行机制是司法责任制改革的制度基础，也是司法责任制改革的目的所在。研究加拿大的司法责任制度，有必要首先对加拿大的司法权力运行机制进行研究。国际管理发展学院在世界竞争力调查中曾对各国的司法管理情况进行了评估，加拿大司法管理的得分高于平均水平，排名第11位，明显高于德国、荷兰、美国、英国和法国等工业化国家。① 在加拿大司法权力运行机制中，审理者裁判，裁判者负责是当然之义，因此，本章主要研究加拿大司法流程管理制度、司法质量管理制度等核心审判权之外的司法管理制度。

第一节 加拿大司法流程管理制度

一、加拿大司法流程管理的由来与意义

司法管理的核心是司法流程管理。司法流程管理也可称为案件流程管理、审判流程管理，指的是对案件实行审判程序的管理与控制，使审判各环节能够处于分工负责、相互协作、相互监督和制约的状态，最终促进审判工作公开、公正、高效、廉洁、有序开展的

---

① 国际管理发展学院是位于瑞士洛桑的一所商学院，有关世界竞争力调查的信息可在网站 http://www.imd.ch/wcy 上获得。

管理机制。① 司法流程管理不仅是司法权运行机制的重要领域，也是存在困难最多的领域。案件积压是司法流程管理要解决的主要问题。目前，世界各国的法院要处理的案件数量都非常庞大，必须有一套正式的司法流程管理系统，以支持法院的审判程序。

在具体讨论加拿大司法流程管理之前，有必要对"案件积压"（Case Backlog）的含义进行分析。事实上，"案件积压"一词经常被误用，而与"案件存量"（Case Inventory）混淆。每一个法院都会有一些案件存量，即一定数量的待审案件，而这一数量是法院在一个合理的期限内能够轻松处理的。如果案件超过了这一数量，则构成了案件积压。试图运用数学排列理论解决案件积压问题大部分都没有成功，而运用库存理论则取得了一定的效果。可以忍受的合理的迟延首先是由法院案件存量决定的，其次是由公正的概念决定的。时间越久，公正越来越小，因为随着时间的推移，可以找到的证人越来越少，证人的记忆也越来越模糊。此外，对民事诉讼来说，4年以后获得的金钱赔偿并不是一个充分的救济；一个公民在焦虑中等待1年后被无罪释放也是缺乏公正的，一个毒贩在犯罪后2年才被宣告有罪也不符合公民对公正的理解。在省法院，刑事案件从逮捕到审判的期限为90天是比较理想的。一个有关某省刑事法庭的分析显示，一个法官平均每天能处理10个案件。假设每月有22个工作日，则每个法官每月能处理220个案件，每个季度处理660个案件。如果一个季度每个法官的未决案件为800个，则案

---

① 有学者认为，审判流程管理是以公正和效率为目标，以专门的管理机构为依托，以流程管理制度为依据，以案件审理工作为对象，运用科技手段，实现对审判工作信息化、系统化的管理，最终目的是建立公开、公正、高效、有序的审判工作运行机制。参见莫远航主编：《人民法院管理理论与实务——以审判为中心，以法官为主体》，人民法院出版社2007年版，第124页。也有学者认为，审判流程管理是指法院内部由专门机构根据案件在审理过程中的不同环节和阶段对案件的立案、送达、庭前准备、审限跟踪、案件质量评查、再审立案前的听证、执行各阶段进行组织、跟踪监督的综合管理的诉讼程序和法院内部的管理机制。参见尹爱平：《审判流程管理初探》，湘潭大学2002年硕士论文。

件积压数为 800 个减去 660 个，即 140 个。

二、加拿大司法流程管理的主要内容

（一）案件分配制度

将案件分配给法官审理的模式主要有单独日程表制度、主事官日程表制度和混合日程表制度三种。

第一种是单独日程表制度（Individual Calendaring System），根据这一制度，案件将通过自动轮换分配给各法庭，法官从一开始就负责整个案件。例如，在一个刑事案件中，由同一个法官听取当事人的首次当面陈述、接受认罪答辩、批准或拒绝保释、确定审理日期以及主持审理。由一个法官从预审开始全程处理一个案件已有质疑之声，认为这样可能会使法官先入为主，从而有失公正。但是，从头至尾保持公正是法官的首要职责。在单独日程表制度下，法院在实践中也没有出现未经审讯的判决。单独日程表制度的支持者认为，如果每个法官都对分配给他的案件承担独立责任，将促使每个法官以最高效的方式处理其手中的案件。而且，由一个熟悉案件的法官从头至尾审理一个案件可以避免出现不必要的迟延，而这种迟延在由不同的法官审理一个案件时经常出现。

第二种案件分配模式是主事官日程表制度（Master Calendaring Model）。例如，根据这一制度，所有刑事案件的被告人由一个大议事法庭（被称为分配法庭）的同一个法官听取当事人的首次当面陈述、接受认罪答辩、批准或拒绝保释、确定可能的延期，最后将案件分配给另一法庭审理。在民事案件中，并不需要一个这样的分配法庭，但仍然可以使用主事官日程表制度，由专门的法官审理所有案件的初步请求。分配法庭对案件进行初步处理并将其分配给其他法官审理后，则由审理法官对案件进行审理，必要时可延期审理。这一制度的倡导者认为，该制度可最大化利用法官的时间，因为进入审理程序的案件数量一般来说是可预见的，而且有一个协调机制能便于将审理从一个法庭转到另一个法庭，以减少案件队列。主事官日程表制度能最好地利用法官的时间是没有什么争议的。这也考虑到了一个无法避免的事实，即一些法官的工作效率要高于另一些法官。这一制度还能最大化地利用法官的专长，而且可以减少律师需同时在两个法庭出庭的尴尬场面。

第三种模式具有很多变化，可将其称为混合日程表制度（Hybrid Calendaring System），因为其混合了前两种制度的一些特征。在该制度下，3名、4名或5名法官组成一个团队合力工作。其中1名法官负责议事法庭的职责，对案件进行初步处理并将其分配给其他法官审理。议事法庭法官在完成其分配案件的工作后，还可行使审判法官的工作。这一制度有很多优点，包括：吸收了主事官日程表制度中队列与概率理论的灵活性，可使案件从一个法庭转到另一个法庭；使法官形成较小的团队从而发扬团队精神，与混合机制中的其他团队形成竞争，有利于加快案件的处理速度；能在法官中形成一定的专业分工。每一个团队形成一个子系统，能更好地对案件的审理期限进行监督管理，而在主事官日程表制度中，一个大的主事官法庭很难对10个或更多的审理法庭进行监督管理。

很明显，单独日程表制度一般不能提高法官的积极性。相反，在某些情形下它还能减少单个法官对法院总体案件负担的司法责任感。首席法官一般不愿与其他法官讨论后者工作效率不高的问题，其结果是法院的审判部门在单独日程表制度下得不到监督管理。

美国对21个城市法院审理期限的分析值得关注。该分析发现采用单独日程表制度的法院和主事官日程表制度的法院审理民事案件的时间存在很大的不同。如侵权案件，采用单独日程表制度的法院比主事官日程表制度的法院要快200天。在民事案件审理速度的前3名中，有6个法院采用的是单独日程表制度，一个法院采用的是主事官日程表制度。审理速度最慢前3名是7个采用主事官日程表制度的法院，而没有一个采用单独日程表制度的法院。而刑事案件则情况不同，采用主事官日程表制度的法院的审理速度既有最快的，又有最慢的。[1] 美国的这一研究表明了法院审理时间与案件分

---

[1] Thomas Church, Jr., et al. Justice Delayed: The Pace of Litigation in Urban Trial Courts, Executive Summary. Williamsburg, Va.: National Center for State Courts, 1978, p. 13.

配制度的联系，这一联系并不是指主事官日程表制度要慢于单独日程表制度。

实践中，加拿大的案件分配制度混合了几种类型。大部分民事法庭采用的是单独日程表制度，而大部分刑事法庭则采用了主事官日程表制度。但民事法庭采用的并不是严格意义上的单独日程表制度，因为通常并不是由同一个法官从头至尾处理同一个案件。对于上述三种案件分配制度，还有几个关键的问题值得研究：由谁来控制审理程序？什么时候由不同的制度混合起来控制审理程序？此外，这些模式都没有描述内部的审判协调职能。

魁北克省法院的案件分配与管理方面的政策选择是基于法院整体的考虑而不是单单从地方或地区的情况出发。这些政策首先以"习惯规则"的形式存在，由首席法官提出动议，经全体法官同意可予以采纳；这些规则适用于当事方之间，如果被公布在魁北克省地方政府公报上则变成官方规则。在咨询法官之后，法院采纳一些内部政策，其中有很多政策显然是针对一些地方案件审理前准备阶段以及审理阶段过分拖延而制定的。

法院利用统计工具来衡量每一个地区或地点的案件审理时间、等待审理时间、审结案件数量、等待审理案件数量以及每位法官的有效工作量。协调法官通过掌握的这些数据来管理法官委派工作。另外，协调法官必须定期向法院院长提交报告，汇报他们负责地区的有关司法活动，包括审理案件的天数、小时数以及等待审理所需时间。

因为所有的一审案件都是由一名法官独任审理，因此案件分配的问题必须涉及法官的分配。在魁北克省，法官被任命到某一特定区工作（魁北克省法院管辖的地区以及高等法院管辖的半个魁北克省的广大地区），他们被派往法院设在管辖区内的很多审判庭审理案件，司法当局根据司法需求来分配法官，从而对某地案件数量过多的情况作出反应。

在魁北克省法院，一个地区的法官平均可以在5个地方审判法庭审理案件。在院长领导下由协调法官负责按年度安排法院在每个审判地点审理案件的日期。一旦司法活动计划表被制订出来，每位法官将收到他/她本年度的工作任务安排。这些委派是固定的，如果某一法官因为在一个地方审理某一案件超过计划安排时间，不得不在该地停留更长时间的话，则该年度协调法官可以改变计划安排。同样，如果一位法官审理某一案件比预计时间提前完成，他们也可以对计划进行改变。由协调法官根据这些计划外的情况来重新分派法官。

因此，案件协调法官在案件分流管理工作中扮演主要角色。这些法官是由首席法官以地区为基础从法官中挑选任命的，这些任命需要魁北克省政府的批准。

司法活动计划安排需要考虑对司法服务的需求，如果根据上年度的统计发现某一地方出现审理迟延、案件积压，则协调法官在年初就对某一特定地区的司法需求有了很好的了解。然而，减少某一审判法庭已计划好的审理案件的天数是相当困难的，地方律师协会强烈反对减少为他们所在地区提供的司法服务。地方律师协会是代表当地律师的组织，对司法活动安排没有正式发言权，但是他们可以基于象征性或者实际的原因非正式地表达他们对重要事项的关注。

如果案件审理实际需要的时间超过计划安排的天数，并且这种情况经常发生，则协调法官有如下三种选择：第一，他可以将过量的案件延展到下一年，但结果会导致下一年的司法拖延。第二，如果他的同事愿意，他可以请求他们花费更多的时间做更多的工作，但是这样仅仅是将这一问题向后推。由于这些法官工作超时，随后他们的工作量会相应减少。第三，他可以重新分配那些正常工作量不足的法官。目前最后一项措施是最为有效的，因为它能确保法官对审理案件时间的最好的利用，同时它也能确保他们工作量分配得更公平。这一措施使得有空闲时间的法官可以从一个地方转移到另一个地方审理案件。为此，如果某个法官在其任职地接手的案件不够，且空闲时间较多，原则上他应当将此种情况告知协调法官，在此情形下，该法官被认为对其所在法院尚"欠"有工作天数，因此可以要求他到其任职地以外的地方工作相应的天数以偿其欠"债"。

必须指出，法院确定每位法官必要的工作时间（天）的有关政策被公布在审判庭内，其他的时间用来准备和撰写判决。因为案件性质的不同，不同法院的时间标准各不相同。这就是为什么审理刑事案件的法官要比其审理民事案件的同事工作时间长的原因。法院行政支持人员与法官的分配几乎没有任何关系。协调法官不会将这一工作的任何部分委托给行政人员，直到现在这一工作大多是依靠手工来完成的。现在魁北克省法院拥有一个信息系统，该系统能够提供与法官工作量和不同法庭案件量有关的数据。行政工作人员在案件分配工作中扮演着重要的角色，法官工作一览表是由一名行政职员在协调法官的批示下依据法院的规则和标准而准备的。

有关司法拖延的数据是司法质量的一个重要指标之一，同时它还是分配法官和行政工作人员的一个重要工具。这就是为什么案件审理时间被系统地收录到司法部信息管理系统的原因。

至少有三种方法可以用来计算案件审理时间："审理延迟"方法、"案件陈旧程度"方法以及"预计拖延"方法。"审理延迟"方法是计算案件提交法院的首日和进入正式审理之间的平均间隔；而刑事案件是计算每次审理之间的时间间隔。第二种方法是衡量每一个未决案件的"陈旧程度"（在某一地点、某一些司法管辖区以及所有法院）。第三种方法可以被称为"预计拖延"，该方法也被用来衡量法院司法资源所承受的案件压力：它依据平均每月审理（终结）案件数来分配未决案件，这一方法对实际的拖延没有什么作用，但是可以帮助预测案件积压。如果不重新分配资源或者提高生产效率，则这种积压也许会发生。

在2000年，高等法院民事案件的审理，时间平均为178天，在魁北克省法院此类案件的审理时间为133天。小额求偿案件在魁北克省法院的审理时间为214天，明显多于普通民事案件的审理时间。犯罪案件的初审时间为46天，审判时间为75天。每个法院都为等待审理时间设定目标，魁北克省法院设定如下几个时间目标：第一，犯罪案件如果是简易程序审判则设定审理时间为3个月；普通程序审理的犯罪案件初步调查时间为3个月，审理时间也是3个月。第二，刑事违法案件的审理时间为3个月。第三，普通民事和小额求偿案件审理时间均为6个月。

近年来，魁北克省法院不断创设各种委员会以改善案件审理和等待审理的时间。通常这些委员会是在三方代表的基础上创建：法官、司法部代表和法律团体代表。最近魁北克省设立了一个委员会，负责研究所有魁北克省法院的案件管理问题。该委员会全部由法官组成，且刚刚发布了一个研究报告。大部分委员会建议通过简化司法程序或者要求法官在案件管理中以更积极的方式来加快诉讼审理。最后一个委员会专门就如何改善法官分配进行了研究，但其报告尚未公布。

魁北克省司法当局除了设计一些旨在提高案件管理的措施外，近年来还将注意力集中在适用于民事、少年案件以及犯罪和刑事违法案件的争议替代解决方法上。来自于魁北克省法院、高级法院和上诉法院的法官已接受有关争议替代解决方法的训练，并已开始进行试验。使用争议替代解决方式比通过法院解决更有效率、更经济、更快捷。

最近几年，司法部和司法参与者为提高法院能力应对司法需求已作出了很大的努力。司法拖延是衡量司法效率的标准以及司法改革的动力源泉。在整个司法体系里，人们关心的一个主要问题是在案件被审理前，一个公民需要等待多久。基于对不当延迟的司法解释，这种关注在刑事司法领域显得尤其重要：最高法院曾判决认为宪法有关公平审判的条款规定了不当拖延。法官，尤其是负责管理工作的法官正密切注意有关司法效率低下的批评。这些努力似乎取得了成功，因为司法拖延在近些年已有所减少而且从整体上被认为是合理的。

与不当拖延作斗争仍然是当务之急。因为那些措施因不同地方（城市、地区等）而异，所以近期应将重点放在改善法官分配工作上，根据案件数量将法官分配到特别需要他们的地方。魁北克省司法制度在这方面的优势是法官可以调动，因而可以被调到最需要他们的地方。但是为充分利用这一优势，法院必须建立起某些制度以帮助司法当局能最有效地利用法官的工作时间。

法官的可调动性这种制度会不会威胁到法官的独立和司法的质

量？首先，地理上的调动是有限的：一位法官通常总是以一个城市为基地，如果没有征得他的同意，不可能将其永久调离，而且他/她的调动局限于特定地区，且司法部要为其提供交通费用。其次，分配制度不能用来增加法官的工作效率以致威胁司法质量：法官的工作量是事先确定的，不能超过法院政策规定的天数，因为那些政策要求获得全体法官的同意，因而不可能把不合理的工作效率标准强加给法官。

案件分流管理是并将一直是魁北克省法院负责管理工作的法官关注的主要问题。而魁北克省司法制度给予了管理者将法官分配到最需要他们的地方去的权力。如果能够很好地利用这一制度并获得良好的信息制度的支持，则法官在管辖地域内的调动可以增强司法制度的灵活性以应对特定地区案件数量过多的问题。①

（二）司法流程管理的原则

引入司法流程管理的概念，是为了将讨论的焦点从案件分配制度带入一个更广泛的领域。司法流程管理的目标是：（1）以对所有当事人公正的方式尽快处理所有案件；（2）提高诉讼质量；（3）确保所有当事人都有机会进入审判程序；（4）减少处理案件中的不确定性。对法院案件管理的传统讨论主要集中于分析不同案件分配方法的价值，而很少探究使这种方法产生实效的背后因素。最近有关法院的研究表明，案件分配制度的类型本身并不能决定司法流程管理的成功或失败。② 有效的司法流程管理还需要考虑其他的因素，其中包括 Solomon 在其著作中指出的一些原则。第一个原则是"法官必须为法院对所有案件从起诉到判决进行的控制与积极管理负集体责任与个人责任"；第二个原则是"法院应建立一种在法官、法院职员、律师等之间持续协商的机制"；第三个原则是"必须建立对案件流程进行管理的标准化程序"；第四个原则是"案件

---

① 菲利普·兰布克、马克·法布瑞主编：《法院案件管辖与案件分配：奥英意荷挪葡加七国的比较》，范明志、张传毅、曲国建译，法律出版社2007年版，第276~284页。

② Maureen Solomon, Caseflow Management in the Trial Court, pp. 1-2.

流程管理制度的司法责任必须集中"；第五个原则是"案件流程管理必须考虑诉讼程序的时间标准"；第六个原则是"必须基于参与者的反馈对执行情况进行持续评估"；第七个原则是"司法流程管理制度必须根据情况的变化定期修改"；第八个原则是"必须从起诉到判决对案件进行跟踪监督"；第九个原则是"法院必须建立并执行一种技术以减少律师日程冲突"。

（三）民事案件处理程序

司法流程管理的几大原则大部分被加拿大法院忽视了，这种忽视在民事程序与刑事程序中都有体现。加拿大高等法院或县法院民事程序中案件分配的典型模式是：当律师决定进入审判程序时，就与法庭书记联系，要求其将案件列入候审表中，然后由一名法官或法院职员将案件分配给具体的法庭。如果该法庭是巡回法庭，则案件将安排到法官在该地的那段时间中的某一天或若干天，或者将所有案件确定在一个具体的日期，安排法官前来审理。如果该法庭不是巡回法庭，则通常将案件安排在法庭为期数周的开庭期，然后分配一名法官审理。如果开庭期持续数周且法庭拥有多名法官，分配法庭也可召开一次会议，确认候审表中的案件是否事实上已准备好，并将其分配给具体的法庭，同时确定开庭期中案件审理的具体日期。在实际操作中，加拿大各地方法院的民事案件处理程序都在此基础上多多少少有所变化。如果我们根据司法流程管理的原则来考虑这些处理程序，这些程序都存在问题。

首先，法院干预民事案件的时间太晚。根据上述典型程序，直到原告律师决定进入审理程序，法院才开始承担责任。因此，在司法程序的最初阶段，是由律师而不是法院工作人员来控制案件流程管理。法院没有系统地记录从起诉到律师决定进入审理程序之间的时间期限，这是加拿大法院与美国法院迟延问题有着很大不同的原因之一。美国分析家指出，美国联邦地区法院的一个案件待审时间长达 5 年，指的是案件是 5 年前起诉的，现在还在等待审理或还没最终处理。如果一个加拿大律师抱怨一个案件待审时间达到 18 个月，这里指的等待时间是从律师通知法院案件已准备好至确定的审理日期之间的时间，但从起诉到律师确定案件准备好可以进入审理程序时可能已经过了3年。如果这样，从起诉到案件解决的时间也有4—5年，实际上和美国所谓的5年时间差不多。从当事人的角度来看，这种情形并没有好多少。

法院参与太晚就不能确保司法流程管理制度的良好运行。法院参与太晚减少了法院对案件的责任感，还将减少可以获得的用于评估制度执行情况的数据。例如，1975年秋季对温尼伯王座法院的访问显示，其案件日程表都是最近的。一个律师可以跑到法院办公室获得一个7—14天内的审判日期，但法官和法院职员不知道有多少待审案件还没准备好，也不知道到律师通知法院准备好时要等多长时间。例如，有一个当事人从起诉到获得判决等了6年，原因是该当事人的律师在其工作量很大以致于不能将该案提交审理时仍然保留了该案，致使案件一拖再拖，直到当事人后来换了律师，此案件就进入了审理列表，并在6个月内得到解决。这充分说明公众有时成了优秀但很忙的律师的牺牲品。

总之，加拿大高等法院既缺少数据又缺少对案件数量的监管能力。同时，每个法院都依靠律师来推动案件的进程。这种做法在过去行得通，但现在却不行了。

其次，快速处理案件的司法责任感很低。这不是对法官个人的批评，而是对一个未经批判便被接受且存在了一个世纪的制度的批评，而且这一制度已不能满足社会的需要了。从历史上来看，在律师将案件提交审理之前，法官从来不关心民事案件的进程，法官认为自己是一个被动的判决作出者，而不是一个推动者。法院委托律师负责将案件送入审理程序进行判决，而这种判决是公众有权期望得到的，但事实上，这种委托是不公平或者说不适当的。为什么要律师来承担这一责任呢？律师要做的事情很多，工作压力也很大，通常不能承担这一责任。实践中，也确定没有哪位律师承担了相应的责任。

因此，司法责任渐渐局限于在法庭内发生的事情，而且，案件通常并不是分配给某一个法官，而是分配给一个法庭。在巡回法庭方面，让人不满意的结果更加明显。例如，一个法官到一个县城法院巡回审理两周，但在这一期限内没有时间审理某一个案件，则该案件要等到另一个法官下次巡回到此开庭时才能得到审理，这样就有可能导致案件向后迟延6个月。当然，这并不是说所有的法官都不关心案件量，有些法官将自己看作纯粹的裁判者，而有些法官很关心案件审理的速度。这种对待案件处理态度的不同部分决定了他们能否对案件审理速度施加影响。将案件分配给法庭比将案件分配给法官更能减少法官施加影响的机会，因此将案件分配给具体法官的制度在实际操作中更为可取。将案件分配给具体法官的制度结合了单独日程表制度与主事官日程表制度。如前所述，单独日程表制度强调的是将案件从起诉到判决都分配给具体的法官，而主事官日程表制度的基础是任务区分原则，把一些常规性的和初步性的事项分离出来，由轮流到分配法庭值班的法官处理。即使在主事官日程表制度下，一旦案件进入审判阶段，就由具体的法官负责。相比而言，巡回法院就不一样，巡回法院使用的是主事官日程表制度，但案件是分配给法庭而不是具体的法官，这是因为将案件分配给具体的法官在巡回法院是不切实际的，即使在对案件进行了初步处理之后，因为由一个法庭审理的案件被巡回法官延期之后必须由下一个巡回法官审理。

(四) 刑事案件的司法流程管理

在一些较大的地方，刑事法庭通常采用主事官日程表制度而不是单独日程表制度。对于刑事案件，有专门的法庭负责案件分配与初步聆讯，因此有很多案件会在一起得到处理。在初步聆讯中，法院只考虑已有的证据是否足以支持继续审理，有一些案件还可以确定审理日期。很多常规事项可能在初步聆讯阶段会全部得到处理。

严重犯罪并不会在法院的推动下自动进入审理程序，而是由皇家检察官启动。通常，在确定刑事案件的审理日期时警察当局发挥着重要的作用，因为刑事案件的审理中经常需要警察做证人。在审理日期确定之后，通常还会在一方的申请下至少延期一次，重新确定一个审理日期。刑事案件中经常出现延期审理的情况，有一种观点就认为，法院面临的并不是案件数量危机，而是开庭危机。因此，如果法院能减少每个案件的开庭次数，就能解决面临的案件负担。①

审理不能顺利进行还可能由于以下两种原因：辩护律师在最后时刻的认罪答辩；皇家检察官提出延期或撤回起诉。下面以不列颠哥伦比亚省法院刑事庭的数据来说明这些原因的分布情况：由于延期审理或被告人没有出庭而发布法院拘票占 28%，由于最后时刻的认罪答辩占 16%，由于皇家检察官提出延期或撤回起诉的占 18%，继续审理的占 37%。简而言之，几乎 2/3（62%）的审理不能顺利进行。"审判失败率"（Trial Collapse Rate）对法官与律师来说是一个残忍的词语。在现任首席法官及其前任的积极管理下，这一问题正在逐渐得到解决。

在案件经过审理且被告人被确认有罪之后，如果可能被处以监禁，通常将另外择日宣判。这样就让缓刑监督官有时间准备判决前的报告，以给法官使用。

以上对加拿大刑事案件流程管理的分析再一次说明了目前加拿大法院实践与有效司法流程管理的原则之间还存在差距。与民事案件不同，刑事法庭在初步聆讯阶段就开始干预案件审理。因此，在刑事案件中，法院在早期阶段就对案件的进程负有责任，但责任是责任，控制却是另一方面的事情。刑事法庭很少监督案件的进程，在一些有多名法官的大法庭里，法官不会跟踪一个案件直到实际审理，因此案件延期后通常会交由其他法官审理，法官、律师和证人在休庭期间的时间就被浪费了。法院本身也不愿意对刑事案件的程序有过多的实际控制。很多法官坚持认为他们控制着案件的审理程序，其理由是延期是他们批准的，但实际上是案件的审理程序在控制着法官。

很多省的法院在报告中指出，法官与法院的行政人员（首席书记或排案书记）都可以确定审理日期。不列颠哥伦比亚省与阿

---

① Robert G. Hann, Decision Making in the Canadian Criminal Court System: A Systems Analysis. Toronto: University of Toronto Centre of Criminology, 2 vols., 1973.

尔伯塔省的报告指出,控方对审理日期的确定也有影响,而魁北克省与一些沿海省份的报告则认为皇家检察官对审理日期的确定没有影响。① 还有一些省在报告中指出,其省内也有不同的实践。比如,安大略省法院在报告中指出,刑事案件的审理日期通常由法官和检察官协商确定,但各地的实践又有着很大的不同。在位于多伦多老市政厅的省法院,实际上是由警察部门控制着刑事案件的流程。一个警察部门的联络员被分配到法庭,其职责是控制法院的案件日程以此保证警察部门的证人能在需要时出庭。该联络员每天将发回重审(Remands)和延期审理的案件记录下来,这是他可以获得的法院将来安排延期审理的唯一信息。然后,他通过助理皇家检察官或省检察官向主审法官建议一个审理日期,该建议通常都能得到接受。②

比较多伦多和温哥华的刑事案件流程管理制度,就会发现很多有趣的不同点。多伦多法院有一个传统,就是法院不控制案件流程管理;而温哥华法院的案件流程管理制度是由法官主导的。温哥华的一些法官发起了3年的运动,要求用独立日程表制度代替主事官日程表制度。从表面来看,他们是希望减少检察官对案件排期的控制,从更深的层次来看,他们是希望加快案件审理的速度,换句话说,是希望有一个解决法院案件压力的合法且合理的方式。最开始反对该运动的人很多,但最后反对意见逐渐减少,形成了一种混合制度。现在,单独日程表模式在温哥华各法院刑事案件流程管理制度中所占的比重比加拿大其他任何一个法院都要大。在温哥华各法院的初步聆讯中,案件一开始就分配给了由一个具体法官主持的法庭,然后由法官自己确定审理日期,通常需要律师出庭,法官从初步聆讯到审判全程负责,律师不能将延期程序作为一个工具来挑选

---

① Perry S. Millar & Car Baar Judicial Administration in Canada. AcGill-Queen's University Press, 1981, p. 213.

② Harold R. Poultney, "The Criminal Courts of the Province of Ontario and their Process," 9 Law Society of Upper Canda Gazette 192, September 1975, pp. 211-212.

法官，但这一原则在实践当中是有限制的，如果原来指定的法官太忙无法审理，就会在审判之日转给另一名法官，在这一意义上，温哥华的制度混合了主事官日程表制度和独立日程表制度。但和其他地方的制度一样，温哥华的司法流程管理制度也是存在问题的，比如，需要再次出庭以确定审理日期增加了律师和法官的时间，但在任何司法流程管制制度下都很难在初步聆讯时就确定审理日期。在平衡独立日程表制度与主事官日程表制度时最重要的是形成一种制度，使法院对案件流程管理施加的控制比检察官与警察更多。由法官或者法院书记确定审理日期的事实表明，法院在案件排期上发挥着重要的作用，但是这并不能确保法院对案件流程的控制。多伦多警察部门的参与表明，法院在案件流程管理中虽有参与，但缺少控制。警察部门与法院协调审理日期时，法院通常会批准警察部门的申请。法院是否对案件流程管理有高度的控制取决于以下因素：（1）主动权掌握在谁手中，由谁来确定审理日期；（2）法院将怎样同意延期审理的申请；（3）谁负责跟踪监督所有未决案件的审理进程。法院控制案件流程管理必须包括所有的这些因素，而且这也是有效司法流程管理的基本要求。但在加拿大的多数刑事法庭中，大多都会缺少这些因素中的一项或几项。

在刑事诉讼当中，对案件流程管理进行司法控制，并使用行政人员来执行并监督这一制度对提高管理效率与刑事诉讼本身的公平与效率都是必不可少的。辩护律师，有时甚至是皇家检察官，对每个案件的结果都有利害关系，只有法院对谁胜诉是没有利害关系的。法院的主要职责是确保程序公正，以及审判能在没有适当迟延的情况下进行。这一职责不仅要在法庭内履行，而且在组织诉讼程序时也需履行。然而，在法官不愿于法庭之外以及个案的裁判之外发挥作用的情况下，要增加法院对案件流程的控制却不太可能。这一状态是具有讽刺意义的。一个安大略省法院的前官员在1975年指出，安大略省高等法院有权履行监督职责，这种职责源于中世纪英国提审囚犯的普通法院。当英国的巡回法官在巡回审判时，可以命令当地的治安法官将当地监狱中的任何人带到法院，以询问案件的情况。他行使这种权力是因为他有提审囚犯的职权，即使不行使，这种职权也属于安大略省法院，并且可以成为安大略省法院对刑事司法程序行使管理监督权的基础。① 安大略省高等法院的法官可能会根据法律否认他们有这种权力，英国巡回法院的法官有此种权力是一种特殊情形。现在的主要问题是：为什么现在的法官在涉及司法质量的领域如此缺乏监管的权力？

（五）对司法控制的错误理解

法院怎样才能处理案件流程管理中的困难？很明显，必须将管理原则付诸实践，但这一任务说起来容易做起来难。要真正理解案件流程管理中存在什么困难，最大障碍是长期以来人们错误地认为法院控制了审判程序。因为案件流程管理涉及批准延期审理、确定审判日期以及一系列的司法行为，案件流程的管理必须在法院的控制下进行，同时服从司法政策。司法政策将决定案件流程管理领域的成功或失败，很少有法官会反对这种主张。然而，如果向法官提问，大部分法官会说他们控制着审判，而实际上他们没有。在法院审理当中，任何一个环节出现问题，都会导致延期审理。如果一个被告人不出庭，那么他就控制了审理程序。检察官或辩护律师要在其他案件中出庭或没有准备好审理也会导致延期，这时，他们同样也控制了审理程序。如果法庭记录员不能参加审理，同理他也控制了审理程序。同样，如果关键的证人、当事人或翻译不能出庭，他们也控制了审理程序。因此，法官控制着审判日期是对案件流程管理制度的错误理解。

经验证明，要求法官采用一种僵硬的延期审理的政策是没有效果的。法官永远会这样回答：除非必须，否则不会批准延期。这是事实，因为法官在批准延期时，往往出现了审理不能进行的情形。

如果司法控制是一种错误的理解且会阻碍问题的解决，那为什么还要坚持这一理念呢？要理解这一问题，有必要对司法控制的管理模式进行讨论。我们对法院的看法受到了传统的已经被接受的模

---

① Harold R. Poultney, "The Criminal Courts of the Province of Ontario and their Process" 9 Law Society of Upper Canda Gazette 192, September 1975, pp. 201-202 and 229.

式的影响，而传统观点是将法院视为一种等级制度。在这一等级制度中，从上至下依次为法官、皇家检察官、辩护律师、法院行政人员、被告人、公民证人、警察证人、法庭记录员和翻译人员。法官以下的人员排序在具体案件中会有所不同，但法官毫无疑问是位于这一等级制度的顶端。和其他所有制度一样，控制是自上而下的。这一模式是对法院的准确描述吗？要记住一点，一种模式和一种观念一样，不是绝对正确也不是绝对错误，而是为解释现实才在心中形成的。如果一种模式能帮助我们认识周围的世界，形成解决问题的新方法，那这种模式就是有用的。因此，如果法院的等级制度反映了现实情况，则从金字塔顶作出的决定就有了更高的可预测性，上面作出的命令也可得到执行。但是，我们已经看到，在审判安排的关键领域，可预见性是非常低的，没有超过37%。审判失败率困扰着加拿大的所有法院。可以很明确地说，通常所接受的法院制度的模式并没有反映真实的情况。

（六）案件流程管理的新模式

要构建一种能更准确地反映法院情况的模式，必须首先考虑的是审判的进行需要在同一个时间和同一个地点集合哪些不同的因素。在刑事案件中，需要考虑的因素有：（1）司法人力资源。法官可以安排还是法官正在审理其他案件？（2）法庭空间。法庭可以使用还是被占用了？如果是陪审团审理，法庭是否有陪审席可以使用？（3）被告人。被告人在保释中还是在拘留中心或监狱？如果被告人没被逮捕，应怎样逮捕并确保出庭？如果被告人不能出席，审判的顺利进行将遇到哪些障碍？（4）皇家检察官或原告的律师。他们是空闲的还是要参加其他审判？（5）辩护律师。是否已将审判日期通知辩护律师？辩护律师是否要参加其他审判？（6）陪审团。陪审团审理涉及大量陪审员的编组及选任。（7）法庭记录员。法庭记录员是否可用。（8）翻译人员。是否需要翻译人员？如果需要，是否有合格的翻译人员可以使用？是否已通知翻译人员？由谁通知？（9）司法行政官和法庭书记。他们能否从其他事情中脱身？（10）证人。证人是否收到传票？他们是否专家证人？如果他们是警察证人，他们是否能及时得到通知？他们是否在度假？他们是否在参加一个课程？证据书记员是否必须将证据带到法庭？以上因素是会不断改变的。在民事案件中，需要考虑的因素同样复杂。

以上因素是传统模式下等级制度中的一部分。我们可以为刑事法庭建构一种环形制度以代替金字塔制度。这种模式类似于亚瑟王的圆桌，法官位于主要位置，其他都处于平等地位。这种模式是否更准确地反映了法院的实际情况？其可预见性是否更高？答案是肯定的。在采用这种新模式后，会出现什么样的情况呢？如果坐在圆桌上的人有着不同的任务甚至有相互对抗的可能，则圆桌中间应安排一个协调员负责他们之间的联络，因为实践当中他们都是相对独立的，即使法官之前已确定了审判日期。庭审协调员首先要保证所有的参加方都获知了审判日期，然后提前确认是否有人不能参加或不愿参加，如果出现这种情况，则对安排进行调整，另外确定一个审判日期，并通知其他参加方。这种简单的队列程序在牙医、内科医生和航空公司得到了普遍使用。在这种环形模式下，法官并不直接与各参加方就案件审理的安排进行沟通，而是通过庭审协调员来与各方联系。

前面说过，为所有情形下的案件流程管理规定详细的规则是天真的想法，因为每一个法庭面临的问题可能不一样，所以需要特有的解决方法。这主要是因为人的因素经常发生变化，两个不同团体的人不可能用完全相同的方式行事，因此，司法管理领域存在着很多不同的实践。对于每一项改革，都会有人声称经过试验后失败了，也会有人声称试验后取得了成功。我们来看一下从1979年1月开始在不列颠哥伦比亚省法院内进行的三个试验。不列颠哥伦比亚省在三个不同地区的法院任命了庭审协调员，赋予了其以下职权范围：在行政法官或其指定的法官的领导下，初步安排审判日期并提交给法院；与检察官、辩护律师联络以确认审判日期，联络的事项包括：每一个安排好的审判将于何时进行，审理如期进行的可能性，当事人及其证人是否为开庭做好准备，向法院管理者、法庭记录员和司法行政官指出要为具体的案件提供哪些服务；定期向领导法官报告请求指示；将所有的联络与处理做详细的记录，以便以后进行评估。

法院 A。法院 A 的行政法官个人对该项目的可行性持怀疑态度，但还是尽了最大的努力。该计划非常谨慎，每一个涉及的人都得到了通知并与其进行了沟通，协调工作谨慎进行并得到监管，并确定了六项任务：（1）日程监管；（2）安排事件并确定日期；（3）避免律师冲突；（4）管理警察的出庭；（5）在紧急关头提供延期审理；（6）通知参与人。3 个月之后，案件如期审判率从 28% 提升到了 46%，案件审理时间也减少了。当地的律师事务所在协商后给予了该项目前所未有的合作。在第 3 个月，安排了 35 个新审判替换那些不能如期进行的审判。虽然按时审判的数量增加了 60%，但法院实际用来审判的时间却并没有减少很多，其原因是法院浪费在处理延期和确定审判日期等程序性问题上的时间有所减少，同时真正用于审判案件的时间增加了。一项对美国 21 个法院的研究表明，审理速度快的法院的特征是能确定审判日期。[①] 不列颠哥伦比亚刑事法庭的实践也支持了这一结论，延期审理严重减少了审判时间及刑事法庭的工作效率。

法院 B。法院 B 的行政法官在实验项目中取得的成功较少，也较少和律师所合作。审判日程从 6 个月压缩至 3 个月，但增加一名法官便淡化了审判协调项目的作用。尽管如此，行政法官还是充满了热情，认为该项目使案件流程管理变得更容易了。在第三个月，法院"停工"时间缩短至两天。该法院的另外一个法官认为可用于审判的时间大大增加了，因为他的时间不用浪费在初步确定审判日期上。

法院 C。由于皇家检察官的反对，该试点项目完全失败了。若干年前在另一个不列颠哥伦比亚省法院的类似项目也失败了。该项目是完全依靠人来完成的，如果发起人离开了，该项目就会失败。审判协调能够进行，而且可以进行得很好，但必须形成正式制度，得到司法系统的支持。

[①] Thomas Church, Jr., et al., Justice Delayed: The Pace of Litigation in Urban Trial Courts, p.14.

司法支持应该是强有力的,因为审判协调的核心任务是减少不出庭的因素,使法院在实践中能真正控制审判时间。法官必须愿意协助建构一种排案与跟踪系统,以减少法院审理的拖延,消除案件积压。法官愿意支持之后,就应该将控制案件流程所需要的信息告诉法院行政人员,由法院行政人员提供这些信息。如果律师要参加另外一个庭审,法院就可以迅速安排另一个审判来替换之前安排的审判。同样,如果一个重要的证人不在国内,或者被告人决定认罪,或者皇家检察官决定延期或放弃起诉,审判都能够进行替换。总之,应让法院的行政管理运转起来,减少意外的发生及其后果。

　　从法院首席行政官的问卷回复来看,法院在使用庭审协调员方面已取得了很大的发展。例如,阿尔伯塔省、不列颠哥伦比亚省、曼尼托巴省、安大略省和魁北克省都使用了庭审协调员。这五个省都是由庭审协调员与皇家检察官联络,确定审判日期。除曼尼托巴之外,其他省还与辩护律师联系。在阿尔伯塔省、安大略省和魁北克省,庭审协调员还被用于加速审判。在魁北克省和曼尼托巴省,庭审协调员还负责通知证人审判日期。庭审协调员在魁北克省和不列颠哥伦比亚省由法官监管,在阿尔伯塔省和曼尼托巴省由法院行政人员监管,在安大略省由法官和法院行政人员共同监管。类似于庭审协调员这样的职员在萨斯喀彻温以及大西洋沿岸的四个省还没有出现。① 可以看出,庭审协调员的使用率还不是很高。赋予管理职责的庭审协调员在法官的领导下,能够促进法院的案件流程管理。审判协调需要精力与技能,必须认识到该工作的困难并给予审判协调员足够的报酬。设立审判协调员这一职位,对法官、法院行政人员、当事人及公众来说都是有利的。

　　有效的案件流程管理需要待审案件与司法资源的最新信息。如果指定特定的职员作为庭审协调员,就不需要每个案件中法官和律师见面而能获得这些信息。经常保持电话联系能增加案件排期的稳定性。这在县法院和最高法院更容易实现,因为这些法院的案件量

---

① Perry S. Millar & Car Baar Judicial Administration in Canada. AcGill-Queen's University Press,1981,p.223.

相对较少。在案件量大、节奏快的省刑事法庭，使用庭审协调员就比较困难了，在这里，律师经常电话联系不上。因此，如果庭审协调员在刑事法庭能够成功，就当然可以在民事法庭成功了。通过使用庭审协调员来改革案件流程管理制度不能完全解决最后时刻的延迟审理问题，但能减少很多不必要的问题——可以减少法官和律师时间的浪费，使法院提高有限资源的利用效率。

一方面，由于案件流程管理制度缺少大的改革，加拿大各省法院的案件积压量不断上升，法官、律师、法院行政人员、政府都面临着这一重要问题，其原因何在？媒体认为是法院没有履行好自己的职责。在刑事案件中，认罪数量急剧减少，这是由于法律援助制度的扩张，鼓励了年轻律师将某些认罪是明显适当的案件推向审判阶段以获得报酬。另一方面，很多皇家检察官不适当的起诉，然后在审判时中止，造成审判失败；或者超负荷工作的检察人员没有检查文件就起诉，然后传唤多余的证人提供已经确认的证据，或者在证据表明无罪时中途放弃起诉。

监管是有效的案件流程管理制度的关键。案件流程监管可以发现出现延迟的阶段，并建立一种机制来记录与报告这些阶段。在民事案件中，这些阶段有：(1)传票；(2)出庭；(3)提出诉讼请求；(4)答辩与反诉；(5)原告答辩；(6)审查证据；(7)询问透露；(8)开庭通知；(9)庭审。在刑事案件中，这些阶段有：(1)起诉(Information)；(2)出庭；(3)随后的延期(Subsequent Adjournment)；(4)预审；(5)控告书(Indictment)；(6)随后的延期；(7)通过审判、撤销起诉、中止、认罪或减少控告对案件进行处理。

还有一些其他机制可用来控制和加速案件流程。其中大部分都已被加拿大、英国和美国的法院采用。这些机制要在具体的法院发挥作用，需要优秀的法官与法院行政官。加速案件审理流程的机制之一是审判安排会议。当案件审理程序出现迟延时，法官将与原被告的律师一起开一个五分钟的审判安排会议，确定完成答辩的时间，调查证据的时间以及审判日期。没有这种性质的执行程序，监管将只是一种学术实践。有了审判安排会议，解决问题的时间会减少一半。但审判安排会议会花费较多法官的时间，因此该机制一般用于较为复杂的案件。另一种加快民事案件审判的方式为审前会议。审判会议在法官办公室进行，目的是使当事人对事实与法律问题达成一致。一方面，审前会议有可能在审判前将案件解决而不必进行审判；另一方面，如果不能解决案件也可以缩短案件审理时间。一些专家认为，审前会议不会减少审判的数量，但能减少审判时间并使审判安排得以执行。而另一种观点认为审前会议既不会减少审判数量也不会减少审理时间，但有可能使案件较早得到解决。还有一种观点认为审前会议花费法官15分钟的时间是合适的，如果超过1个小时则不值得。安大略省高等法院的一项报告显示，审前会议使审判时间得以减少。[1] 另一个建议是在民事审判中废除陪审团制度。据估计，陪审团要使民事审判的时间增加40%，此外还会增加相关开支与行政负担。在英国，除了涉及诽谤、欺诈、恶意控告或错误关押的诉讼之外，民事审判中已废除陪审团制度。

如果规则与程序的改变能够便利诉讼的进行，那么案件流程管理将会变得更为有效。因此，加拿大大多抛弃了传统的民事诉讼制度。阿尔伯塔省与曼尼托巴省已不需要使用传票，提出诉讼请求即可启动民事诉讼。新斯科舍省、爱德华王子岛省、魁北克省和萨斯喀彻温省采用了一种特别的背书传票，即将传票和诉讼请求结合在一起同时发出。还有一些省采用更简单的通知形式。这些程序通过消除诉讼初始阶段的一些迟延因素达到加快案件审理的目的。这同样需要原告的律师在起诉前考虑清楚案件的细节，因为在某些案件中可能不会发传票。

第二节 加拿大司法质量管理制度

一、司法质量管理的概念

质量管理并不仅仅是一套应用于企业的质量控制程序，而是一

---

[1] Michael Stevenson, Garry D. Watson, and Edward J. Weissman. "The Impact of Pre-Trial Conferences: An Interim Report on the Ontario Pre-Trial Conference Experiment." 15 Osgoode Hall Law Journal 591, December 1977.

种以重视质量理念为核心的文化、价值观、原则、方法论、技术及操作方法。这些理念、原则甚至方法并不仅用于企业管理等私人管理领域,而且在行政管理、司法管理等公共管理领域照样能够发挥作用,甚至大显身手。① 美国克林顿政府运用全面质量管理(TQM)再造政府的实践是西方国家提高政府质量的良好范例。② 对于企业而言,质量就是生命。国家权力属性与绝对垄断特色,往往容易给司法组织及司法官员带来质量只是企业的事情、与己无关的错觉。事实上,质量问题对于政府、司法部门而言更加重要。因为企业质量的好坏,危害的可能只是社会特定的消费群体,浪费的只是有限的资源,危害的只是社会局部,而且消费者很容易找到替代消费品来弥补不足。但对于司法而言,司法质量的恶劣,危害的是全体社会大众,浪费的是全社会资源,并且消费者无法找到合适的替代消费品来填补社会正义最后一道防线崩溃后的巨大黑洞。因此,质量更是司法的生命。在民主法治社会中,离开司法质量,司法的存在价值及政府的正当性就很成问题。③ 司法质量管理是司法管理的出发点和归宿,是司法责任制度的重要内容。可以说,一切司法管理工作,归根结底都是围绕司法质量目标的实现而进行的。由于司法质量管理的核心是审判质量管理,因此司法质量管理在一些国家又称为审判质量管理。司法质量管理制度是一个完整的系统,系统中的各要素相互作用,共同保证审判工作质量。

加拿大高度重视司法质量。如加拿大司法理事会就将提高加拿大法院司法服务的质量作为其宗旨之一,加拿大司法部也将提供高质量的法律服务作为其使命之一。

---

① 韦群林:《基于质量管理理念的我国司法质量的提高》,载常熟理工学院学报(哲学社会科学版)2007年第3期,第86~90页。
② 蒲伦昌:《克林顿用 TQM 再造政府》,载中国质量1998年第2期,第34~36页。
③ 韦群林:《基于质量管理理念的我国司法质量的提高》,载常熟理工学院学报(哲学社会科学版)2007年第3期,第86~90页。

二、加拿大司法质量管理的标准

正确地制定司法质量管理的标准,是司法质量管理活动中非常关键的环节。司法质量管理的标准不同于物质产品,司法质量属于精神性社会产品的范畴。与物质产品质量标准相比较,制定司法质量管理标准的难度较大且不易检验,因此,司法质量管理的标准问题是司法质量管理中的核心问题。确定司法质量管理的标准,其目的并不是为了监管个别的法官,也不是为了处罚个别法官,而是为了不断促进法院的工作,使法院不辜负公众对司法的信仰。司法质量管理标准的另一个重要目的是用于司法培训。

在设计司法质量管理的标准时,重要的是谁的观点将得到采纳以及哪些方面将得到评价。一般来说,应首先考虑当事人和诉讼程序的其他参与人的观点。加拿大司法质量管理的标准包括六个方面:(1)程序;(2)判决;(3)当事人和公众的待遇;(4)诉讼程序的速度;(5)法官的专业能力;(6)审判的组织和管理。这些标准之间并不存在明显的界限,而是有互相重叠的地方。

(一)程序

司法程序的质量直接影响到当事人能否通过法院实现其实体权利。从这一点看,程序是实现实体正义的工具。然而,程序本身也有其价值。对程序正义的研究表明,人们在判断审判是否公正时,对程序公正的考虑多于对结果公正的考虑,因此,司法程序的质量对当事人来说非常重要。此外,司法程序的质量对社会也非常重要,因为司法程序的高质量有利于增加法院以及整个司法制度的可信度。在评价司法程序的质量时,必须考虑"消费者"(即诉讼程序的当事人)的满意程度。当司法程序为人们实现权利提供了正当程序保障并使人们相信司法程序是可靠与公正时,司法程序的质量就是高的。

在评价司法程序的质量时,有以下几项具体标准:(1)司法程序对当事人公开透明。对当事人来说,程序的公开和透明是公正审判的根本保障。程序的公开和透明不仅仅指当事人获知程序所处的阶段,而且要使当事人能对另一方当事人的诉请提出意见。

(2) 法官独立与公平。法院与法官的独立以及在个案中的公平是公正的基本要求。法官只能根据提交给法院的材料和现行法律来审判案件,不能为了更有效地对案件进行管理而有损个案的公平。此外,法官不能因媒体压力、民意和其他外部影响而改变其对案件的审判。(3) 程序简便。程序应根据案件的性质和依法保护当事人的需要而尽可能简便。然而,程序应尽可能简便并不是指对小案件的处理就要比对大案件的处理更为草率。相反,程序简便必须能满足高质量审理案件的需要。此外,对案件的简便审理必须得到当事人的同意。(4) 采取积极措施鼓励当事人和解(只适用于民事案件和刑事案件中的民事责任)。法官应在案件审理的整个过程中尽可能向当事人解释和解的好处。当然,如果一方当事人明确反对或拒绝和解,则法官应按常规作出判决。(5) 法官必须对程序进行积极有效的管理。(6) 程序安排应尽可能减少当事人的费用。法院程序的高费用可能会成为某些案件进入法院的障碍,从而阻碍人们实现其权利。这一标准要求法院取消不必要的中间程序,因为要求律师参与更多的程序,律师就会向其客户收取更多的费用。在诉讼程序中使用现代技术也能降低成本,如尽可能使用 E-mail、电话、视频会议以减少相关费用。(7) 程序灵活。程序灵活与程序简便在某种程度上存在一定的重叠。应该灵活利用程序规则提供的各种可能,以满足具体案件的需要。同时,在安排审理程序时,应考虑当事人和律师的正当要求。(8) 程序应尽可能对公众公开。机密案件应限制于尽可能小的范围,而且应将机密判决的概要公开,列出判决的要点及理由。(9) 程序必须是交互式的。判决都是通过法官与当事人在诉讼程序中的互动作出的,判决结果的质量在很大程度上取决于法官与当事人的互动是否成功。

(二) 判决

法院的职责是审理案件。当事人将案件提交法院的目的是使争议得到解决。虽然程序有其自身的价值,但判决的质量是衡量法院工作好坏的最主要因素。如果法院作出了错误的判决结果,不管司法程序的质量有多高,也不管司法管理的其他方面质量有多高,都不能挽回这一最终的错误。对当事人来说,高质量的判决理由是其得到法律保护的重要保障。当事人可基于判决理由评价法院是否正确行使了司法权，并估计上诉成功的可能性。判决理由还能使整个社会对法院的判决进行评价。

在评价法院判决的质量时，有以下几项标准：（1）判决公正合法。判决公正合法是司法程序一个最重要的目标。该标准指的是判决依据只能是现行法律与已确定的事实。由于判断一项判决是否公正合法是一个相对性的问题，因此该标准一般通过间接方法而不是直接方法来评价。如果判决理由中考虑了法律、主要的判例法以及其他可适用的法律渊源，就可以认为该判决是公正合法的。此外，判决中还应包括对当前案件特点的分析。（2）判决理由使当事人、法律从业人、法学家相信判决是公正合法的。该标准取决于当事人对判决理由的印象。即使判决公正公法，但判决理由不能使当事人相信判决是公正合法的，这也是存在问题的。诚然，要写出一份能使所有人相信判决是正确的判决理由是非常困难甚至不可能的，因此，相关的受众仅限于当事人、法律从业人（法官、检察官、律师）和法学家。（3）判决理由透明。如果所谓的判决理由不是作出判决的真正理由，即使判决理由在形式上公开了，也不能表明判决理由得到了真正公开。判决理由的透明要求将反对判决结果的论据也列出，并说明为什么支持判决结果的论据会占上风。（4）判决理由详细而系统。判决理由必须指出哪些相关问题是存在争议的，哪些相关问题是不存在争议的。在判决理由中，争议的所有问题和被接受的所有证据都应得到反映。不同的法律问题应得到不同的处理。（5）判决理由通俗易懂。判决中使用的语言应使非法律专业人士也能看懂其中的要点，该标准要求判决尽量使用一般语言而避免法律术语。如果必须使用法律术语，则必须对法律术语进行解释。（6）判决结构清楚，不存在语言和打印上的错误。

（三）当事人和公众的待遇

这一方面的具体标准有：（1）当事人和公众的人格尊严在任何时候都应得到尊重。司法程序中的当事人并不是司法措施中非人对象，而是有思想、有情感、有需求的人。（2）法院在保证公正公平的前提下为当事人提供合适的建议。（3）将所有必要的信息提供给当事人。例如，当事人有权知道是谁在负责当前的案件。因此，待审案件列表中应将法庭成员和书记员包括在内，法庭成员在审理开始前应首先将自己介绍给当事人。现在，很多信息都可通过法院的网站向当事人提供。（4）法院的公共关系处理得当。

（四）诉讼程序的速度

该标准要求法院应尽可能快地审判案件，而不应有不必要的迟延。法院处理的很多案件与当事人的生活密切相关。未决案件通常会占据当事人的所有心思，使当事人无心做其他任何事情。一个判决如果在经历了长时间的迟延之后才作出，可能对当事人来说已没什么实际意义。此外，如果诉讼程序太慢，很多人将放弃提起诉讼。对公司来说，未决诉讼会对公司的商业活动造成阻碍，甚至对公司的运行造成影响。因此，诉讼程序的速度就成了衡量法院工作质量的一个重要因素。

（五）法官的专业能力

事实上，司法质量在很大程度上取决于法官和其他法院工作人员的专业能力。如果法官的专业能力不足，即使法院的其他资源充足，律师尽职尽责，司法程序没有瑕疵，司法质量也得不到保障。相反，如果法官的专业能力突出，则可弥补其他方面的不足。因此，加拿大法官的专业能力就成为加拿大司法质量管理的一个重要组成部分。

衡量法官专业能力的标准有很多，此处只考虑有利于提高司法质量的因素。此处的标准主要根据参加诉讼程序的人根据法官在法院的行为来判断。这些标准具体有以下几项：（1）不断更新专业知识。由于法律更新速度快，如果法官跟不上法律的发展速度，就很难履行好职责。因此，法官必须细读最新的法律，熟悉最近的判例。（2）参加培训班。目前已有各种类型的培训班向法官提供培训。法官1年参加培训的时间以8—10天为宜。（3）当事人和律师认为法官为案件做了充分准备。这可以增加社会对法院和法官的信任感。当事人和律师有权要求法官对案件的事实基础和争点有充分了解。法官为了给外界留下好印象，在处理案件时应该条理清楚、自信、坚决。

(六) 审判的组织和管理

由于法官的独立性，审判的组织和管理是法院管理工作中的难题。衡量审判的组织和管理的质量标准有以下几项：（1）审判的组织和管理专业化且能为法院履行司法职责提供服务。此处的专业化是指法院采用了目标管理及其他管理原则。（2）将案件分配给法官的方式有条不紊。案件分配标准应事先制定好，负责案件分配的人员与案件应没有利害关系。（3）在处理案件时应让法官利用起来自己的专业能力。法官通过自学或进修会获得一些特殊领域的专业能力，在分配案件时考虑这一因素。（4）法院有对案件审理情况进行跟踪的机制，并能采取措施加快迟延案件的审理速度。（5）审判的组织和管理应避免使法官和其他法院工作人员超负荷工作。

三、加拿大司法质量的考核与评估

在美国，越来越多的州希望通过法官考评摸索出可令司法独立与负责兼容互补的制度安排。通过充分披露法官在审判过程中的表现，能对法官的自我改进与完善形成必要的激励，从而既维护司法独立又增强司法负责。这对提高我国构建有效的"司法责任制"有重要的启示意义。[①]

(一) 加拿大司法质量考核与评估的方法

加拿大采用了六个分数等级对以上质量标准进行考核与评估。完全没有达到标准的为零分，部分达到标准的为1分，达到标准的情况令人满意的为2分，很好地达到要求为3分，达到要求的情况值得称赞的为4分，达到要求的情况值得推广的为5分。下面对这些分数的具体判断进行详述：（1）0分。这1分数表示标准完全没有达到。造成这一结果的原因可能是法院没有重视这一标准，也可能是努力了但没有成功。（2）1分。这一分数表示部分达到标准但大部分还没有达到。在这一状态下，还有很多需要完善的地

[①] 陈杭平：《在司法独立与司法负责之间——美国州法官考评制度之考察与评析》，载《当代法学》2015年第5期，第131页。

方。(3) 2分。这一分数表示标准的近一半特征已经达到。如果达到这种程度，法院与法官的工作就比较令人满意了。(4) 3分。这一分数表示很好地达到了要求，但还存在个别不达标的特征。这应该是所有法官的目标，在实践中也是可能达到的。(5) 4分。这一分数表示达到要求的情况值得称赞，已经没有值得批评的地方了。(6) 5分。五分是最高分，这一分数表示达到要求的情况值得推广。这种情况有达到的可能，但实践中达到的情况非常少。如果达到了这一分数，表示法院的管理质量在国际上都达到了顶级水平。

对司法质量进行考核与评估的方法有自我评价、调查、由专家小组进行评估、统计和法院报告等。考虑到法院工作的性质，法院有必要使用多种评估方法，以便对法院工作质量有真实全面的了解。这些评估方法产生的数据大部分是客观的，但或多或少都有些主观数据在里面。客观评价方法的优点是能够为质量标准提供准确的信息，然而客观评价方法不能适用于所有方面。主观评价方法的优点是适用范围广，但获得的数据却不一定准确。下面对这些评价方法作简单介绍：(1) 自我评价方法。该方法指的是法官自己根据质量标准评价他们的工作。通过该方法获得的数据大部分是主观的，但这些数据是进一步评估的基础。(2) 调查。调查分为不同的种类，包括扩大调查、限制调查以及专门对陪审员、法院工作人员和媒体代表的调查。扩大调查的调查对象包括律师、检察官和当事人。由于一些质量标准的性质而不适宜进行扩大调查时，则进行限制调查，即将当事人排除在外。这些调查获得的数据也基本是主观数据，尤其是从当事人处获得的数据会受到当事人是否胜诉的强烈影响。(3) 由专家小组进行评估。对于一些质量标准，最合适的方法是由专家小组进行评估。该专家小组可以由法官、律师、检察官、大学教授（法学、管理专业）组成，也可以只由法官、律师和检察官组成。由这种方法得出的数据也是主观的，但由于小组成员的相互制衡，这种方法得出的数据是最接近客观情况的。(4) 统计方法。对于某些质量标准，最佳的评估方法为统计方法。使用统计方法得出的数据是客观的，但要得出有意义的结论，还需要参照其他评估方法。(5) 法院报告。

(二) 新斯科舍省的司法发展项目

从1995年8月1日开始,新斯科舍省进行了一项司法发展项目。① 新斯科舍省司法发展项目在法律能力、公正、司法管理技能等方面为每个法官提供反馈。这是加拿大唯一的一次以该形式对司法质量进行系统评估的实验。在该项目的发展、实施和推广中,司法独立自始至终是考虑的重要因素。新斯科舍省的律师在总体上肯定了这一项目,并认为该项目对司法独立不造成威胁。该项目在为法官提供有用的信息以促进司法质量的提高方面是非常成功的。但该项目的推广存在一定的障碍,这些障碍包括经费不足、对司法质量评估持保留意见以及加拿大省法院系统缺少具有创新精神的倡导者。

新斯科舍省的司法发展项目由法官自愿参加,由出庭律师对法官的司法质量提供反馈。在参加该项目前出庭的律师都需要完成一份关于法官司法质量的调查问卷。在该项目结束时,新斯科舍省对所有参与了该项目的750名律师发放了一份最终问卷,对该项目本身进行评价,最终回收了65%的问卷。该司法发展项目的宗旨是通过为法官提供有关司法质量的信息以提高新斯科舍省法院的司法质量。该项目具有以下几个特征:(1) 该司法质量评估是通过律师的调查问卷和法官对应的自我评估完成的;(2) 律师的评价是基于对法官的一般印象而不是基于具体案件;(3) 调查问卷中包括的评估项目有法律能力、公正、司法管理能力、对案件的处理和法官的举止;(4) 法官自愿参加;(5) 为参与该项目的法官和律师保密;(6) 由资深法官或最近退休的法官担当顾问,召开会议对问卷结果和法官的自我评估进行评议并提出改进意见。该项目由新斯科舍省四个法院(家事法院、省法院、高等法院和上诉法院)的法官代表组成的协调委员会负责管理。该项目开始于

---

① 新斯科舍省司法发展项目 (Nova Scotia Judicial Development Project) 由加拿大司法部、新斯科舍省法律基金、加拿大律师协会未来法律基金 (Law for the Future Fund) 和新斯科舍省司法部资助。

1995年8月1日,共进行了15个月。新斯科舍省60%的法官自愿参与了该项目,每一个法院至少有50%的法官参与了该项目。大约有750名律师收到了一份或多份问卷,并向项目办公室递交了1797份问卷回复。

有一部分加拿大法官认为司法质量考核与评估的唯一方法是对判决提出上诉,以这种方式进行的评估在法院的正常工作范围之内,能对司法程序和法律适用的问题进行评估,但不能对法官的举止和司法行为的细节进行评估。在向新斯科舍省律师发放的调查问卷中设置的一个问题就是:新斯科舍省司法发展项目下的评估程序会不会对司法独立造成威胁?司法独立原则指的是不能对判决的作出施加任何不当影响。司法独立的三个重要因素为法官任期有保障、财务有保障和法院在有关司法职能的管理事项上具有机构上的独立性。法院机构上的独立性要求对司法质量的评估只能是采取上诉的方法或者在极端情形下用司法纪律约束不适当的司法行为。司法独立原则是否排除对司法质量进行系统的外部评估在于如何界定"有关司法职能的管理事项"。Dickson法官认为有关司法职能的管理事项的范围是非常广的,指的是法官在审理和判决案件时有完全的自由,政府、压力集团、个人和其他法官等都不能干涉法官的审判方式。[①] 新斯科舍省的大部分法官认为该评估项目不会影响司法独立,但有部分法官持相反的看法。在司法质量评估方面美国具有丰富的经验,而美国各州的做法又不相同。新斯科舍省司法发展项目借鉴的是美国新泽西州的模式,并邀请了美国新泽西州的资深法官进行指导。新泽西州模式和美国其他州的不同之处在于,新泽西州模式的主要目的在于"获得个别法官司法质量的可靠信息,以使每个法官对自己的司法质量有深入了解,从而改进其司法质量"。新泽西州的评估模式注重的是司法质量的自我改善,而不影响法官的选任。事实上,在请求法官参与该项目时去掉了"评估"

---

① Martin L. Friedland. A Place Apart: Judicial Independence and Accountability in Canada. A Report Prepared for the Canadian Judicial Council, 1995, p. 12.

一词。①

该项目的办公场所、计算机设备和办公人员都是独立的，既不附属于新斯科舍省司法部又不附属于首席法官。调查数据只保存在项目办公室的电脑里面，而不能从司法部或法院的服务器获取。项目协调人和其他工作人员不是新斯科舍省的公务员，而是由协调委员会聘请，工资从项目基金中支付。这些特征能够确保信息的保密性。项目协调人的选择标准是：能够代表新斯科舍省司法系统的知名人士，熟悉法律、法院人事和法院管理，能为每个法官的司法质量写出可靠的评估且不会与法官个别接触。

问卷的设置包括了司法质量的五个方面：法律能力、公正、司法管理能力、对案件的处理和法官的举止。对于每一个方面，都要求律师依据若干标准对法官的司法质量进行评价。这些具体标准见表1。

对于每一个标准，律师需要给出的评价为：优秀、良好、及格、不及格或很差。除了这五个等级的评价之外，问卷还要求律师对法官司法能力作一个书面的总评价。法官进行自我评估的问卷和向律师发放的问卷是一样的。该问卷的设计与美国律师协会、美国新泽西州、亚利桑那州的问卷类似，但根据加拿大新斯科舍省的实际情况作了一些改变，如将"判决"扩大为"对案件的处理"。在一个由顾问（资深法官）参加的会议上，各法官了解到评估的结果。这次调查结果的总体情况令人满意。对各法官来说，他们知道了自己的司法质量是在平均水平之上还是之下。② 该会议的目标是使每个法官都树立起司法质量上的追求目标。在会议结束时，每个法官得到一份简短的评论。在项目结束时，所有的文件以及硬盘都被销毁掉。

---

① Poel, Dale H. What Do Lawyers Think About Judicial Evaluation? Responses to the Nova Scotia Judicial Development Project, 1997, p.4.

② See Poel for Discussion of Judicial Performance Outcomes and the Development of Within-court Performance Standards, 2001, p.33.

第二节 加拿大司法质量管理制度

表1　　　　　有关法官的司法质量调查问卷设置情况①

法律能力	公正	司法管理能力	对案件的处理	法官的举止
实体法知识；程序法知识；证据法知识；事实分析能力；法律推理能力；写判决理由的能力；判决解释的清晰性；法官判决的清晰性；法官判决的完整性；（以下为陪审团审判）陪审团审判中对争议问题和适用法律的分析；陪审团能理解判决的形成。	不存在民族偏见；不存在种族偏见；不存在性别偏见；不存在地区偏见；不存在社会等级偏见；不存在其他偏见；作出判决时不考虑大众观点；公平对待当事人；公平对待律师；给人公正的印象。	准备充足；陈述案件的时间充足；裁判时没有不必要的迟延；诉讼程序速度快；对诉讼程序保持适当控制；准时；（以下适用于高等法院与家事法院）法官和解与审前动议的适当性；在和解讨论中仔细分析各方当事人的优势和弱势；促使当事人和解的技巧；在和解中不存在胁迫或威胁。	判决的清晰度和质量；事实认定清楚；不存在不必要的迟延；考虑当事人（包括受害人）的感受；对其他潜在解决方法的了解；对判决原则的考虑；解决案件的创造性；判决推理的充分性。	礼貌对待诉讼参与人和其他工作人员；耐心；专注；尊严；不傲慢；关心行为的后果。

参与该项目的律师大多是经常出庭的有经验的律师，执业年限低于5年的律师只占20%，80%的律师每个月都会出庭，28%的律师几乎每天都要出入法院。律师的选择还考虑了新斯科舍省内各地区间的平衡。最后，还要求参加该项目的律师对该项目本身作出评

---

① Poel, Dale H. What Do Lawyers Think About Judicial Evaluation? Responses to the Nova Scotia Judicial Development Project, 1997, p.12.

价,包括对调查问卷的评价、对调查保密问题的评价、对司法独立和司法责任的评价。对调查问卷本身的评价见表2。

表2　　　　　　　　　律师对调查问卷的评价①

	问卷太长	司法质量的标准设置全面	司法质量的标准设置清晰	书面评论的选项并不重要
强烈同意	7%	6%	7%	4%
同意	31%	88%	85%	28%
反对	59%	4%	8%	52%
强烈反对	3%	2%	2%	17%

律师对问卷的评价对信息收集来说是非常重要的,当参与调查者因问卷太长太复杂而不愿完成调查时,调查就很难成功。在本次调查中,大部分律师并不认为问卷太长,有38%的律师认为问卷太长,很浪费时间。因此,该项目的最终报告建议以后采用更简短的问卷。由于该项目由法官自愿参加,因此也存在不少缺点,比如,自愿参加调查的法官有可能是司法质量较好的法官,而大部分没有参加的法官有可能是在司法质量上存在问题的法官,这样以来,项目调查问卷的效用就会受到影响,因此最终报告建议所有法官都要参加调查。

新斯科舍省对司法质量的评估取得了成功,但加拿大对司法质量评估整体上还是持保守态度,因此这种形式上的司法质量评估并没有在加拿大推广开来。然而新斯科舍省的项目在国际上产生了一定的影响,荷兰、澳大利亚、比利时和法国都认为新斯科舍省的这一创新是一个很好的榜样。

---

① Poel, Dale H. What Do Lawyers Think About Judicial Evaluation? Responses to the Nova Scotia Judicial Development Project, 1997, p. 6.

第三节 加拿大司法管理制度的改革

虽然加拿大的司法管理制度在世界上处于领先水平,但加拿大同样酝酿着司法管理制度的改革。加拿大司法理事会认为,目前加拿大法院管理的行政模式①效率较低且对司法独立带来了挑战。在2003年之前,加拿大司法理事会就发起了两项有关法院管理的研究以及一次首席法官研讨会。2003年,加拿大司法理事会成立了法院管理替代模式子委员会,由司法管理委员会和执行委员会管理。法院管理替代模式子委员会的目的有二:一为确定司法独立所要求的法院管理控制标准;二为提出一种法院管理的行政模式之外的替代模式,以便更好地保持司法独立,更好地使法院保持政府独立部门的地位,提高公众对司法制度的信心,提高司法服务的质量。2006年9月,经过法院管理替代模式子委员会的努力工作,加拿大司法理事会发布了《法院管理替代模式》的报告,提出了加拿大司法管理改革的方向。② 该报告认为"有限自治与委托模式"是最好的模式。但由于一种模式不可能适用于所有情形,因此该报告还提出了其他替代模式,并认为在加拿大这样的现代宪政民主国家,这些法院管理模式比现存的行政模式更合适。下面就对该报告进行分析。

一、《法院管理替代模式》报告简介

《法院管理替代模式》报告分析了两方面的关系。第一为法院与政府的关系,即法院在法院管理政策与实施的职责方面与立法机关、总检察长及其他独立机关的关系。第二为法院与法院管理的关系,即负责法院管理政策与实施者(不管是法院、总检察长或其

---

① 司法管理的"行政"模式指的是法院管理的政策与具体决策由内阁部长(通常是司法部部长或总检察长)领导的行政部门负责的模式。

② Alternative Models of Court Administration, Canadian Judicial Council, 2006, p. 2.

他独立机关）与法院行政官①之间的关系。第一种关系在很大程度上决定着第二种关系。20年前，澳大利亚等国家就开始关注加拿大对法院管理新模式的研究。② 现在，澳大利亚法院在管理上已实现自治，大大提高了效率。而加拿大仍然是最后几个法院管理被政府行政部门控制的普通法国家之一。在加拿大的每一个省，尽管法院在司法管理上发挥的作用越来越大，但法院的行政管理在很大程度上是由司法部负责的，而不是作为政府的一个独立部门进行行政管理。司法部门与行政部门都有了一个呼声：加拿大法院管理应该有一种更好的方式。③ 为了设计出加拿大法院管理的最佳模式，该报告从五个方面收集了信息：（1）对相关宪法考虑的详细评论；（2）对加拿大大部分法院的首席法官、司法部副部长、法院管理的其他重要参与者进行的两轮采访与磋商，其中第一轮集中于加拿大现有的法院管理模式，第二轮集中于法院管理的替代模式。（3）在每一轮采访与磋商之后，加拿大司法理事会举行了两天的研讨会，对采访与磋商中出现的问题进行讨论。（4）对其他国家法院管理模式的分析；（5）对法院和其他机构管理决策中普遍存在的问题的分析。

对收集的信息进行分析后，该报告得出了以下结论：（1）加拿大在法院管理的创新上已落后于同类国家，如澳大利亚。虽然加拿大多数省份都趋向于增强法院在法院管理的行政模式中的作用，但行政模式的缺陷仍然削弱了法院实现法院管理目标的能力。（2）将加拿大法院管理的行政模式改革成一种司法自治的模式具有宪法基础。（3）改革能确保司法独立。（4）改革能增强法官在法院管

---

① 法院行政官指的是法院管理部门的负责人，在加拿大不同的省，其名称有所不同，如法院服务官（Court Services）、首席法院管理官（Chief Court Administrator）、登记官（Registrar）或（书记员）。

② See Thomas W. Church and Peter A. Sallman, Governing Australia's Courts. Carleton South, Victoria: Australian Institute of Judicial Administration, 1991, p. 23.

③ Alternative Models of Court Administration, Canadian Judicial Council, 2006, p. 2.

理中的责任，并能提高法院管理的效率。（5）加拿大法官普遍认为法院管理的行政模式存在很大的缺陷，部分行政官员也持这种观点。（6）由立法权确定的法院管理的财政预算有限自治模式得到了普遍支持。持该观点者进一步认为，应成立一个独立的委员会，来协调与解决分配给法院在财政预算上的争议。（7）法院管理需要一名对首席法官负责的首席行政官，由首席行政官处理日常事务能使法官从这些事务中解脱出来，从而能集中精力对法院管理的总策略进行指导。（8）一个最优的法院管理模式要求法官在法院管理的核心领域能够自治，同时通过独立的委员会确保分配资源给法院的政治机构不会滥用权力。

二、目前的行政模式

（一）行政模式的含义

在行政模式下，法院管理由行政机关控制，而行政机关则向立法机关报告。行政机关的代表通常是总检察长或司法部部长。然而，在加拿大的多数省份，一些法院管理的决定还由政府的其他部门负责，因此负责法院管理的行政机关是很多政府部门。首席法官与这些部长们的关系是不确定的，他们是否接受首席法官的建议纯粹是一个行政裁量问题。法官与法院管理之间也没有直接的、正式的关系。到目前为止，加拿大多数省份没有建立起一套用于评估法院管理绩效的明晰的、可测的目标。

行政模式在部长负责与立法至上原则下具有合理性，但加拿大很多省政府在与法官磋商后，承认行政模式具有重大缺陷，并在最近几年通过非正式的谅解、正式的规则或谅解备忘录的方式对行政模式进行了修改。其结果是基本的行政模式有了很多种变种，实际上，变种成了常态而非例外。一些变种缓解了行政模式中法官在法院管理决定中参与不足的问题。这反映了行政机关对法院进行有效管理的能力在削弱，除非其在设计与实施改进措施时能动员法官参与。例如：

行政机关可将具体管理任务的权力与责任正式委托给首席法官，并确保法院管理者及相关集团（如律师）为同一个目标（如实施法院减少迟延计划）而工作。

　　行政机关可与首席法官达成协议，将法院管理决策的某些领域的权力委托给首席法官，如法院管理财政预算中的部分开支控制、对某些法院职员的监管。[①] 安大略省总检察长与安大略省法院之间的《谅解备忘录》就是这种范例之一。该《谅解备忘录》从 1993 年开始实施，赋予了安大略省法院首席法官对首席法官办公室的财政预算很大的控制权。然而，这种控制并没有涉及法院的日常经费。该《谅解备忘录》还设置了一名行政协调官，[②] 负责首席法官办公室的经费与管理，接受首席法官的领导。由行政协调官与总检察长的代表进行磋商，以将首席法官办公室的运营经费列入总检察长的预算。不列颠哥伦比亚省的总检察长与省法院达成了一项协议，将更大的预算控制权授予了法院的首席法官。2002 年，他们之间签订了正式的议定书，以书面形式确定了省法院中总检察长与首席法官在若干领域（包括财政预算）的地位与职责。预算一旦被政府确定，首席法官在如何分配预算的问题上就有很大的自由裁量权。该议定书和安大略省的备忘录一样，并不是法院与政府间的具有强制力的协议，而是对已有的实践的较正式的表述。

　　行政机关在作出有关法院管理的决策时，可以考虑首席法官的意见。与首席法官的磋商应该以一种制度化的、常规化的有效方式进行，而不能停留于偶尔礼节性的电话磋商。曼尼托巴省法院执行委员会就采用了这种形式。这种机制为法官与行政领导提供了经常会面的地方，以便分享彼此遇到的问题，进行高层次的信息交流。该执行委员会是一个用于缓和行政与司法之间关系的协调机构，并不涉及预算决策与其他重要的管理事项。纽芬兰省也采用了类似的模式。

　　[①] 不列颠哥伦比亚省是最早（20 世纪 70 年代中期）采取这些步骤的省份，安大略省与阿尔伯塔省等紧随其后。将法官对法院的管理从财政预算扩大到有限的自治模式就是不列颠哥伦比亚省首席法官 Nathan Nemetz 的建议。

　　[②] 该行政协调官为政府官员。

第三节 加拿大司法管理制度的改革

行政机关可以将作出与法院管理有关的有约束力的决定的权力委托给首席法官与法院管理官。加拿大立法机关于2002年颁布了《法院管理服务法》，其对联邦法院进行了改革，设立了首席管理官办公室，作为新设法院管理服务署的领导。① 司法部部长与联邦法院的四名首席法官磋商后，提名首席管理官的人选。该模式与众不同的特点是首席法官有权向首席管理官发布有约束力的书面命令，首席管理官每年向国会作报告。这一改革使行政模式下联邦法院首席法官与司法部部长或副部长之间的关系转变为首席法官与首席管理官之间的关系。

行政机关可提高法官制定政策与计划的能力，这样法官在法院管理中就能发挥更有意义的作用。新斯科舍省法院设立了行政办公室就是这种模式的例子，该办公室的设立是为了协调共同的管理政策，并为新斯科舍省的法院提供政策与媒体服务。其资金来源于现有预算的重新分配，其设立被视为法院在法院管理中扮演更重要的角色的第一步。该办公室只有很少的资金，在预算与管理程序上没有正式的决策权，其目的主要是为了扭转高级法院和省法院与行政机关保持完全独立的关系的趋势。

行政机关可通过立法与实践，允许法官参与法院管理的决策，直至形成事实上的自治。加拿大最高法院司法常务官所发挥的作用就是这种实践的例子。通过立法与行政措施，加拿大最高法院司法常务官作为最高法院的"首席行政官"，受首席法官的领导，对法院的预算与管理程序行使重要的控制权。其他的上诉法院，包括阿尔伯塔省上诉法院与魁北克省上诉法院，都在很大程度上拥有了管理自治权。

然而，尽管行政模式进行了很多修改，但管理上的新发展加强了行政控制并对法官在法院管理中的作用设立了新的限制。比如，行政模式中统一由总检察长代表行政机关的形式让位于越来越中央集权的多服务署模式，因此，法官不仅要影响总检察长，还要影响更广范围的涉及法院管理决策的政府部门、委员会和其他机构。

---

① Courts Administration Service Act.

(二) 行政模式的缺陷

第一，法院不能独立于政府，对法院管理的财政预算进行管理，也不能对其他一些对司法服务有重大影响的法院管理活动的实施进行管理，因为首席法官与法院管理官都不能离开司法部或其他政府指令，对法院财政与法院运转进行管理，因为这会对司法独立产生严重的威胁。

第二，对于法院管理应达到的目标，法院管理的主要参与者之间不能达成共识，其主要原因之一是法院缺少合适的基础设施，以进行确定法院管理目标所需要的数据收集、分析与磋商。因此，确保法院与行政机关对彼此的责任以及他们对公众的责任机制就缺少重要的前提。

第三，由于缺乏共识，很多人认为法院管理的效率可以通过采用不同的管理模式来提高。

总之，不管行政模式存在多少变种，其仍然保留了行政控制的特点。在宪法赋予的裁判领域外，法官在法院管理中的特权明显是由行政机关授予的。这种关系造成的结果是行政模式在很大程度上依靠行政机关与司法机关之间的相互信任与善意。这种关系可能会随着新的司法部部长、副部长、首席法官以及政治气候的变化而改变，这也就构成了法院管理的脆弱的、不能令人满意的基础。

(三) 第一轮磋商对行政模式的评价

如前所述，为支持加拿大法院管理改革的调研，加拿大举行了两轮磋商。第一轮磋商集中于被调查者对法院管理行政模式的评价。这些评价大致可分为八个方面。

1. 政府结构对法院管理的影响

"法院被视为司法部的分支，而不是政府的分支。" 在第一轮磋商中，很多参与者认为在加拿大的很多省，法院在预算与管理单位上被行政机关视为总检察长部的一个分支，而不是政府的独立分支。但这种观点不适用于联邦一级，从20世纪70年代开始，加拿大联邦法院和加拿大最高法院就逐渐与司法部分离，法院被视为是司法部的分支在很多方面有所表现，将法院管理的财政预算纳入司法部的总预算之内就反映了这种关系的实质，法院几乎没有能力决定法院开支的先后顺序。在加拿大的大部分省份，法院对法院财政预算的影响甚少，对如何使用法院预算的实质控制就更少了。法院职员与政府官员都向同一个助理副部长或副部长报告工作是司法部干涉法院管理的另一个表现。司法部各部门实现预算目标的备忘录也会被发给法院登记官。在有些省份，法院职员与司法部职员（如皇家检察官）使用相同的资源（如复印机和传真机）。在一些人口较少的省和农村地区，法院和司法部位于同一座政府大楼之中是很常见的。上述所有的特征，都给人一种印象：法院与司法部不是相互独立的政府机构。

2. 诉讼对行政——司法关系的影响

"相互间的信任正在瓦解。" 1997 年加拿大最高法院作出"薪酬参照案"（Remuneration Reference）① 的判决后，很多省设立了独立的薪酬委员会，负责确定由各省任命的法官与治安法官的薪水、养老金和补助金。到 2004 年为止，加拿大的大部分省高等法院审理了政府与法官协会之间的重大诉讼，在这些诉讼中，政府质疑薪酬委员会的建议，法官协会质疑政府否决薪酬委员会的建议的行为。这些诉讼使得加拿大各省政府与省法院之间的关系达到前所未有的敌对状态。加拿大最高法院在最近的薪酬参照案中明显地想要缓解这种敌对状态。② 在该案的判决中，加拿大最高法院澄清了政府可以否决薪酬委员会的建议的基础。该判决是否会对通过诉讼解决行政机关与司法机关在薪酬问题上的争议的趋势产生影响还有待观察。首轮磋商的一些参与者认为这些诉讼是政府和法院在法院管理事项上信任瓦解的一个主要因素。

3. 法院管理行政决策中法官作用有限产生的影响

---

① Refree Remuneration of Judges of the Prov. Court of P. E. I. ; Refree Independence and Impartiality of Judges of the Prov. Court of P. E. I. , 1997, 3 S. C. R. 3.

② Provincial Court Judges' Assn. of New Brunswick v. New Brunswick (Minister of Justice); Ontario Judges' Assn. v. Ontario (Management Board); Bodner v. Alberta; Conférence des juges du Québec v. Quebec (Attorney General); Minc v. Quebec (Attorney General), [2005] 2 S. C. R. 286, 2005 SCC 44.

"有时候会问我们，但大多数情况下是告诉我们。"加拿大司法理事会于 2000 年和 2002 年进行的"法院管理关系"调查显示，有 1/3 的首席法官表示其在法院财政预算过程中没有起到任何作用。另外 2/3 的首席法表示其在法院预算过程中的作用有限且基本没有效果。少量上诉法院的首席法官指出，他们在预算的分配控制上作用很大，但在预算过程中作用有限。在安全、技术和便利等日常管理事务上，行政机关与法院商量的频率越来越高，但在预算问题上与法院商量的深度与次数在不同的地方各不相同。

4. 部分法院职员割裂忠诚的影响

"他们处于要服务于二主的困难位置。"行政机关与司法机关的关系在法院管理问题上的一个两难问题是司法职员的地位。大部分法院职员在管理链上向法院的注册官报告，而注册官则向行政官员或司法部助理副部长报告。当然，也有部分法院职员在首席法官的指令下工作。在一些省份，有关法院职员的工作分类、录用的争议成了司法领导与行政领导之间关系紧张的重要原因。有时因为行政机关的指令与首席司法官的指令相冲突，注册官不得不拒绝行政机关的指令。当法院的意图与政府的意图不一致时，问题就显得尤为突出。在一些省份，法院对提供基本服务的职员控制非常有限，以至于法官不能对雇佣来为其服务的秘书人员说不。安大略省前首席法官 Frank Callaghan 在 10 年前就撰文指出法院管理需要改革，因为"共同管理"被证明是失败的。他还指出，共同管理失败是由于其使得那些在审判程序中为法官提供基本协助的职员要承担两种责任。法院管理官对公务员序列中的上级负责而不是对法官负责，因此这一职位本身就存在冲突。①

5. 资源

迄今为止，法院在行政机关与司法机关的关系上讨论最多的是法院管理经费不足的问题。在一些省份，这种关注集中在获得资金

---

① F. Callaghan. The Financing and Administration of the Courts: A Threat to Justice. Advocates' Society Journal, March 1992. Note that Prior to His Appointment to the Bench, Callaghan Was Deputy Attorney General of Ontario.

修建新的法庭、修复与改进陈旧的设备上，而在另外一些地方，人力资源是主要问题。在加拿大，全国法院职员的空缺越来越多，急需填补，而在填补时，全职的有经验的职员经常被兼职的没有经过培训的无经验的职员替换，而且跳槽率很高。加拿大很多法院都认为自己没有控制资源的分配或控制很少。下面从不同但相互联系的视角对司法与行政关系中的资源问题进行分析。

（1）"总检察长在内阁中支持法院预算的模式正在瓦解。"曾经有一段时间，在资源方面总检察长被视为法院的代言人。这事实上构成了法院管理行政模式的理论基础的一部分。由总检察长作为法院的代言人有两个原因。首先，与大学校长以及国家企业高管不一样，法官不能公开为资源去游说或为预算进行谈判而不在司法独立上作出妥协。其次，法院不像医院和学校，在政治程序中争取社区或公众的支持。简而言之，法院不能获得选票支持。因此，作为内阁成员中的首席法律官，总检察长在国家法律与政治制度中就处在代表法院的独特位置。① 在加拿大的很多省，行政模式的这一基础开始瓦解。现在，在公共资源的分配上，法院被认为与医院、学校没什么不同的地方，而且法院也能节省开支甚至创收（如民事案件的收费以及对法院建筑进行商业运作）。在有些省份，这种趋势已经很明显，如关闭诉讼少的地方法院。

（2）"我经常觉得自己是'首席乞丐'而不是首席法官。"首席法官采取行动以满足法院的资源需要，但不能与当时的政府进行政治谈判。但这是不可避免的，尤其是政府要求首席法官优先为法院提供资金而不是为其他政府部门提供资金进行辩护时。因此，首席法官必须尽其所能确保法院所需要的资源，或者保持现有的资源不变，避免进一步削减法院服务上的开支。在一些小地方和小法院，首席法官有时通过给总检察长或司法部副部长打电话，就能解决资源问题。但越来越多的法官开始通过正式信函、公开声明甚至提起诉讼的威胁，来努力确保公众得到高质量

---

① See J. LL. J. Edwards, The Attorney General, Politics and the Public Interest. London: Sweet and Maxwell, 1984, p.14.

的司法服务。

（3）法官的薪水与津贴扭曲了人们对法院行政资源得到支持的看法。在很多省份，法官被视为享受高薪水与高津贴的工作。法官的薪水并不是直接由政府决定，而是由独立的薪酬委员会确定。① 虽然法官的薪水与法院职员、法院设备或法院管理的预算没有联系，但法官的高薪水经常被误认为是法院各方面得到大量资金的象征。

6. 自治

在行政机关与司法机关的关系上，资源并不是唯一的问题。另一个经常被讨论的问题是法院的资金预算确定后，法院在法院管理经费的分配上的权力问题。大多数首席法官希望减少需要行政审批的项目，并希望在分配预算以满足法院需求时有更大的灵活性。首席法官的独立性小于总审计长、信息与隐私专员等国会官员，甚至小于法院监管的委员会和裁判庭。虽然法院是行政权的最终行使者，但在管理资源方面，法院受到行政机关的制约。国会官员可以自己起草预算提交立法机关批准。他们的预算经批准后则根据《财政管理法》进行管理。总审计长或信息与隐私专员负责制定与执行人事政策、职员模式、政策计划等，向国会提交关于管理与财务实践的年度报告。相反，首席法官在准备财务预算上没有正式的地位，也不能控制法院的人力资源决策与经费使用。

7. 责任

法院管理的责任也是一个讨论较多的问题。政府对于法院管理责任的范围与性质并未达成共识。法院对公共资金的开支的责任经常被提起但很少得到详述。参加磋商的行政机关代表普遍认为，要确保法院管理的责任，行政模式是必要的，而司法独立有时会成为责任的阻碍。这种观点忽略了法院也可以像总审计长或巡视员一样直接向立法机关报告资金使用情况的事实，也忽略了可以要求法院遵守适用于公共部门的资金使用规则的事实。

---

① 具体来说，由国家委员会来处理联邦任命的法官的薪水问题，由省委员会来处理各省任命的法官的薪水问题。

8. 复杂性与公平

法院制度越来越复杂，如有一些省份出现了市法院、治安法院出现了"司法性"法官、引入了案件管理系统、电子起诉与法院档案的电子化等。一些适应小法院的管理模式不一定适应大法院，而加拿大不同地区不同层级的法院的大小、需求与内部治理都不一样，所有法院的预算、人事与政策却都由行政机关控制。在相同省份的不同地区，行政支持的程度也不一样。在联邦任命的法院得到更多资助的省份，通常认为联邦任命的法院威望更高，而在省任命的法院得到更多资助的省份，则认为总检察长对省任命的法院控制度更高。加拿大法院管理的行政模式并不是静态的或单一的模式。由于地理、人口、历史、资源、政治和法律文化的不同，加拿大不同地方法院管理的模式也有所不同，但都存在一定程序的司法自治或者说法院在一定程度上参与了法院管理决策。在行政模式下，司法自治具有内在的局限性。

（四）小结

基于以上分析，探索一种法院管理行政模式的替代模式已达成了共识。行政模式的缺陷主要有以下几点：第一，法院缺乏稳定的资金，对开支没有自由裁量权，从而对法院管理战略与长期规划产生阻碍；第二，法院管理官要效忠于行政机关与司法机关，从而降低了法院管理的效率；第三，总检察长在政府决策中代表法院利益的意愿与能力正在瓦解；第四，当前因法院管理预算与司法薪酬委员会建议的执行而产生的争议危及了法院领导与行政领导之间的互相信任。

当前的行政模式在当初设计时并不是用来管理现在的法院，改革不仅是可以理解的，而且是可能的，是大家期盼的。

三、改革的宪法基础

在评估法院管理替代模式时，有关司法独立的宪法原则与要求是重要的标准。一项对有关法院管理自治宪法态度的分析表明，规范背景是复杂的、动态变化的，要求对加拿大及国际上司法独立的发展进行公正、详细的分析。

第二章　加拿大司法权力运行机制

(一) 司法独立规范背景的动态变化

司法独立原则作为一项有约束力的规则第一次出现在英国1701年《王位继承法》中。这是17世纪至18世纪英国国王与议会关于由谁行使立法权的争论的结果。① 当时国王的法官在两方支持者的交火中被抓，当事法官的任命完全由国王决定。对于国王来说，任命法官是控制司法的重要方式。国会通过弹劾程序对法官也存在着一定的控制。② 国会希望自己能成为抗衡皇权的力量。1688年光荣革命保证了国会的立法权，使国会的立法权不再存在争议。《王位继承法》使法官的职位稳定了下来，法官只要勤于职守就可终身任职，除非国会两院解除其职务。《王位继承法》于1714年安妮女王死去之后开始生效。但《王位继承法》仅适用于英国国土范围内，因此，加拿大殖民地的司法仍然受皇权控制。在18世纪，加拿大法官由代表了皇权的殖民地总督任命与解除。1834年，加拿大通过了一项法律，使勤于职守的法官可以终身任职，但该法律没有被伦敦批准。1840年《联合法案》通过三年后，上述措施的适用扩展到了加拿大，这样一来只有国会才能解除法官的职务。

上面对加拿大司法独立原则的出现进行了简短的历史回顾。司法独立原则事实上与现代国家形成的复杂历史是分不开的。为什么要保障司法独立？现在从某个层面上来说，答案是"保障司法独立是为了确保公正；司法独立是达到这一目标的方式"。③ 保持公众对司法公正的信任是非常重要的。

理解司法独立原则出现的历史背景能使我们知道现在进行的司法管理制度改革是司法独立原则在当代的继续和发展。加拿大立法机关、行政机关和司法机关之间的关系是根据社会、经济和政治环

---

① See Jeffrey Goldsworthy. The Sovereignty of Parliament. History and Philosophy, Oxford: Clarendon Press, 2001, p. 21.

② Shimon Shetreet. Judges on Trial: A Study of the Appointment and Accountability of the English Judiciary. London: North Holland Publishing Company, 1976, p. 7.

③ Alternative Models of Court Administration, Canadian Judicial Council, 2006, p. 30.

第三节 加拿大司法管理制度的改革

境而改变的,而宪法必须反映这种改变。

在《薪酬参照》中,Lamer C. J. 认为司法独立在根源上是一项不成文的宪法原则,从这个意义上说其在《宪法法案》具体条款之外,但《宪法法案》序言通过援引英国宪法确认了司法独立原则。① 如果司法独立原则是一项宪法文本之外的未成文宪法原则,那么对司法独立原则的法律分析必须拓宽,其出现与发展的历史环境必须得到考虑。由于1867年《宪法法案》前言提到了该法案所包含的政治理论,因此必须对司法独立原则出现时的政治理论进行分析,对司法权的承认也有必要进行分析,以有助于理解司法权背后的原则及其发展。

政府职能最初一般是由同一个机构——君主法庭(Curia Regis)来行使的。中世纪后期,政府职能开始细分,出现了一些独立的机构,但其成员不具有行政职能,因此,大法官法庭与税务法庭的法官通常履行行政性质或财政性质的职能。同样,国会也履行部分职能。在孟德斯鸠与洛克之前,立法权、行政权与司法权存在大量重叠。现代司法的出现是一个长期过程的结果,司法机关逐渐与其他机关区分开来,司法权逐渐成为专属性权力。《王位继承法》使这种区分进一步加深,因为其创立了前所未有的机构自治。从此之后,司法独立原则成为政府职能与机构发展中的关键因素。司法独立是政府立法机关、行政机关与司法机关分权的进一步表现。② 18世纪《王位继承法》中的司法独立是当代司法独立原则的种子。

在加拿大,修宪权转移至加拿大联邦政府的结果是最高法院的作用越来越大。加拿大最高法院在宪法裁判中采取了原则与发展相结合的路径,即对宪法的发展与进化来说,宪法的基本原则是至关重要的。③ 对宪法要求的司法独立进行定义是不够的,必须对法院

---

① Remuneration Reference, at para. 83.
② Remuneration Reference, at para. 125.
③ Reference Re Secession of Quebec, [1998] 2 S. C. R. 217, [Secession Reference] at para. 52.

管理模式背后的规范背景的动态变化进行分析。另外，由于政府也在一直不断地发展，对司法独立原则在当代的变化进行分析也是必须且必要的。

（二）司法独立原则在加拿大当代的发展

1867年《宪法法案》第七章确定了加拿大高等法院司法独立的界限，保障了高等法院的独立性，不仅适用于国会，而且适用于省立法机关。①《宪法法案》第七章是《王位继承法》司法条款具有操作性的规定，即只要勤于职守就可终身任职，除非国会两院解除其职务。在《加拿大权利与自由宪章》通过之前，加拿大法院并没有直接处理司法独立问题。只有在涉及《宪法法案》第96条的解释和将高等法院的权限分配给下级法院或行政裁判庭时才简单提及司法独立问题。②

1982年《加拿大权利与自由宪章》通过之后，情况有了根本性的改变。1985年，加拿大最高法院对宪章第11条（d）款进行了解释，该条款规定，"被指控犯罪的人享有以下权利：（d）在独立的不偏袒的法庭举行的公平、公开审判中，根据法律证明有罪之前，应推定为无罪"。在 Valente 案中，最高法院对安大略省法院刑事庭的地位作出了裁判。③ 在该案中，上诉人 Valente 认为省法院的法官不具有《加拿大权利与自由宪章》第11条（d）款所规定的独立性。Le Dain 法官认为，加拿大司法独立需要三个基本条件，即任期保障、财政保障和管理独立。④

任期保障被视为司法独立的首要条件。在 Valente 案中，Le Dain 法官注意到，任期保障与随意愿任命法官的制度是截然相反的。因此，必须确保法官只能在确定的原因下才能被解除职务，并

---

① McEvoy v. Attorney General of New Brunswick and Attorney General of Canada, [1983] 1 S. C. R. 704.

② Peter HOGG, Constitutional Law of Canada, Toronto: Carswell (Loose Leaf Edition), [HOGG] at para. 7(3).

③ Valente v. The Queen, [1985] 2 S. C. R. 673. [Valente].

④ Alternative Models of Court Administration, Canadian Judicial Council, 2006, p. 33.

且该原因应受到独立的审查并通过一定的程序作出裁决,在该程序中应给予涉案法官充分陈述的机会。任期保障的实质在于确保任期不受行政机关或其他任命机关以自由裁量或任意的方式进行干涉。① 这是任期保障的最低要求。Le Dain 法官认为按意愿任命法官的制度不符合任期保障的要求,如省法院的法官达到退休年龄但服务年限累积未达到能领取养老金的标准时,可经总检察长建议由副总督"重新任命"。② 因此,法官随意愿被任命后履行职务不能构成《加拿大权利与自由宪章》第 11 条（d）款的独立法庭。

司法独立的第二个条件是财政保障。在 Valente 案中,Le Dain 法官写出了有关财政保障的观点:"司法独立的第二个必要条件是财政保障。财政保障指的是薪水或其他报酬以及适当情况下的养老金保障。财政保障的实质是获得薪水与养老金的权利必须由法律规定,而不能由行政机关以可能影响司法独立的方式任意干涉。对于养老金,最重要的是区别获得养老金的权利与行政机关基于恩惠提供的养老金。"③

司法独立的财政保障方面后来在《薪酬参照》中得到进一步扩大。值得注意的是,在 Valente 案的判决作出一年后,加拿大最高法院在 Beauregard 案④中又对财政保障问题作出了判决。Beauregard 先生是高等法院的一名法官,一项法律要求在某个日期后任命的高等法院法官将薪水中的一部分交给养老金计划,从而能获得养老金,减薪的问题也随之提出,因此,加拿大最高法院必须对 1867 年《宪法法案》第 100 条进行解释。⑤ 最高法院通过 Dickson 法官,承认联邦立法机关在确定与支付薪水与养老金上有一定的自由度。涉案中的法律在养老金计划上没有将法官与其他加

---

① Valente v. The Queen, [1985] 2 S. C. R. 673. [Valente], at para. 31.
② Valente v. The Queen, [1985] 2 S. C. R. 673. [Valente], at para. 37.
③ Valente v. The Queen, [1985] 2 S. C. R. 673. [Valente], at para. 40.
④ Beauregard v. Canada, [1986] 2 S. C. R. 56. [Beauregard].
⑤ 该条规定,"高等法院、地方法院和县法院法官的薪水、津贴和养老金应由加拿大国会确定与提供"。

拿大公民区分开来，①因此，Dickson法官隐含地认为，国会有权变更高等法院法官的退休计划。然而，他还指出国会设置养老金与国会的权限并不是没有限制的。如果有迹象显示处理这些事项的联邦法律的目的是不正当的或虚假的，或者对法官造成了歧视，则会引起有关司法独立的严重问题，该法律也将被认为超越了1867年《宪法法案》第100条的规定。

　　司法独立的第三个条件是管理独立，这影响到司法机关与政府其他组成部分的关系。在Valente案中，Le Dain法官写道："虽然向法院推荐的管理自治或独立的措施越来越多，但这些并不是《加拿大权利与自由宪章》第11条（d）款的本质。管理独立要求法院能控制那些对司法职能的行使有直接或间接影响的管理决定。管理独立与审判独立之间的差距反映了管理独立的非常有限。"②Le Dain法官还非常明确地认为法院对管理决定控制的性质影响着其司法职能的履行。法院对法官分配、法庭组成、案件排期以及开庭房间分配和对相关管理人员的控制是机构独立的本质要求或最低要求。③在Généreux案中，Lamer法官也支持这种观点，"司法独立的第三个条件是在与法庭行使司法职能直接相关的管理事项上的机构独立。由外部力量干涉与审判直接相关的事项是无法令人接受的。虽然司法机关与行政机关在机构上的关系是必须存在的，但这种关系不能干涉法院在审理个案争议中与支持法律及宪法精神的自由。"④

　　上述三个条件是司法独立原则的三根支柱。在Valente案中，Le Dain法官还对个人独立与机构独立作了重要的区分，在Beauregard案中，Dickson法官重申了这一区分。法官个人独立主要表现为任期保障，而法院的机构独立主要表现在法院在机构上或

---

① Beauregard v. Canada, [1986] 2 S. C. R. 56. [Beauregard], at para. 39.
② Valente v. The Queen, [1985] 2 S. C. R. 673. [Valente], at para. 52.
③ Valente v. The Queen, [1985] 2 S. C. R. 673. [Valente], at para. 49.
④ The Queen v. Généreux, [1992] 1 S. C. R. 259, [Généreux] at para. 44.

管理上与政府行政部门及立法部门的关系。① 法官个人独立包括法官的审判独立。法官在对具体案件作出判决时必须拥有完全的自治。法官审判独立是司法独立的核心。② 对于机构方面的司法独立，Dickson 法官写道，"司法独立不仅对个案的公平公正解决是必要的，同时也是民主社会宪政的生命"。③ "在机构层面，司法独立指的是保证司法机关的独立性与完整性，并且不受立法机关与行政机关的无故干涉。"④Le Dain 法官认为，"如果法官个人拥有司法独立的条件，但其所在的法院不能独立于政府的其他部门，则不能认为法官构成了独立的法庭"。⑤ Valente 案与 Beauregard 案中对法官个人独立与法院机构独立之间关系的区分至今仍有一定的影响。

　　Valente 案与 Beauregard 案已经过了 20 多年，现在是时候对司法独立原则在这些年中发生的改变进行评估了。Remuneration Reference 案是一个对解释与理解加拿大司法独立原则非常重要的案件，其超越了 Valente 案，因为其分析了财政保障的性质与特点。加拿大最高法院认为宪法与司法独立原则都有所发展。⑥ Valente 案之后，司法独立原则在以下三个方面的发展是值得重视的：第一，机构公正的概念得到发展。在 Lippé 案中，加拿大最高法院认为，虽然机构公正的概念之前从未得到本法院的承认，但"独立与公正的审判庭"的宪法保障足以包含机构公正的含义在内。正如司法独立要求法官个人独立与机构独立一样，司法公正也包括法官个人公正与机构公正。因此，不管具体的法官是否存在偏见，如果制度的设计给人一种机构层面存在偏见的印象，公正的要求也是没有达到的。⑦ 第二，在 Mackeigan 案中，最高法院指出，Le Dain 法官在 Valente 案中确认的司法独立的本质特征并不是对司法独立

---

① Valente v. The Queen, [1985] 2 S. C. R. 673. [Valente], at para. 20.
② Beauregard v. Canada, [1986] 2 S. C. R. 56. [Beauregard], at para. 21.
③ Beauregard v. Canada, [1986] 2 S. C. R. 56. [Beauregard], at para. 24.
④ Beauregard v. Canada, [1986] 2 S. C. R. 56. [Beauregard], at para. 38.
⑤ Valente v. The Queen, [1985] 2 S. C. R. 673. [Valente], at para. 20.
⑥ Remuneration Reference, at para. 106.
⑦ R. v. Lippé, [1991] 2 S. C. R. 114, [Lippé] at p. 140.

特征的穷尽编纂。司法独立的条件会随着时间与环境的发展而变化。① 因此，司法独立原则还包括法官可以拒绝向行政机关或立法机官回答具体判决作出的理由。② 第三，在 Remuneration Reference 案之前，保障基层法院法官司法独立的措施非常有限。他们不适用 1867 年《宪法法案》第 96 条至第 100 条，《加拿大权利与自由宪章》第 11 条（d）款也只适用于刑事案件。而现在情况有了显著变化，因为"司法独立已经成为适用于加拿大所有法院的原则，而不仅仅是高等法院"。③

法院固有管辖权④有时被认为是要求司法管理独立的基础。根据法院固有管辖权原则，法院和法官拥有其行使管辖权所必需的所有权力。

（三）管理独立与去政治化的必要性

在加拿大司法独立原则的发展中，Remuneration Reference 案迈出了关键的一步，因为其为评估司法独立提供了新的标准。在该案中，法院明确指出司法机关与立法机关及行政机关之间的关系应去政治化。立法机关与行政机关不能对司法施加政治压力。另外，司法人员也不应就一般公共政策问题公开发表意见。⑤ 因此，应该禁止法官个人或集体与行政机关或司法机关就薪酬问题进行谈判。⑥ 法院与政府其他两个机关之间关系的去政治化无疑是 Remuneration Reference 案的基础之一。法院与政府其他两个机关之间的谈判应该避免，因为谈判必然会有妥协与交换，这将会使公众产生一种印象，即司法在情况所需时会妥协。去政治化要求法院与政府其他两个机关之间的关系去政治化，最好是通过独立与中立的委员会的形式。但现在首席法官经常要与政府就法院需求与预算进行谈判，在这种情况下，人们有理由认为，法院为了避免其预算或人力资源被

---

① Mackeigan v. Hickman, [1989] 2 S. C. R. 796, [Mackeigan], at para. 56.
② Mackeigan v. Hickman, [1989] 2 S. C. R. 796, [Mackeigan], at para. 65.
③ Remuneration Reference, at para. 106.
④ "固有管辖权"在美国被称为"固有权力"。
⑤ Remuneration Reference, at para. 140.
⑥ Remuneration Reference, at para. 134.

缩减,可能会在审理案件时作出妥协。

加拿大是一个联邦国家,其联邦制度限制了统一的管理自治概念的发展。加拿大1867年《宪法法案》第92条第14款规定,各省立法机关对各省的司法管理享有专有立法权,包括省法院的设立、维持和组织,以及这些法院的诉讼程序规则。

(四) 司法独立的国际背景

《世界人权宣言》第10条①、《公民权利和政治权利国际公约》第14条②都有保障司法独立的规定。这些有关司法独立的国际条约中的基本规定已经超出了刑事程序的具体范围,成为强行法的一部分。除了以上普遍承认的基本规则之外,并没有其他具有约束力的国际规则。因此,我们可以参考一些具有很强说服力的"软法"。有很多软法确认了法院管理在司法独立中的重要性。这些软法包括1981年《关于司法机构独立的锡拉丘兹原则草案》、1982年《关于亚洲太平洋法律协会地区司法机构独立的东京原则》、1982年新德里《国际律师协会司法独立最低标准守则》、1983年《蒙特利尔世界司法独立宣言》、1985年《联合国关于司法机构独立的基本原则》、1995年《亚洲太平洋法律协会地区有关司法机构独立原则北京声明》、1998年《议会至上与司法独立拉第摩学院指南》、1998年《欧洲法官法宪章》、1999年《贝鲁特宣言》、2003年《司法独立开罗宣言》等。这些国际法律文件都承认管理自治的重要性并提出了司法独立的一些最低要求。这些要求包括:必须提供足够的资金以使司法机构能履行其职责;必须提供司法管理所需的资源;分配给法院的资金足以使法院履行其职责而无须超负荷工作;国家应为司法机关提供独立的预算;法院预算应根

---

① 《世界人权宣言》第10条:人人完全平等地有权由一个独立而无偏倚的法庭进行公正的和公开的审讯,以确定他的权利和义务并判定对他提出的任何刑事指控。

② 《公民权利和政治权利国际公约》第14条:一、所有的人在法庭和裁判所前一律平等。在判定对任何人提出的任何刑事指控或确定他在一件诉讼案中的权利和义务时,人人有资格由一个依法设立的合格的、独立的和无偏倚的法庭进行公正的和公开的审讯。……

据法院的建议做出；法院管理的主要责任应由司法机关负责；法院管理包括司法人员的任命、管理与纪律控制以及分配给司法机关的资金的管理。

上述法律文件的说服力不仅被适用国际法的国际法院承认，加拿大法院在适用国内法尤其是宪法时也承认。加拿大最高法院在决定司法独立原则的内容时多次提到上述国际法律文件。在 Mackin 案中，最高法院提到了《蒙特利尔世界司法独立宣言》。[①] 这种现象表明司法独立原则超越了国内法律制度。

（五）小结

加拿大宪法下司法机关的地位是不断变化的。在过去的25年里，法院解决社会经济问题的司法职责迅速增加，而法院管理的机构安排并没有随之改变。法院固有管辖权指的是拥有行使其管辖权所必需的所有权力。法院固有管辖权应随着司法职责及司法独立的宪法要求的发展而发展。采取高度司法自治的法院管理模式并不存在宪法障碍。尽管宪法要求在原则上具有协调的效果，联邦制允许各省采取措施设计法院管理模式。宪法对司法机关与政府其他机关之间关系去政治化的要求意味着要采取更大的措施保障法院管理独立。众多国际法上的"软法"确认了管理自治对于保障司法独立的重要性，为加拿大向法院管理司法自治迈进提供了支持。

四、替代模式

加拿大司法管理制度改革的目标可以概括为三个方面：（1）更好地保障司法独立以及司法机关作为政府独立部门的整体性；（2）提高公众对司法制度的信心；（3）促进司法服务的质量与提供效率，具体包括：①使法院争端解决易于获得（如降低成本、使程序更有效率）；②确保诉讼各阶段能按时进行；③提高争议解决的质量（即程序与结果的公平、公正）；④提高法院透明度；⑤改善法院工作环境。选择某种法院管理模式的标准是该种模式是否

[①] Mackin v. New Brunswick(Minister of Finance), [2002] 1 S. C. R. 405, at para. 35.

有利于实现法院管理的上述目标。

现存的法院管理模式为行政模式,其他六种替代模式为独立委员会模式、合作模式、行政/监护模式、有限自治模式、有限自治与委员会模式、司法模式。

在以上七种法院管理模式中,法院与立法机关以及政府的关系都是不一样的。在加拿大司法理事会举行的两次磋商中,有人认为一个具体的管理模式适合法院所有的管理职能,另有一些人认为不同的管理模式适合于不同的法院管理职能,如有些法官认为有限自治模式适合于人力资源决策,而行政监护模式更适合和信息技术有关的决策。还有一些人认为一个具体的管理模式更适合于某一具体法院,如更大的司法控制适合上诉法院而不是初审法院。下面对这些管理模式分别进行分析。

(一) 行政模式

加拿大现在的法院管理模式为行政模式及其变种。如上所述,行政模式有很大的缺陷。行政模式的缺陷主要表现在以下几个方面:第一,法院缺乏稳定的资金及对开支的自由裁量权,从而对法院管理战略与长期规则造成障碍;第二,法院管理官要效忠于行政机关与司法机关两个机关,从而降低了法院管理的效率;第三,总检察长在政府决策中代表法院利益的意愿与能力都在下降;第四,有关法院管理预算与执行司法薪酬委员会建议的诉讼使司法机关与行政机关之间的相互信任正在瓦解。行政模式可如图1所示。

(二) 独立委员会模式

虽然独立委员会模式没有提高司法人员在管理决策中的参与度,但在偏离司法管理的行政模式上迈出了一大步。独立委员会模式也证明了司法机关与行政机关之间并不必然存在直接的此消彼长的关系:行政权的减弱并不意味着司法权的增强。在独立委员会模式下,由独立的委员会负责某些类型及某些阶段的法院管理决策。该独立委员会的成员并不代表任命他的机构。法官不能在该委员会的管理机构中任职,法院不能在政策或运营上控制该委员会。独立委员会模式与行政模式不同的地方是总检察长及其他政府部门减少了对委员会的控制,委员会独立于司法机关与行政机关。

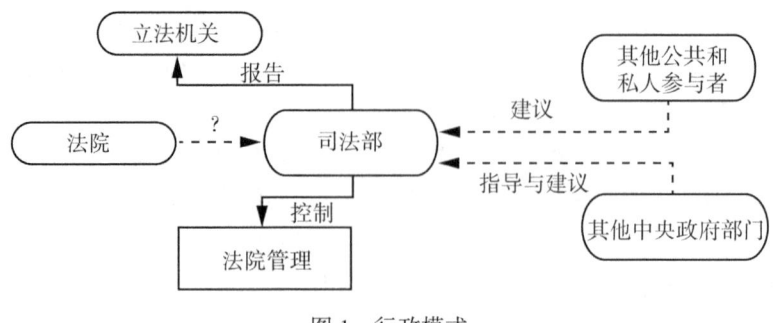

图 1　行政模式

在磋商中，支持独立委员会模式作为法院管理替代模式者甚少。该模式在责任与权力上的界限划分并不明晰，法院在法院管理中的作用可能比现在更小，一个新增加的官僚机构可能会阻碍法院管理领域的创新。更多的人认为，独立委员会模式作为法院与行政机关之间的争议解决机制比较合适，而不适合用作法院管理的决策模式。

独立委员会模式如图 2 所示。

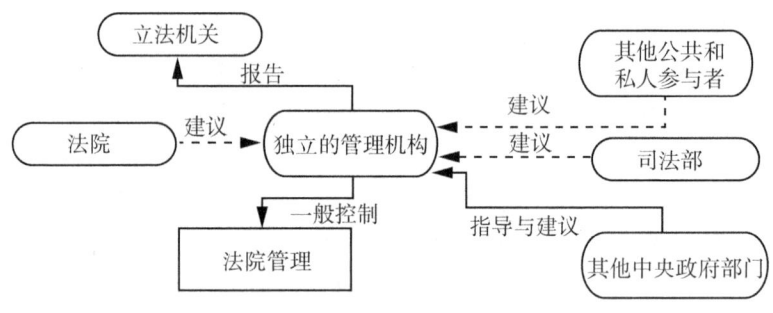

图 2　独立委员会模式

（三）合作模式

合作模式保留了行政机关在法院管理中的大部分作用，但同时增加了法院在法院管理中的直接影响。法院作为合作者意味着法院不能对法院管理施加直接控制，但可通过与总检察长共同参与一个委员会来施加控制。该委员会拥有任命法院管理官及实施法院管理政策的权力。委员会在代表法院的成员事实上有权力与责任管理法院,这些管理领域包括财政管理、人力资源管理、信息系统管理与其他管理职责。

在磋商中支持合作模式的人士较少,这些人士都来自一些小地方,在这些地方,合作模式在其他领域有所成就。大多数人认为合作模式是一种崇高的理想但可行性不强,在操作过程中可能回归到行政控制很强的状态,成为行政模式的另一种名称而已。

合作模式如图3所示。

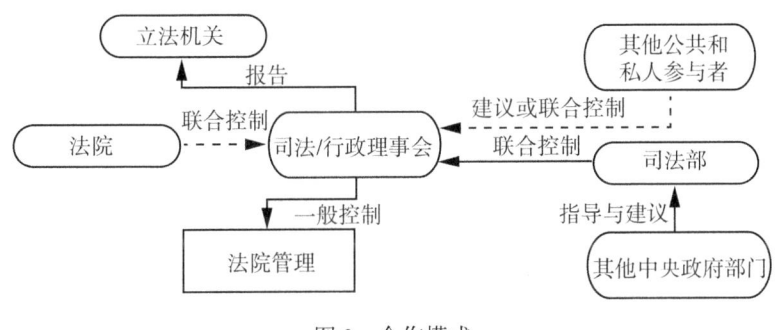

图3　合作模式

(四) 行政/监护模式

行政/监护模式将法院日常计划与运营的主要责任留给了行政机关。但该模式更好地承认了法院在确保有效的司法系统中的特殊的和重要的地位,也承认了法院在法院管理活动中的特殊和重要地位。因此,行政/监护模式赋予了法院在法院管理活动中对有效的司法系统产生不利影响时进行干预的权力与责任。该权力与责任由法院自由裁量来行使和履行,不必事先由立法机关或行政机关批准。在该模式下,法院有权力与责任命令首席法院管理官执行或停止某项任务或活动,以使法院管理能支持法院目标的实现。

在磋商中,有一小部分人士被这一模式所吸引,原因主要是该模式与加拿大联邦法院的管理结构相似。2003年生效的一项立法,创立了一个新的联邦法院管理服务署,联邦法院首席法官可以书面形式向首席管理官发出有约束力的指令,该指令将成为首席管理官向议会所作的年度报告中的一部分。① 但事实上该模式与联邦法院的模式还是有很多不同之处。

行政/监护模式如图4所示。

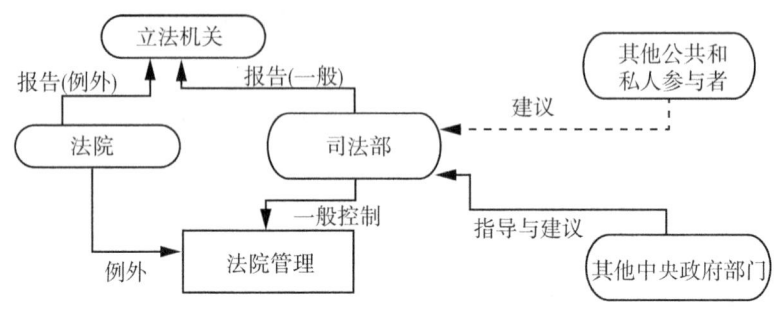

图4 行政/监护(Guardian)模式

(五)有限自治模式

该模式反映了世界各国将越来越多的法院管理权力与责任赋予法院的趋势。该趋势也与国际法律文件的发展相一致。在有限自治模式下,通过立法将法院管理权(包括财政与人力资源管理)从行政机关转给了法院,比较典型的做法是将法院日常管理事务交给首席注册官或法院行政官。首席注册官或法院行政官由首席法官或法官理事会提名或任命,法院行政人员的工作分配与绩效考核都由法院负责,所有法院职员都受法院领导。该模式下法院自治的主要限制表现在法院总预算额须由立法机关批准,尽管法院可以直接向立法机关陈述法院的需求。在这种情况下,法院应在总预算下运营。然而,法院在内部如何分配所批准的资金上有很大的灵活性。首席法官向立法机关报告法院管理的情况,在其认为必要且适当时可向总检察长和其他官员提出建议,也可接受他们的建议。该模式下司法自治的限制还表现在其他方面,如是否建造或关闭一个法院大楼仍然由政府决定。

---

① Courts Administration Service Act, S. C. 2002, c. 8, s. 9.

第三节 加拿大司法管理制度的改革

法院管理的有限自治模式在世界很多民主国家都得到了支持并取得了成功，在本次磋商中也得到了司法人员的广泛支持。在很多人眼里，该模式在部长责任与司法独立间取得了最佳的平衡，也最适合达到法院管理的目标。但有部分行政官员担心该模式会使法院管理政治化。一名副部长认为，如果法院管理责任分配给法院，宪法所承认的司法独立促进的价值将会减损。与法院管理责任有关的很多问题都有可能被政治化，如劳工关系、财政资源、硬件建设等。很多司法人士认为该模式的缺点是缺乏争议解决机制。如果法院自治不被行政机关尊重或行政机关拒绝向法院提供支持服务和设备，如果有一个第三方来解决这一僵局将会更好。所以，很多人认为有限自治模式如果和一个相关争议解决机制结合将是最有效的模式。

有限自治模式如图5所示。

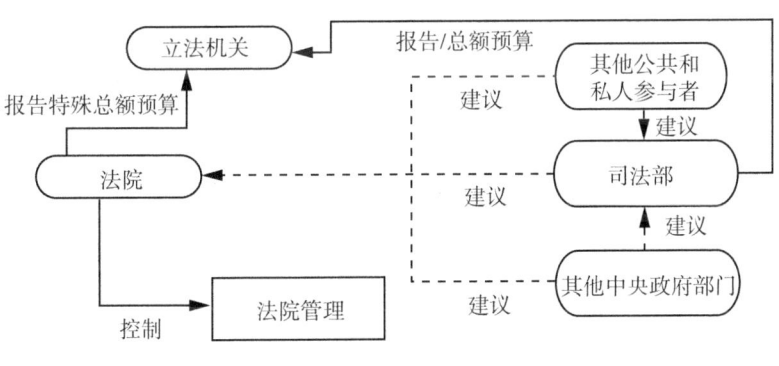

图5　有限自治模式

（六）有限自治与委员会模式

由于法院管理具有较大的复杂性，因此对于不同的因素或不同的阶段考虑不同的管理模式是有益的。有限自治与委员会模式是在考虑了加拿大的经验，包括薪酬委员会的经验而提出的一种模式。有限自治与委员会模式结合了有限自治模式（由法官进行法院管理并确定履行其职责的标准）与独立委员会模式（作为争议解决机制，将财政预算等一些争议交给独立于法院与政府的委员会作出有约束力的裁决)。提出这一结合模式是由于有限自治模式的事实。将法院管理权从政府转交给法院内部，能增加法院的公共责任感。由法院来说明管理计划能增强透明度与责任性。而法院预算完全由行政机关与立法机关控制，说明了法院管理自治是有限的，因为省政府可以对法院财政进行制约。如前所述，行政模式的一个重大缺陷是司法机关（通过首席法官）进入了与政府行政机关在很多事项上进行持续谈判的状况。有限自治模式对这一问题的处理方式是将预算内的管理权交给法院自治。而对于总预算的谈判，则提出了独立委员会这么一个适当且有效的机制来解决与总预算有关的问题。这不仅能解决争议，而且实现了司法机关与行政机关之间关系非政治化的目标。

有限自治与委员会模式在磋商中的支持率最高。很多人士认为有限自治模式与委员会模式能相互补充且事实上应该进行整合。在这种模式下，司法机关将承担控制法院管理决策的重大责任，又避免了司法机关为资源问题陷入政治纠纷。独立委员会将以调和原则、政治责任与司法独立为基础确保争议的解决。一名首席法官在加拿大司法理事会的研讨会上指出，"有限自治与委员会模式达到了可以实施的平衡"。

司法界人士提出了很多向有限自治与委员会模式改革的理由，这些理由包括：①这种模式最好地支持了法院管理不断创新与改进的文化；②该模式能最有效地保障法院对人们获得司法的管理；③该措施能最有效地避免法院管理中的不和与敌对气氛；④该模式使法院可以实施与发展战略规划；⑤该模式是结合了司法自治与内阁责任的唯一模式。总之，有限自治与委员会模式不仅是在磋商中得到最多支持的模式，也是得到最少反对的模式。

有限自治与委员会模式如图 6 所示。

（七）司法模式

司法模式是与行政模式完全相反的模式，法院管理完全由法院控制，而不是由行政机关控制。在该模式下，法院不仅控制自身的管理，而且有权制定自己的规则，有权聘任与解除行政人员，并确定自己的财政预算。司法模式并未得到法官与行政官员的较多支

第三节 加拿大司法管理制度的改革

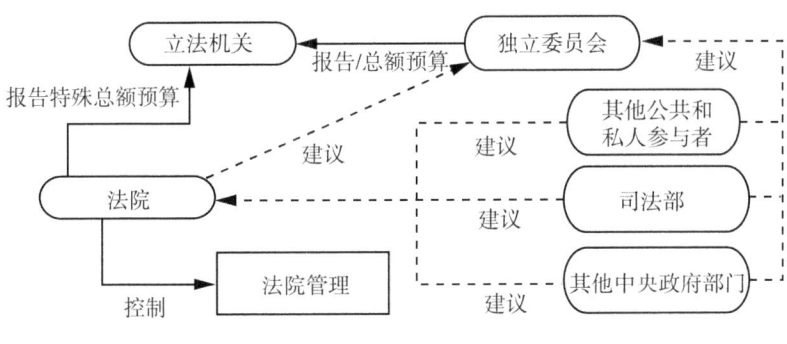

图6 有限自治与委员会模式

持,虽然有部分人士指出该模式比较适合于"完美世界"。考虑到与预算管理及司法政策有关的政治现实与议会政治原则,没有人认为司法模式是一种可行的模式。法官与政府官员都认识到责任政府与民主责任在法院管理中的重要性。

司法模式如图7所示。

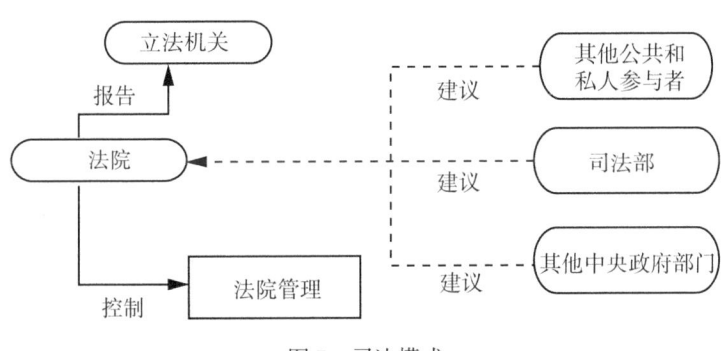

图7 司法模式

通过以上对各种可能的替代模式的分析,可以得出结论:有限自治与委员会模式是最合适的替代模式。为什么有限自治与委员会模式是最佳模式?其理由有三:第一,有限自治与委员会模式是最符合宪法的模式,其在保障了司法独立的同时尊重了政治机构在公共资金预算中的地位。第二,有限自治与委员会模式克服了行政模

75

式的缺陷，有利于提高管理的效率与成效。第三，法官与行政官员对有限自治与委员会模式的支持率最高。因此，有限自治与委员会模式是最佳的替代模式，保障了司法独立与司法机关的整体性，提高了公众对司法制度的信心，促进了司法服务的质量，并能形成加拿大法院管理不断改善的文化。

第三章 加拿大司法责任的主体

司法责任的主体是由谁来承担司法责任的问题。"让审理者裁判、由裁判者负责"是司法责任承担的基本原则,即谁审理案件,谁就承担责任。加拿大《法官法》第58—71条就规定了法官承担司法责任的方式和程序,同时,《法官法》第69条还规定了对其他人员如何承担司法责任的问题。因此,司法责任的主体除了行使审判权的法官之外,还包括司法辅助人员。

第一节 法　　官

一、法官的选任

加拿大共有法官2000多名,其中最高法院有9名法官(1名为首席大法官,其他8名中至少要有3名是来自魁北克省,传统惯例要求最高法院法官中有1名来大西洋地区省份、3名来自安大略省、2名来自西部地区),法官编制由法律明确规定,并由国家统一管理。加拿大最高法院的法官由加拿大总理任命,省法院的法官由省政府任命并支付薪水,其余法院的法官则均由联邦政府任命并支付薪水。省法院和省高等法院的法官数量由省政府根据辖区人口、案件数量等确定。例如,各个省高等法院上诉庭的法官人数为7—20人不等,其中,由于安大略和魁北克这两个省的人口多(共占加拿大人口总数的2/3),案件数也多,故其高等法院上诉庭的法官人数也比较多,各为20人。同时,省法院和省高等法院的法官数量均由各省的法律明文规定,如要作改变,则需通过立法程序。① 省政府选任法官的程序与联邦政府基本相同,因此下文重点介绍联邦政府选任法官的程序。

(一) 法官的选任条件

一方面,加拿大法官选任时非常注重候选人的个人品质,候选人的学历层次和年龄等并非优先考虑的因素。加拿大《最高法院法》规定,最高法院法官只要品行良好,就可以一直担任法官职务。这主要是因为法官作为争端解决者、法律解释者和宪法保卫者,必须具备良好的个人品行和公众形象,并以公正判决案件来强化公民对司法的信心。为避免公民对法官产生不合理怀疑,加拿大规定法官选任应排除以下因素:(1) 令人衰弱的生理或心理医学问题,如吸毒或酗酒;(2) 正在接受或此前受过纪律处分;(3) 被卷入或此前被卷入民事或刑事案件中;(4) 破产、欠税、未支付抚养费等经济问题。另一方面,加拿大的法官选任并非考试型的,候选人的应试考试能力并不是评价标准,候选人的法律从业经验才是决定其能否胜任的重要资格条件。因为丰富的法律工作经验可以保证法官对各类法律问题作出成熟、客观的判断,避免因为知识和经验不足而造成判决不公,无法让当事人和社会各界信服。

加拿大《法官法》《联邦法院法》《加拿大税务法院法》对选任法官的条件作了明确规定,要求候选人成为法官必须具备以下素质:精通法律;丰富的法律工作经验;成熟和客观的判断力;对诉讼所涉及社会问题的正确评价能力;履行《权利与自由宪章》所授予的职责的能力;为公众服务的理想。由于加拿大最高法院常会审查涉及英语和法语(加拿大的两种官方语言)的上诉案件,2015年12月9日,加拿大通过修改《最高法院法》的C203号法案,要求加拿大最高法院所有的法官候选人都必须同时懂得英语和

---

① 韩红、连丹波:《加拿大法院体系及法院人员管理制度概要》,载苏泽林主编:《法官职业化建设指导与研究》,人民法院出版社2004年第1辑,第58页。

法语两种官方语言。①

要有资格被任命为加拿大任何省高等法院的法官,除了其他法律规定的要求之外,必须是执业10年以上的大律师或律师,或从事过大律师或律师的工作之后,在根据加拿大或加拿大各省的法律设置的具有司法性质的职位上任全职工作,并且时间累积达到10年。

(二) 法官的选任程序

1. 加拿大最高法院法官的选任程序

2016年8月之前,加拿大最高法院法官的选任程序是由主要政党议会议员组成的一个委员会提交法官候选名单,加拿大总理作最后决定,该程序由加拿大前自由党政府总理保罗·马丁(Paul Martin)于2004年设立。2016年8月2日,加拿大政府宣布修改加拿大最高法院大法官的任命程序,申请大法官职位的程序将放开,任何掌握英法双语、具备资格的加拿大律师和法官都可以申请。之后,一个独立的咨询委员会将从中筛选出3—5名候选人,议会中各党派的议员将对候选人进行询问,最后由总理作出决定。这个独立的咨询委员会由7人组成,其中4人将由加拿大司法理事会(Canadian Judicial Council)、加拿大律师协会(Canadian Bar Association),法律学会联合会(Federation of Law Societies)和加拿大法学院院长协会(Council of Canadian Law Deans)指定,其他3名将由杰出的加拿大人担任,其中至少2人为非法律界人士,由司法部部长任命。该委员会的首任主席是加拿大前总理金·坎贝尔(Kim Campbell)。加拿大总理贾斯汀·特鲁多通过媒体发表了一封公开信,里面写道,之前大法官的选任程序是不透明的和过时的,需要彻底改革,由政府(无论是自由党还是保守党)在幕后挑选最高法院大法官的时代已经结束,挑选大法官的过程将是公开、透

---

① House of Commons of Canada Bill C203: An Act to Amend the Supreme Court Act (Understanding the Official Languages), 1st Session, 42nd Parliament, 2015, http://publications.gc.ca/site/eng/9.807426/publication.html, 2016年8月7日访问。

明的,并设置最高标准的问责制。

2. 加拿大其他法院法官的选任程序

加拿大对法官的选任有明文规定,程序十分严格。对法官的选拔,采用的是两级负责制,即由省政府和联邦政府各负其责,分别选拔出省法院和其他法院的法官。由于省法官的任命程序在很多方面都与联邦法官的任命程序相似,因此下面重点介绍联邦法官的任命程序。

(1) 提出申请。希望担任省高级法院、联邦法院、联邦上诉法院或税务法院的法官的人必须向联邦司法事务专员办公室的法官任命秘书处提交申请。当然,除了候选人自己申请外,法学组织和其他社会团体也可提出他们认为有资格担任法官的人选。申请人可以说明对到初审庭还是上诉庭担任法官感兴趣,但最终要由司法部部长决定法官到哪里任职。当然,前提是经过评估后,他的申请被接收。

(2) 联邦司法事务专员办公室进行资格审查。在收到申请或提名之后,联邦司法事务专员办公室将要求候选人填写个人履历表,以验证候选人是否具备基本资格,即他必须担任过十年以上的开业律师。同时,个人履历表也将为省或地区的顾问委员会对候选人的评估提供一些基本资料。除了简历表中列明的基本信息外,候选人还需要填写非法律工作经历、其他专业技能、社会关系和社会活动、健康状况、财务状况,以及是否有能力同时使用英语和法语两种官方语言审判等。[1] 在整个过程中,有关候选人的所有消息材料都会以保密的方式进行处理。

(3) 由司法顾问委员会进行评估。司法顾问委员会可以说是加拿大法官任命制度的核心。在加拿大,各省和地区都设有司法顾问委员会,专门对法官职位的申请人资格进行评估。安大略省和魁北克省由于人口众多,分别设立了3个和2个司法顾问委员会。如

---

[1] 李琴、王小光:《加拿大法官管理和职业保障制度》,载《人民司法》2014年第23期,第103页。

果申请人符合基本资格条件且没有什么不良记录,那么,其申请就会被转给省或地区的司法顾问委员会。

司法顾问委员会由以下7名成员组成:省法律协会的1名代表;加拿大律师协会省分会的1名代表;由省高等法院首席法官提名的1名高等法院法官代表;省司法部的1名代表;联邦司法部的3名代表,其中2名必须是能够代表公众利益的非开业律师。

每一位顾问委员会成员都将得到一份有关称职法官所应有特征的标准条例。司法顾问委员会根据评分标准对候选人的综合素质进行全面客观的评估,以确定其能否胜任法官职位。具体来说,评分标准包括了以下14项指标:法学专业素养;智商;分析能力;听力;全面听取辩论各方意见的能力;作出裁判的能力;执行生效判决的能力;在法学人士和社区亲朋中的名声;专业经验;应付繁重工作的能力;基于法官孤立角色的抗压能力;种族观念、性别观念;双语能力;个人品质,如是否品行良好、富有同情心、彬彬有礼、诚实正直、机智灵活、谦卑宽容等。在对候选人进行评估时,顾问委员会会根据其履历表中的内容,列出一份包含曾与其打过交道的法官、对手律师、同学、同事、家人、朋友、邻居等在内的详尽的人员清单,询问候选人的有关情况。同时,顾问委员会也会重视多样性和适当考虑各种法律工作经历,包括律师业务以外的其他经历等。

(4) 司法顾问委员会作出评估结论。经过广泛的了解情况后,司法顾问委员会将召开评估会议。每一名成员都要对候选人是否适合担任法官作一个评估,然后再通过合议作出决定。顾问委员会将把候选人分为"高度推荐""推荐"和"不能推荐"三类,然后上呈司法部部长。联邦司法事务专员办公室的法官任命秘书(Judicial Appointments Secretary) 也会参加这个评估会议,并向司法部部长提供一个全面的概要,说明候选人的条件与评估结果的关系。司法部部长可以索要任何关于候选人的资料或征求对候选人的意见。不过,这些评估结论对司法部部长并无强制约束力,一旦司法顾问委员会提供的结论与司法部部长通过其他途径收集到的信息不符，司法部部长可以要求司法顾问委员会重新进行评估。顾问委员会的所有讨论事项和咨询都以保密的方式进行。而且，评估结果也是保密的，甚至候选人本身也不知道评估结果，他只知道申请在什么时候得到了评估。

评估结果的有效期为2年。如果候选人希望在此次评估的有效期期满后继续作为法官的候选人，则必须提前3个月提交一份新的个人履历表。在这种情况下，委员会将重新进行评估，而在新的评估完成之前，原来的"推荐"或"优先推荐"的评估结果仍然有效。候选人也可以在评估有效期之后提交一份新的个人履历表，但以前的评估结果在有效期期满后将不再有效。

（5）任命。联邦法官的任命是先由司法部部长向内阁推荐，然后由内阁通知总督，最后由总督任命法官。但这个步骤只是个程序问题，主要是形式上的意义。实际上，是否任命候选人为联邦法官的决定权在司法顾问委员会和司法部部长。司法部部长对联邦法官的任命负有主要责任。这种由法学协会、律师协会、司法部、警察部门和法院代表组成的相对中立的委员会负责审查法官候选人，行政首长根据委员会推荐任命法官的做法，很大程度上弱化了行政首长对法官选任的干预，淡化了法官的政治色彩。

在上述联邦法官的产生过程中，我们可以了解到，联邦司法事务专员代表司法部部长全权负责管理联邦法官任命程序的实施。专员需要行使职责以确保此任命程序能够公正平等地对待所有候选人。专员可以直接行使职责，也可以委派其代表，即法官任命秘书来行使职责。专员或秘书通常依据职权参加顾问委员会的每次会议，并作为司法部部长和顾问委员会之间的纽带。专员或秘书的专门职责就是代表司法部部长确保能够迅速而完全地完成所有评估。在将候选人的评估结果提交给司法部部长之前，必须经过专员或秘书的鉴定。

除负责法官任命程序的实施外，专员还要履行管理法官的职责。具体包括：有关法官薪酬的事务；有关退休法官养老金及符合资格的已去世法官在世家属的抚恤养老金事务；有关法官的差旅、会议、事故等津贴发放的事务；有关法官及其家属的医疗及其他政府津贴的事务；法官退休及辞职的有关事宜，等等。①

二、法官的任期

加拿大联邦任命的法官，可任职到 75 岁，除非自愿辞职、被免职或死亡。各省的退休年龄也大多为 75 岁，只有少数法院的法官退休年龄为 70 岁。

事实上，在加拿大，"能够长期任职"是担任法官的一个前提要求：除非身体原因，通常法官的任职时间要达到 15 年，并且他们的年龄和任职时间之和至少等于 80，他们才能够退休，同时享有退休金。被任命的法官必须一直担任法官职务，直到满足享有退休金退休的法定要求，或者仅获得一定的补偿后离职。

法官一旦被任命，如果因故被免职，则必须经过议会两院的同意。事实上，在加拿大过去 130 多年的历史中，还尚未有过法官被免职的例子。这一方面是因为免职的程序极其严格，另一方面则是因为一旦法官面临被免职的危险，就会先行请辞，自行离职，以免出现被免职的尴尬局面。

三、法官的薪酬

(一)《法官法》规定的薪酬标准

所有联邦任命法官的工资标准都由加拿大《法官法》明文作出规定，并且，每年的工资都会根据通货膨胀的情况进行调整，无须立法机关或行政机关的批准。最高法院首席大法官的工资标准相当于总理的工资标准，普通法官的工资标准相当于一个高级副部长（加拿大最高级别的公务员）的工资标准。除工资外，法官每年还可以有一定限额的职务补贴、无须报销的补贴及零星花费等。当然，加拿大法官的高额工资中，用于缴纳个人所得税的几乎占了一

---

① 韩红、连丹波：《加拿大法院体系及法院人员管理制度概要》，载苏泽林主编：《法官职业化建设指导与研究》，人民法院出版社 2004 年第 1 辑，第 58 页。

半（根据法官的工资，其税率高达49%）。下面对加拿大《法官法》2012年修改后规定的各类法官的薪水管理进行介绍。[①]

（1）加拿大最高法院。加拿大最高法院首席大法官的年薪为373 300加元，其他8名大法官的年薪为342 800加元。

（2）加拿大联邦法院。加拿大联邦法院这一层级包括联邦上诉法院和联邦法院。联邦上诉法院首席法官的年薪为315 900加元，联邦上诉法院其他法官的年薪为288 100加元。联邦法院首席法官的年薪为315 900加元，联邦法院其他法官的年薪为288 100加元。

（3）加拿大税务法院。加拿大税务法院首席法官、副首席法官的年薪为315 900加元，其他法官的年薪为288 100加元。

（4）安大略省上诉法院和高等法院。安大略省首席法官和副首席法官的年薪为315 900加元，14名上诉法官的年薪为288 100加元。安大略省高等法院首席法官和副首席法官的年薪为315 900加元，其他192名法官的年薪为288 100加元。

（5）魁北克省上诉法院和高等法院。魁北克省首席法官和副首席法官的年薪为315 900加元，上诉法院其他18名法官的年薪为288 100加元。魁北克省高等法院首席法官、高级副首席法官和副首席法官的年薪为315 900加元，其他144名法官的年薪为288 100加元。

（6）新斯科舍省上诉法院和最高法院。新斯科舍省首席法官的年薪为315 900加元，上诉法院其他7名法官的年薪为288 100加元。新斯科舍省最高法院首席法官和副首席法官的年薪为315 900加元，其他23名法官的年薪为288 100加元。

（7）新不伦瑞克省上诉法院和王座法院。新不伦瑞克省首席法官的年薪为315 900加元，上诉法院其他5名法官的年薪为288 100加元。新不伦瑞克省王座法院首席法官的年薪为315 900加元，其他21名法官的年薪为288 100加元。

（8）曼尼托巴省上诉法院和王座法院。曼尼托巴省首席法官

[①] Section 9 to Section 25, Judges Act.

的年薪为 315 900 加元，6 名上诉法官的年薪为 232 300 加元。曼尼托巴省王座法院首席法官、高级副首席法官和副首席法官的年薪为 315 900 加元，其他 31 名法官的年薪为 288 100 加元。

（9）不列颠哥伦比亚省上诉法院和最高法院。不列颠哥伦比亚省首席法官的年薪为 315 900 加元，12 名上诉法官的年薪为 288 100 加元。不列颠哥伦比亚省最高法院首席法官和副首席法官的年薪为 315 900 加元，其他 81 名法官的年薪为 288 100 加元。

（10）爱德华王子岛省最高法院。爱德华太子岛首席法官的年薪为 315 900 加元，上诉庭其他 2 名法官的年薪为 288 100 加元，审判庭首席法官的年薪为 315 900 加元，其他 3 名法官的年薪为 288 100 加元。

（11）萨斯喀彻温省上诉法院和王座法院。萨斯喀彻温省首席法官的年薪为 315 900 加元，6 名上诉法官的年薪为 288 100 加元。萨斯喀彻温省王座法院首席法官的年薪为 315 900 加元，其他 29 名法官的年薪为 288 100 加元。

（12）阿尔伯塔省上诉法院和王座法院。阿尔伯塔省首席法官的年薪为 315 900 加元，10 名上诉法官的年薪为 288 100 加元。阿尔伯塔省王座法院首席法官和副首席法官的年薪为 315 900 加元，其他 57 名法官的年薪为 288 100 加元。

（13）纽芬兰和拉布拉多省最高法院。纽芬兰和拉布拉多省首席法官的年薪为 315 900 加元，5 名上诉法官的年薪为 288 100 加元，审判庭首席法官的年薪为 315 900 加元，其他 18 名法官的年薪为 288 100 加元。

（14）育空地区最高法院。育空地区最高法院高级法官[①]的年薪为 315 900 加元，其他法官的年薪为 288 100 加元。

（15）西北地区最高法院。育空地区最高法院高级法官的年薪为 315 900 加元，2 名其他法官的年薪为 288 100 加元。

（16）努纳武特地区法院。努纳武特地区法院高级法官的年薪

---

① 高级法官指的是最早被任命的那位法官，在最早的那一天有多名法官被任命的情况下，则由总督指定一名法官为高级法官。

为315 900加元，4名其他法官的年薪为288 100加元。

加拿大《法官法》对加拿大最高法院、联邦法院、各省上诉法院和高等法院这些层级法院的法官薪水作出了明确规定，并且规定了法官数量。当一个省高等法院以上的法官根据该省立法机关制度的法律增加而超过《法官法》规定的数量时，这些编外法官可以享受《法官法》规定的同等薪水待遇。

上面所说的年薪指的是从2012年4月1日开始起算12个月期限的薪水。加拿大《法官法》还规定了法官薪水的调整方法。从2013年4月1日开始起算每12个月以及此后每12个月的年薪为上一年度的年薪乘以该年度的工业薪金总值与上一年度的工业薪金总值的百分比或107%，以小者为准。调整的比率若低于100%，法官的薪金不会按每年调整比率削减。这里的工业薪金总值是指由加拿大统计机构根据《统计法》公布的该年的周平均薪金。

(二) 加拿大法官的薪酬保障

在加拿大，联邦委任法官的薪酬应由加拿大国会确定和拨款支付。换言之，即使联邦委任法官为各省的高等法院审理案件，但他们的薪酬由联邦政府支付。在联邦层面，加拿大专门设有法官薪酬与福利委员会，其职能是调查法官的薪水与津贴是否足够。加拿大法官薪酬与福利委员会由总督任命的3名成员组成，其中1名由法院提名，1名由司法部部长提名，另1名由前述两名成员共同提名，担任委员会主席。该委员会成员的任期为4年，可以连任一届。加拿大法官薪酬与福利委员会在进行调查时，考虑的因素有：(1) 加拿大的经济环境，包括生活成本和联邦政府的财政状况；(2) 司法的财政保障在确保司法独立中的作用；(3) 吸引优秀人才加入司法队伍的需要；(4) 该委员会认为其他相关的客观标准。

法官薪酬与福利委员会的调查每4年进行一次，第一次调查是从1999年9月1日开始的，在开始调查后9个月内应向加拿大司法部部长提交一个包括其建议的报告。经司法部部长同意，该4年期限可以推迟。除了4年一次的调查之外，加拿大司法部部长可随时要求法官薪酬与福利委员会进行调查，法官薪酬与福利委员会应在司法部部长与该委员会协商后确定的期限内向司法部部长提交报告。经法官薪酬与福利委员会申请，加拿大总督同意，提交报告的期限可以延长。加拿大司法部部长收到报告后应在 10 天内将报告的副本提交给议会两院。议会在收到该报告后，应将其提交给议会内设立的与司法有关的委员会。该委员会可对该报告进行调查或公开听证，并在收到该报告后 90 天开会期内向其所在的议会提交结论。司法部部长应在收到法官薪水与津贴委员会的报告后 6 个月内作出回复。

在 Re Remuneration of Judges 案中，加拿大最高法院裁定，法官的薪金可予削减，但在"独立、客观而有效率"的委员会未提交报告之前，便削减（或冻结）法官的薪金，将视为违反宪法。该裁决适用于省委任和联邦委任的法官。① 司法人员的薪酬经削减后，不可低于有关职位所需的基本最低水平。法官不得参与与行政机关或立法机关所进行的薪酬商议。然而，他们可就司法人员的薪酬向政府表达关注或提出建议。行政机关或立法机关若决定不接纳建议或要提出修订，须就其决定提供合理依据。独立委员会所建议的增幅，会附加在每年薪酬自动调整的幅度之上。

在省一级，加拿大各省设有独立的法官薪酬委员会②，每三年就省委任法官薪酬和退休金的适当基本水平调查一次。以安大略省为例，省政府内阁在收到该委员会报告的 60 天内，实施有关薪酬的建议。行政机关若决定不采纳建议或要提出修订，须就其决定提出合理依据，而该决定或须通过司法复核。行政机关与法官协会如对落实薪酬建议的意见有分歧，会交由省级法官薪酬委员会处理。该委员会的决定为最终决定，并对行政机关和法官协会同样具有约

---

① Re Remuneration of Judges（1997）3 S. C. R. 3.
② 该委员会由 3 名成员组成，其中 1 名由代表省委任法官的各协会联合委任，另 1 名由省督会同执行委员会委任，而最后 1 名，即担任委员会主席的委员则由上述两方联合委任。根据 Re Remuneration of Judges（1997）3 S. C. R. 3. 一案的判决，对于任何司法人员薪酬委员会，其委员不得全部由行政机关委任。

束力。安大略省内阁管理委员会①主席与省法院法官协会签订的协议规定，省级法官薪酬委员会必须审慎考虑协议第 25 条所载的准则，才就省委任法官的薪金提出建议。② 其中一项准则为"在不损害司法独立的原则下，政府不可个别或集体地削减法官的薪酬、退休金或福利"。

　　法官薪水是否允许削减，也是法官薪水管理制度中一个非常重要的问题。加拿大宪法并没有绝对禁止削减法官薪酬。在加拿大，削减法官和司法人员的薪酬如果是整体经济措施的一部分，而其他由公共财政支付薪金的官员也要减薪，则法官的薪金便可被单方面削减，但事先须由独立机构研究。这与美国、英国、澳大利亚、新西兰和新加坡等国不同，这些国家均绝对禁止削减法官和司法人员的薪酬。

　　加拿大最高法院就 Reference re Remuneration of Judges 一案所作的判决，全面陈述了加拿大法官薪酬调整事宜的现行原则。加拿大最高法院在该案中处理的问题之一是怎样的减薪才符合司法独立原则，是只限于适用于所有公民的统一减薪，抑或也包括只适用于由公共财政支付薪水者的减薪，或仅适用于法官的减薪？问题之二是适用于减薪的原则是否也同时用以规制加薪和冻结薪水。③

　　该案涉及爱德华王子岛省、阿尔伯塔省和曼尼托巴省法院的多起上诉。该三省全都通过立法削减省级法官的薪酬，作为整体经济措施的一部分，而由公共财政支付薪水的人士，薪酬也一并调低。爱德华王子岛省和阿尔伯塔省与加拿大其他省份不同，当时没有成立独立委员会，就法官薪金提出建议。曼尼托巴省虽然设有独立委员会，但此次减薪却没有咨询该委员会。阿尔伯塔省和曼尼托巴省的法院推翻了减薪措施，理由是这次减薪并非是影响所有公民的整

---

① 安大略省内阁管理委员会是安大略省内阁的一个委员会，负责管理政府的资源，包括人口、资金、技术、信息及房地产。该委员会的主席为内阁部长，现任是文化部部长。
② 该协议载于《1994 年安大略省法院成文法修订法》的附表内。
③ Re Remuneration of Judges (1997) 3 S. C. R. 3. at para. 5.

体经济措施的一部分（向所有人征收所得税符合影响所有公民这项标准，但削减所有由公共财政支付薪酬者的薪酬却不符合）。爱德华王子岛的法院判决减薪措施维持不变，因为减薪是适用于所有公职人员的整体公共经济措施的一部分，没有减低法官的基本财政保障，也不是任意干预司法机关，即减薪既非为了不当或虚假的目的，也不是针对法官，使其有别于其他市民。①

加拿大最高法院认为此案带出了一个基本问题，即法官要有怎样的财政保障才符合司法独立的原则。法院深信司法独立已得到宪法条文②及宪法中"隐含的深层意义"③的保障。法院重申其在Valente v. R④一案中提出的观点，即财政保障是司法独立的主要特点之一（其他主要特点包括任期保障和管理独立），并认为财政保障与司法独立的其他主要特点一样，同时包含个人层面和机构或集体层面，而该案主要涉及第二个层面，即涉及"司法机关、行政机关和立法机关适当的宪政关系"⑤。

在该案中，首席法官Lamer认为，法院作为一个机构，其财政保障包括三个因素。第一，以一般宪法原则而言，省级法官的薪酬是可以削减、增加或冻结的，这可以是作为整体经济措施的一部分而实施，使所有或部分由公共财政支付薪水的人同受影响，也可以是作为针对省级法官这类人士的措施的一部分而实施。然而，对法官的薪酬作出任何改变或冻结其薪酬之前，事先必须经过一套独立、有效和客观的特别程序来决定法官的薪酬，以避免行政机关可

---

① "为了不当或虚假目的而制定"和"针对法官，使其有别于其他市民"的测试准则源自加拿大最高法院在 Beauregard v. Canada［1986］2 S. C. R. 56. 的判决。

② 《1867年宪法法》第96条至第100条和《加拿大权利与自由宪章》第11（d）条，"任何被指控犯罪的人，除非在独立的不偏袒的法庭举行的公平、公开审判中根据法律证明有罪，否则应推定为无罪"。

③ 法院认为有关的隐含意义来自《1867年宪法法》的序言，该序言规定加拿大宪法原则上与英国的相似。

④ Valente v. R［1985］2 S. C. R. 673.

⑤ Re Remuneration of Judges (1997) 3 S. C. R. 3. at paras. 114-122.

能试图通过经济操控来进行政治干预，或避免给人这种印象。第二，在任何情况下，都不能允许司法机关集体以代表组织或个人身份与行政或立法机关代表商讨薪酬事宜。第三，任何对法官薪酬的削减，包括因通货膨胀而令他们的薪酬实际上缩减，都不可以使法官的薪酬低于其职位所需的最基本水平。这三个因素全部源于宪法规定，即司法机关与政府其他部门的关系须尽量避免政治化。这项规定要求法院必须不受或看起来不受政府其他部门通过经济操控而施加的政治干预所影响，也不得陷入与由公共财政支付薪酬有关的政治漩涡之中。①

关于上述三个因素中的第一个，法院认为，根据宪法各省有责任成立独立、有效和客观的机构，负责考虑削减、增加或冻结法官薪酬事宜。凡不经该独立机构而更改或冻结法官薪酬，均属违宪。这个可称为司法薪酬委员会的独立机构，应当为司法机关与政府其他部门居中调解，其宪法职能是令决定更改或冻结法官薪酬的过程非政治化。该机构应充当司法机关与政府其他部门之间的过滤器，保障法院免受外来通过经济操控进行政治干预所带来的影响，尤其是防止确定或冻结法官薪酬的措施被利用作为一种手段，通过对司法机关的经济操控来施加政治压力，因为这可以提供场所，让法官提出他们对薪酬事宜的关注。如果没有这样的安排，他们可能会在谈判桌上讨价还价。②

法院就法官薪酬委员会的成立和运作提供了一些指引。第一，法院建议，如果行政机关和立法机关在成立委员会前先咨询省级司法机关会有帮助。第二，委员会必须是独立的。因此，有关任命不应完全受到任何政府部门操控。委员会成员部分应由司法机关任命，部分由立法机关和行政机关任命。③ 委员会成员应获得某种任期保障。第三，为防止政府不采取行动而导致法官的实际薪金因通

---

① Re Remuneration of Judges (1997) 3 S. C. R. 3. at paras. 131-137.
② Re Remuneration of Judges (1997) 3 S. C. R. 3. at paras. 170-189.
③ 法院也指出："像安大略省一样，确保委员会成员脱离三个政府机关，虽然会更符合这些委员会的独立原则，但宪法没有这样规定。"

货膨胀而折减的情况出现，也为了防止政府可因此而不采取行动作为经济操控的手段，委员会必须每3—5年召开一次会议。第四，薪酬委员会必须是客观的，并考虑客观准则而非政治利害，就法官薪酬提出建议。因此，应把用作委员会议事指引的各项相关因素在法律或条例中列明。第五，委员会应接收并考虑司法机关、行政机关和立法机关的意见书。第六，委员会的工作必须是有效的。法院提及各种实施委员会建议的可行方法，并举出加拿大一些省份为例。其中一个可行方法是使有关建议具有约束力；另一方法是采用不否决或不修订，即为获得接纳的决议程序，即把委员会的报告提交立法机关，除非立法机关再投票否决或修订委员会的建议，否则建议将予以实施。还有一种方法为把委员会的报告提交立法机关，除非立法机关议决接纳委员会的建议，否则建议不会实施。①

法院还认为，宪法没有规定委员会的建议必须具有约束力，因为有关公共资源分配的决定，一般属于立法机关的事务，经立法机关通过后，交由行政机关执行。不过，为确保委员会的报告在确定法官薪金方面有实际作用，②并确保委员会的建议不会草率地被搁置。③ 法院认为，如果行政机关或立法机关选择不采纳委员会的建议，便须按简单合理的标准，提出依据支持其决定。④ 依据不足的决定最终可能被判定为违宪。⑤

对于偏离法官薪酬委员会建议的决定，法院会如何复核？该案首席法官认为，首先，必须排除纯粹出于政治考虑或针对性目的而就法官薪酬作出的决定。要增减或冻结法官薪酬，必须提出依据，而这些依据须与一般人所了解的公共利益有关。其次，如果有人寻求司法复核，法院须分析政府所提出的事实根据是否合理。⑥ 虽然

---

① Re Remuneration of Judges (1997) 3 S. C. R. 3. at paras. 167-175.
② Re Remuneration of Judges (1997) 3 S. C. R. 3. at para. 176.
③ Re Remuneration of Judges (1997) 3 S. C. R. 3. at para. 133.
④ Re Remuneration of Judges (1997) 3 S. C. R. 3. at para. 287.
⑤ Re Remuneration of Judges (1997) 3 S. C. R. 3. at para. 180.
⑥ Re Remuneration of Judges (1997) 3 S. C. R. 3. at para. 183.

所有影响法官薪酬及偏离薪酬委员会建议的措施都要通过一项简单合理的依据测试准则，但有一些措施因没有那么容易成为一种经济操控手段，用以达到政治干预的目的，所以较其他措施更容易通过测试。首席法官认为，对每名由公共财政支付的人士都造成实质影响的统一措施，看来已是合理。例如，适用范围包括法官但也包括其他由公共财政支付薪酬者的统一减薪措施，一般都是为了达到政府的整体财政目标而实施，因此通常是为了促进公共利益，让更多人受惠。反之，仅仅针对法官的措施就需要更详尽的解释，原因正是有关措施仅仅针对法官。① 如果法官所受的待遇有别于其他由公共财政支付薪酬者，则通过经济操控而加以政治干预的可能性也明显较大。②

值得注意的是，法院在解释为何判定司法机关不得与政府进行薪酬谈判，以及法官薪酬不得低于某个最低水平时，作出以下评论：集体或机构层面的财政保障，目的并非要确保有一个能公平保障法官的经济利益的法官薪酬确定机制，而是要保障受宪法赋权捍卫宪法和宪法所载基本价值的宪政机关。如果法官的薪酬低于他们在薪酬谈判制度下可得的水平，这也是必须付出的代价。③ 确保法官薪酬不低于某个最低的可接受水平，用意并非要保护法院免受财政赤字时期的减薪措施所影响。对司法机关声誉和司法工作的沉重打击，莫过于让人觉得法官拒绝在经济不景气时与人民共渡困难。④

加拿大最高法院阐释有关法理，并将之应用于有关案情，结果推翻了上述三个省份的减薪决定。所持理由是，三个省份在作出有关决定时，不是没有成立独立的法官薪酬委员会，就是绕过了已设立的薪酬委员会。在 Reference re Remuneration of Judges 一

---

① Re Remuneration of Judges (1997) 3 S. C. R. 3. at para. 184.
② Re Remuneration of Judges (1997) 3 S. C. R. 3. at para. 158.
③ Re Remuneration of Judges (1997) 3 S. C. R. 3. at para. 190.
④ Re Remuneration of Judges (1997) 3 S. C. R. 3. at para. 196.

案裁决后，先前没有设立法官薪酬委员会的省份纷纷设立这类机构，联邦政府也设立了法官薪酬及福利委员会。在 Mackin v. New Brunswich 一案中，最高法院裁定，除有关法官薪酬及退休金的变更外，其他有关法官服务条款的变更也必须交由法官薪酬委员会审议。

Reference re Remuneration of Judges 案开了先例，自此以后，凡是偏离法官薪酬委员会建议的立法或行政机关决定，皆可进行司法复核，而实际上也出现了多次这样的案件。① 法官须审理其同僚所提出有关法官薪酬数额的诉讼。有学者指出，最高法院在 Reference re Remuneration of Judges 一案中，明确指出要把法官薪酬确定事宜非政治化，但这个目标是否已经达到是令人怀疑的。② 也有学者指出，就法官薪酬而作出的决定，其引起的司法复核同时涉及两个概念，即"简单合理"和"合法理由"，两者之间存在固有矛盾。③ 另一个疑问是，加拿大最高法院在 Reference re Remuneration 一案中，既要防止行政或立法机关在机构层面侵害司法独立，也要防止司法机关在机构层面假公济私，是否已在两者之间取得适当平衡。

---

① 例如：Re British Columbia Legislative Assembly Resolution on Judicial Compensation (1998) 160 DLR (4th) 477 (BCCA); Alberta Provincial Judges' Association v. Alberta (1999) AJ No. 47 (Alta QB) (QL); Alberta Provincial Judges' Association v. Alberta (1999) 177DLR (4th) 418 (Alta CA); Re Ontario Federation of Justices of the Peace Association v. Ontario (Attorney General) (1999) 171 DLR (4th) 337 (Ont Div Ct); Conference des Juges du Quebec v. Quebec (Procureure General) (2000) 196 DLR (4th) 533 (Qc CA); Newfoundland Association of Provincial Court Judges v. Newfoundland [2000] NJ No 258 (Nfld CA) (QL); Manitoba Provincial Judges Association v. Manitoba (Minister of Justice) (2001) 2002 DLR (4th) 698 (Man QB); Newfoundland Association of Provincial Court Judges v. Newfoundland [2003] NJ No 196; 2003 NL. C. Lexis 335.

② Robert G Richards, "Provincial Court Judges Decision: Case Comment" (1998) 61 "Saskatchewan Law Review" 575.

③ Tsvi Kahana, "The Constitution as a Collective Agreement: Remuneration of Provincial Court Judges in Canada" (2004) 29 Queen's Law Journal 445.

除了设立法官薪酬委员会这类组织外,加拿大的法官薪酬制度还有几个值注意的特点。第一,部分省份采用薪酬与外界标准挂钩的安排。新不伦瑞克省非正式地把省级法官的薪酬与最高层副部长的薪酬挂钩;纽芬兰省把法官薪酬与司法部副部长的薪酬挂钩;爱德华王子岛以往把法官薪酬与其他省份法官的平均薪酬挂钩,但最近已改为与各个大西洋省份省级法官的平均报酬挂钩。联邦政府最新一届三年委员会(Triennial Commission)把法官薪酬与副部长第3级这个组别的中等薪金挂钩。① 加拿大最高法院在1875年成立时,其法官的薪酬已与内阁成员看齐。很明显,在加拿大,法官薪酬与非常高级公务员的薪酬之间有一定的联系。问题是应与哪个级别的公务员比较。是只与副部长比较,还是与最高级的副部长(即薪酬为加拿大副部长第3级的人员,目前这类副部长共有14人)的中等或以上薪金比较?②

第二,虽然根据加拿大的惯常做法,法官薪酬由综合收入基金拨款支付,无须经立法机关每年表决拨款,但这并不表示法官薪酬的调整无须经立法机关审议。这是因为法官薪金的实际金额通常由法律规定,③ 如要调整金额,必须由立法机关修订有关法律。关于从综合基金拨款支付法官薪金的做法,加拿大最高法院判定,此举虽然理论上可取,但并非法官财政保障或司法独立的必要因素。Le Dain法官认为,法官薪酬由综合收入基金拨付而不包括在年度的拨款中,理论上可提供较大保障,但实际上立法机关不可能为求在某种程度上整体控制或支配某一类法官而拒绝投票通过年度拨款。④

第三,加拿大的省级法官协会组织积极维护法官权益,为法官争取更优厚的薪酬和服务条件。他们也曾就有关事宜提出诉讼。在

---

① Martin L. Friedland, A Place Apart: Judicial Independence and Accountability in Canada, 1995, p. 57.
② Martin L Friedland, A Place Apart: Judicial Independence and Accountability in Canada, 1995, p. 66.
③ 例如,就联邦委任的法官而言,见《法官法》第9~24条。
④ Valente v. R [1985] 2 S. C. R. 673. at para. 43.

安大略省，安大略省法官协会、安大略省家事法法官协会和安大略省法院（民事庭）法官协会与政府达成了"框架协议"，协议由《法院法》赋予法律效力，并成为该法的一部分。该框架协议旨在确立框架，以规制涉及政府行政机关与法官关系的若干事项，包括为确定法官薪酬一事制定具有约束力的程序。此举用意是使省级法官薪酬委员会的决策程序和所作决定都能有助于保障和维护省级法官的独立性。①

需要注意的是，加拿大法院曾处理"不追溯条款"的问题。这些条款可理解为涉及更改法官服务条款的新法律条文不适用于在职法官，而只适用于在更改措施实施后才聘任的法官。在Beauregard v. Canada 一案中，有关更改是把法官无须供款的退休福利制度，改为法官须就退休计划供款的新制度。新制度不适用于在更改法案提出前已聘任的法官。其中一名原告认为，《加拿大权利与自由宪章》有关法律面前人人平等的原则，禁止以不同的退休福利待遇对待不同法官的做法。加拿大最高法院以多数票判定，这种用以保障在职法官既定期望的"不追溯"条款，依据充分，也不违宪。②

综上所述，加拿大宪法没有就法官可以减薪或不可减薪的问题作出明文规定。大萧条期间，国会在1932年通过的国会立法削减公务员薪酬，不适用于法官。面对公众要求把减薪范围扩大至司法机关的压力，政府实施了一套特别的《所得税法》，向法官征收额外的薪金税，为期1年。20世纪90年代，加拿大有几个省份都出现有关法官减薪问题的诉讼。在 Reference re Remuneration of Judges 一案中，加拿大最高法院就更改法官薪酬的法律作出综合法律陈述。根据该案判决，有关设立法官薪酬确定机制的指导原则，是要确保法院不受并被认为不受政府的行政或立法机关通过经济操控进行的政治干预所影响，也确保法官薪酬的过程不会被政治化。因此，必须由一个独立的法官薪酬委员会在这方面担当重要角色，在

---

① 安大略省《法官法》附表的"框架协议"第2段。
② Beauregard v. Canada [1986] 2 S.C.R. 56. at paras. 69-71.

司法机关与政府机关其他部门之间居中调停，并充当机构之间的过滤器。一切有关削减、冻结或增加法官薪酬的建议，都须由这种委员会审议。委员会的建议无须具有约束力，但如果政府决定不采纳这些建议，便须向公众提出理由，以支持其决定。加拿大的法官薪酬制度还有其他特色，如根据生活费用自动调整法官薪酬、法官薪酬与高级公务员或副部长的薪酬挂钩、从综合收入基金拨款支付法官薪酬、省级法官协会担当积极角色以及在更改法官服务条款方面采用不追溯的安排等。

第二节 司法辅助人员

在加拿大法院的工作人员中，辅助人员占了相当大的比例，他们承担了大量的行政性和辅助性的工作，使法官能够专司审判，从而有效地促进审判效率的提高。在联邦法院系统，司法辅助人员均属于法院行政管理服务局（Courts Administration Service）。值得注意的是，加拿大司法辅助人员不是由法律直接规定，而是由法院行政管理服务局根据实际工作需要设置的。例如，为联邦上诉法院、联邦法院、税务法院分别提供服务的不同的登记处，因其所服务的法院职能及业务各有特色而设置有不同的内设机构，并且在职位的设置、名称、数量上也可能有所差别。加拿大司法辅助人员中既有政府公务员，也有临时雇佣的人员。[1] 下面对加拿大司法辅助人员的主要情况作分类介绍。

一、登记处工作人员

登记处工作人员为诉讼辅助人员。登记处的作用非常重要，它是构成加拿大法院司法行政工作运转的中枢，同时也是审判人员与案件当事人及其诉讼代理人之间的桥梁和纽带。一方面，它为法官

---

[1] 刘晓勇、李亚飞：《加拿大联邦法院系统的人员分类管理制度略览》，载李克主编：《法官职业化建设指导与研究》，人民法院出版社2007年第1辑，第75页。

和审判工作服务，为其准备所有的案件诉讼信息、诉讼文件、进行庭审服务、案件流程管理等；另一方面，它为当事人及其诉讼代理人提供服务，为其提供立案登记、诉讼文书受理和送达、协调庭审时间地点、诉讼程序指南等服务。根据其不同职能，可以分为以下几类人员。

（1）登记处主任（Registrar）。登记处主任是登记处的首长，负责全面工作，包括登记业务及登记处的行政管理工作。

（2）登记官（Registry Officer）。登记官的主要工作职责是受理当事人及其诉讼代理人的诉讼文件并进行程序审查、为审判人员准备某一案件所有的诉讼材料、协调案件排期、案件流程管理、向当事人及其诉讼代理人送达裁判文书、通过法官助理向法官请示诉讼中的具体问题等。他们构成了登记处工作人员的主体。登记官还轮流充任法庭书记（Court Clerk 或 Court Registrar），承担庭审记录工作。加拿大法院没有类似中国法院书记员的职务，因此也没有专职的法庭书记。负责庭审记录的人员有两类：一类是法庭书记（Court Clerk 或 Court Registrar），他们由登记官轮流担任，在他们负责庭审记录的时候，被称为法庭书记，负责庭审记录、证据保管、主持法庭宣誓及法官命令的其他工作等。他们记录的内容只是庭审纲要，如开庭时间、地点、案件类型、诉讼各方主要观点等，而不是逐言记录，被称为庭审备忘录；另一类为法庭记录员（Court Reporter），由法庭聘用专门的服务公司负责对庭审进行录音、录像等全面记录工作，这种记录员只是在需要的情况才会进行。如果法官或诉讼当事人要查阅记录，则由公司负责提供誊写本。

（3）庭审协调员（Coordinator 或 Hearing Coordinator）。其主要职责就是与当事人及其诉讼代理人进行联系，就协调庭审安排、补充诉讼材料、文书送达、受理当事人查询等事项进行沟通。

（4）其他人员。主要有两类：一类是行政管理人员，如干事（Manager）、主任（Director）、特别顾问（Special Advisor）等。他们主要是根据管理工作的需要进行设置；另一类主要是登记业务辅助工作人员，如登记助理（Registry Assistant）、操作员（Processing

Clerk）、统计员（Statistics Clerk）、行政助理（Administrative Assistant）等。他们的工作职责主要是负责一些简单的工作，如传送和收发文件、制作诉讼档案、文件归类、统计等各种基础性工作，也是根据工作需要在不同部门进行相应设置的，也有少数可能是临时性工作人员，如行政助理。

二、法庭服务处工作人员

法庭服务处（Court Services）工作人员，都是在法官身边工作的人员，充当法官某一方面的助手，在业务上接受法官的指挥和领导。因此，我们统称他们为法官辅助人员。根据职责分工，法官辅助人员可分为司法行政官、法官秘书和文书助理。

（1）司法行政官（Judicial Administrator）。司法行政官一般充任首席法官的高级助理，负责协助首席法官处理法院行政事务，如案件排期、为其他法官分配案件，以及根据首席法官的命令与法院其他部门进行沟通联系。由于加拿大法院实行巡回审判制度，为方便当事人诉讼，在全国各地都可以进行开庭审判。而根据联邦法律规定，联邦法院法官必须居住在首都附近一定区域，其所审理的案件又是由首席法官指定的，法律也同时规定了案件的诉讼期限，因此，案件的庭审地点和排期就显得较为复杂和重要，需要有专人负责协调安排。通常，司法行政官会通过法官秘书，就案件排期和地点与每个法官进行沟通。此外，司法行政官还要和普通法官秘书一样，为首席法官个人提供其他的秘书服务。

（2）法官秘书（Judicial Assistant）。法官秘书隶属于法庭服务处，其主要工作包括：制作法官年度裁判文书汇编；帮助法官准备诉讼文件；注明法官判决理由和引用法律条文或判例的出处；法律文书的校对；为法官出差预订机票、旅馆，办理报销事宜；法官指示的其他工作等。法官秘书属于公务员序列，为固定的职业，可以一直工作到退休。法官秘书由法院行政管理服务机构按照公务员的招录程序进行聘用和管理，指派给法官工作。

法官秘书的职责有：①日常行政性服务职能。计划并调整法官的工作日程；协调并控制法官办公室与联邦或其他层级的司法官员、管理官员之间的沟通联络；处理日常文件、信件，决定它们的重要性、优先性和敏感性，代表法官或指派合适的人员准备有关法律文件、传达司法命令；代表法官处理信件，答复其他部门和组织的查询；管理法官的图书馆和研究材料；为内部和外部的会议、约见等安排日程，准备必要的材料；协调安排法官出差和膳宿，并准备费用列表。②人事管理方面的职能。包括对文书助理进行法院实务和行政程序方面的培训，培训新任法官秘书等。③诉讼中的职能。在通过远程视频会议提出的有关申请或确定身份的庭审中充当法庭书记；临时保管和保护证据等。④财务管理方面的职能。协助法官管理财务预算和控制财务开支，就司法活动和行政需求报告进行分析并提出建议；确保银行储蓄资金与法官账户收支相抵，并符合各项财务规定；按照规定对接收的商品和服务进行审核并出具发票；保管和维护法官所用的法服、法律书籍、杂志和办公用品；操作并维护办公设备，如个人电脑、软件、传真机等。⑤提供各种行政建议。通过分析现有行政程序和制度，向法官提出改进建议，以优化法庭资源配置和法院管理。⑥提供信息的职能。向法院内部或社会公众提供所需的信息，例如向社会公布法官所作的判决、裁定。

担任法官秘书的基本条件较低，没有特殊的学历要求，但是申请该职位却需要许多实际技能和知识，包括：熟悉法律法规的检索方法，能够利用图书馆或互联网帮助法官获取所需的案例、文章、书籍和摘要；校正参考资料、法律摘要的准确性；具备相关方面的知识，包括：联邦法律和专业诉讼术语的知识，以帮助法官准备和处理法律文件、信息管理和记录的知识，以维护法官的图书馆和参考资料、联邦法院自动化系统的知识，例如通过流程管理系统，跟踪和定位文件，为法官分配司法任务提出建议，并回应所有法官的查询等；能够使用内部电子邮件系统，以进行内部或外部的联络；掌握关于财会和预算管理的方法和技能，以管理和控制法官预算；具备制定日程和办公室管理的技能，包括为法官出差安排膳宿、准备时间表、路线和议程、处理邮件和为来访来电者准备信息以协调法官办公室的活动；校对和编辑的技能，以检查英文或法文文件和通信，确保内容和含义的精确；听写和誊写的技能，包括通过手写来听写，从手写记录或声音记录中誊写以准备通信和法律文件；使用办公室设备的能力，例如复印机、远程会议设备、传真设备、个人电脑、激光打印机和录音机以完成日常行政职能；具有财务处理和银行程序相关方面的知识，例如存款和取款，开出支票、付款发票和准备津贴申请表格以管理法官的财务账户。此外，还要掌握大量沟通联络的技巧和知识，以便能够帮助法官进行内部和外部的沟通联络。

法官秘书隶属于法庭服务处，并接受法官和司法行政官领导。加拿大联邦法院系统各法院在法官秘书配置上略有不同，例如，在加拿大联邦法院，1名法官配备1名秘书，而在加拿大税务法院，由2名法官秘书组成一个工作小组，为3名法官提供服务。法官秘书的管理和使用方式完全视不同法院的工作特点和实际需要而定。

（3）文书助理（Law Clerk）。文书助理隶属于法庭服务处。担任文书助理的人员都是法学院毕业的学生，他们在毕业后正式从业前到法院担任文书助理，又称为"法律实习生"。需要说明的是，文书助理的设置并非仅为法官和法院工作的便利，而更多的是一种国家培养法律人才的措施，体现法院和社会公众之间的良性互动，了解法院的实际运作和法官处理特定案件的方式，从而为将来从事法律职业打下坚实基础。

文书助理不直接与当事人接触，主要帮助法官归纳案件争议要点、收集案件背景材料、查找判例、草拟修改法官文书、起草判决等。以联邦税务法院的文书助理为例，他们的工作职责是：开庭前，负责准备有关的事实和法律备忘录；开庭后，负责准备有关庭审情况的备忘录；在法官的指导下，研究特定的法律问题；检查、编辑和评论判决书草案的理由部分。

文书助理的资格条件：文书助理一般都是各大法律院校的优秀毕业生，其具体的资格条件视不同法院的工作需要而定。以税务法院为例，其对文书助理的资格条件要求如下：毕业于被承认的加拿大法学院，或者具有被省律师协会承认的法学学位；能够展示自己在税法和商业交易领域的兴趣和专长；注册并完成一门有关税法的概括性课程，并在毕业之前至少修完另一门有关税法的高级课程，如国际税制或法人税等；熟练掌握英语或法语，部分职位要求双语；加拿大公民在同等条件下优先；候选人必须在来年的10月1日前获得自己的法律学位。毕业生在完成1年的文书助理工作后，一般会自动获得某省的律师资格，因为各省的律师协会一般都将加拿大税务法院所列明的资格条件作为加入协会的全部或部分条件。

文书助理的录用程序包括：①申请。申请书的内容应当包括：一封推荐信；3名推荐人的目录，推荐人必须包括1名法律系的高级教授、1名至少教授过申请人一门税法课程的教授、1名其他人士；所学课程的目录及所有评语的复印件。②面试。对申请书进行初步筛选后，决定哪些申请人将参加第一次面试。通常在申请人就读的城市进行首轮面试，面试由在此城市开庭的法官进行。通常首轮面试的申请人，将参加第二轮面试。这次面试由文书助理委员会的法官们主持，通常在两个星期内决定最终人选。

文书助理经录用后，其雇佣期限为连续12个月，起始日期将根据工作需要始于每年的5月1日至9月30日之间。文书助理的工资为48 222加元/年，属于公务员的中等水平。此外，还享有3个星期（15个工作日）带薪休假；可以提出病假申请，每月平均可以请1.25天病假；可以享有牙医保健计划、公共服务机构健康保健计划、伤残保险、死亡补偿金、养老金计划等。

一般来说，文书助理将配备给法官个人管理使用，在法官领导下开展工作。不同法院法官配备文书助理的数量不尽相同，例如最高法院法官每个配备2—3名文书助理，联邦上诉法院法官每人配备1—2名文书助理，联邦法院法官每人配备1名文书助理。但有的法院不为法官个人配备文书助理，而是采取集中管理使用的方式，如税务法院共有10名文书助理，为约31名各类法官提供服务。

三、其他辅助人员

除登记处、法庭服务处工作人员外，加拿大司法辅助人员还包括各类行政、人事、财务、装备、技术、安全、保卫等人员。

第四章 加拿大司法责任的内容

司法责任的内容，即法官承担责任的事由，也就是法官因为什么承担责任的问题。司法责任的内容可以分为裁判责任和行为责任两个方面。裁判责任指的是法官对其作出的司法裁判负责，行为责任指的是法院应对其庭内行为与庭外行为负责。西方国家特别是英美法系国家的司法责任主要是行为责任，而法官的行为责任一般规定了法官职业道德准则或法官行为守则等文件中。因此，职业道德规范的约束是"司法责任"体系中的一种重要形式。① 在职业伦理责任模式下，对法官的责任追究将从以裁判结果为中心走向以法官职业伦理行为为中心，真正成为追责事由的是法官有违职业伦理规范的不当行为。加拿大的司法责任模式就是职业伦理责任模式，本章将对加拿大的法官职业道德准则进行介绍。

第一节 加拿大法官职业道德准则的形成与发展

一、《加拿大1867年宪法》与良好行为标准

《加拿大1867年宪法》规定，只有法官违反了良好行为的标准才可由议会撤销其职位。该规定一方面确保了法官只有在违反了"良好行为"的要求且在议会通过的情况下才能被免职，而不能因为法官所作的判决而将其免职，这就为司法独立和司法公正提供了

---

① 蒋惠岭：《谈对〈法官职业道德基本准则〉的理解》，载《法律适用》2001年第11期，第8页。

根本保障。另一方面，该规定在确保司法独立原则的同时不排除司法责任，这对司法体制又有制衡作用，使法官的行为能为人所信服。法官在独立、公正履行职责的同时，必须努力正确行事，无论他们作出的判决是正确还是错误，他们都不能随意违反法官"良好行为"的要求。

在加拿大，司法裁判和司法行为的区别是非常大的。法官的裁判可以向上级法院上诉。只要法官按照"法律及其良心办事"，上诉法院可以对他们所作出的裁判进行修改，而不会以任何方式影响到对其行使职责能力的评判，也不会以任何形式影响其职位的存续。

司法行为的条款可以上溯到英国1701年《王位继承法》中有关法官"应以良好行为行使职责"的规定。这一法案是威斯敏斯特议会为了防止法官由于作出违背国王或政府意愿的决定被免职而颁布的。而在1688年以前，英国王室由于对法官所作判决不满而将法官免职的情形相当普遍。《王位继承法》的有关规定在确保司法独立，免受英国王室、政府或其他外来压力的干涉方面相当有效，因为种种干涉往往会导致法官作出不得人心的判决。与此同时，事实也证明，它对法官的不当行为也有威慑作用。自1701年以来，英国议会仅开除了一位法官。

《加拿大1867年宪法》也对加拿大最高法院的法官规定了相似条文，规定法官"应以良好行为行使职责"，他们只有在"总督向参议院和众议院"提出弹劾时才能被撤职。这一条款对于保持司法独立性与防止司法不良行为很有效。在1971年加拿大成立司法理事会前，议会对最高法院法官的行为进行了5次审查。其中4件案件出现在1882年之前。上述案件中，法官在完成起诉程序前要么被赦免、要么辞职或死亡。另外，还有一些行为受到质疑的法官因不愿面对议会的审查而选择退休或辞职。[①] 总之，目前还没有加拿大法官因为行为不当而被议会免职。

---

① 怀效锋主编：《司法惩戒与保障》，法律出版社2006年版，第150~151页。

二、《加拿大法官法》与加拿大司法理事会

1971年,加拿大议会设立加拿大司法理事会。① 根据《加拿大法官法》,加拿大司法理事会有权对有关联邦法官行为的投诉发起调查并作出裁决。加拿大成立司法理事会是由很多因素决定的。司法理事会由首席法官和副首席法官组成,可以说其前身是首席法官年会。多伦多大学刑法学中心的约翰·爱德华教授是1964年至1965年第一届首席法官年会的倡导者。萨斯喀彻温省的爱德华·库里顿法官被选为第一任主席。库里顿法官在他1981年退休时,曾公开将首席法官联席会议的建立归功于约翰·爱德华教授,并间接地把加拿大司法理事会的建立也归功于约翰·爱德华教授:②"很幸运,多伦多大学刑法学中心的约翰·爱德华教授在1964年提出召开首席法官联席会议是一件有意义的事情……该联席会议为高等法院和县法院的法官组织研讨会,但更为重要的是,该联席会议认识到加强司法独立的重要性,确立了法官不是公务员而是第三个政府机构的独立成员。正是出于这一目的,建立了加拿大司法理事会。建立司法理事会的想法源于首席法官联席会议,相关法律由首席法官杰克特起草并为当时的司法部部长图纳先生所接受。其结果是加拿大司法理事会于1971年成立了。"

《加拿大法官法》第65条第2款规定,如果司法理事会认为,质询或调查所涉法官由于以下原因无法或不能适当地履行法官职责,则司法理事会可在根据前款规定向司法部部长提交的报告中建议免除该法官的职务:(1)年龄或疾病;(2)从事了不当行为;(3)未能适当地履行职务;(4)基于其行为或其他原因,处于不能适当地履行司法职务的地位。可见,《法官法》中明确规定了法

---

① The Conduct of Judges and the Role of the Canadian Judicial Council, Canadian Judicial Council.

② 参见其1981年3月20日在萨斯喀彻温省政府及法学会为其举办的宴会上的讲话。转引自怀效锋主编:《司法惩戒与保障》,法律出版社2006年版,第12页。

官必须接受调查并承担责任的前提，即如果有人投诉该法官以某种方式违背了法官应具有良好行为的要求，并且这些不当行为已经使其"无法或不能适当地履行法官职责"。

三、从《法官手册》到《法官职业道德准则》

加拿大司法制度能够有效运行并提供加拿大公民所需要的公正，很大程度上取决于加拿大法官的道德标准。法官的道德标准是加拿大司法理事会关注的核心问题。一个广泛接受的道德框架有助于司法理事会履行职责，确保法官和公众了解法官在个人生活和职业生活中应当遵守的道德准则。加拿大司法理事会自1971年成立以来一直以积极的方式促进加拿大司法公正，负责法官纪律规范的制定。在司法理事会的主持下，先后出版了《法官手册》《司法行为评论》和《法官职业道德准则》。

（一）《法官手册》

为了对加拿大法官在法庭内外的行为予以指导，加拿大司法理事会在1980年资助出版了英文版《法官手册》(A Book for Judges) 和法文版《法官手册》(Le livre du magistrat)。英文版《法官手册》的作者是不列颠哥伦比亚省前首席大法官威尔逊(J. O. Wilson)，法文版《法官手册》的作者是加拿大前首席大法官杰拉德·弗托克斯(Gerald Fauteux)。从那时开始，每一位联邦法官在任命仪式上，都会得到其中的一本。

时任加拿大首席大法官布拉·拉斯金（Bora Laskin）在序言中所说，这两本书是基于对司法理事会观点的认同而出版的。司法理事会认为"系统地对法官，特别是初任法官，解释其所面临的法律和职业道德问题"，将有助于法官正确履行职务。这两部书的重点放在了法官的审判行为和书面判决的准备工作上，尽管也有一些关于职业道德问题的简要讨论，但作者们没有探讨法官日常工作中所要面对的问题。①

---

① Commentaries on Judicial Conduct: Canadian Judicial Council, Hardcover, 1991.

(二)《司法行为评论》

加拿大司法理事会认为很有必要对《法官手册》中的问题进行扩展和更新,更重要的是讨论他们没有涉及的问题。在这一背景下,1988—1989年,加拿大司法理事会委托审判独立委员会起草、构画"司法职业道德宣言",以帮助法官和公众更加明确地理解履行这一重要公共职位所被赋予的深切期望。审判独立委员会的宗旨是提高人们对司法独立的认同和采用所有必需的措施来维护司法独立的实现,但即使是在它的主持之下,最初的目标仍然不能被普遍接受或受到欢迎。审判独立委员会在开始工作不久,就明确认识到,按照以前的预想,建立一套普遍适用的原则的做法也许不能达到预期的效果。这些原则可能因为性质太空泛而具有很小的指导意义,也可能因为规定得太详细,而与法官日常工作活动中所面对的众多不同问题毫不相干或缺乏逻辑性。

审判独立委员会由时任阿尔伯塔首席大法官雷卡拉夫特领导,为《司法行为评论》的出台作出了重要贡献。在准备《司法行为评论》的过程中,尽管司法理事会认为由自己对司法行为进行评判是深思熟虑且公正的,但它还是希望由审判独立委员会完成确立"实践中"的问题和对此进行讨论的任务。J. B. 托马斯法官在《澳大利亚司法职业道德》一书中认为违纪行为实际上就是他所属的团体公认为不光彩的行为。[1] 在准备撰写《审判中的法官》一书时,希蒙·谢特里特教授得出不同的结论,他认为对于法官行为的评定,应由一组选定的有经验的法官和律师协会的固定成员进行。[2] 根据这一潮流,审判独立委员会认为司法理事会应向众多的法官发表范围广泛的关于此问题的声明,以征求意见。实际上,审判独立委员设计并向很多加拿大法官发出了调查问卷。除此之外,审判独立委员会还向100多名身为司法理事会成员的联邦法官提供

---

[1] J. B. Thomas, Judicial Ethics in Australia, The Law Book Co. Ltd, Sydney, 1988 at 3.

[2] Shimon Shetreet. Judges on Trial: A Study of the Appointment and Accountability of the English Judiciary, Amsterdam: North-Holland Publishing Co., 1976.

了一份含有两种官方语言的调查问卷。

法官们对问卷的回答表明,法官是一个不同于常人、有强烈信念和独立地位的集体,他们习惯于表明确切的观点。加拿大也是一个独具特色的国家,国土广袤而文化传统各异。法官们对问卷的回答产生了各种不同的观点。对于所提出的大多数问题,回答都是五花八门,但有一点可以明确,即由于法官居住的社区大小不同或所处地理位置的某种程度的差异,导致了不同答案的出现。

在《司法行为评论》中,司法理事会发布的不是行为指令,甚至对于大多数问题没有指明正确答案,而只是提供判断问题时的有关要素,然后在提出相反见解的同时,讨论大多数法官在面对生活中不时出现的实践问题是怎样处理的。但具体到特定的社区、特定的环境和特定的情况,要由法官自己作出判断。司法理事会多处引用法官们对问卷的回答,来表明对某一观点的倾向。《司法行为评论》将帮助法官去正确判断他们的行为和评论如何得到其他法官、出庭的当事人及社会公众的理解。

(三)《法官职业道德准则》

司法理事会于1994年成立了专门的工作委员会,从事《法官职业道德准则》的起草工作。为什么用"职业道德"一词而不是"行为规范"是一个需要探讨的问题。在《司法行为评论》起草过程中,一些法官在问卷中强调被讨论的对象应是"行为"。他们指出,用"职业道德"来修饰法官行为,不但降低了该词的本意,而且把不适当的压力放到了法官行为上,而这种法官行为一般仅为是否适当或方式好坏的问题。1980年有关法官行为指导的两本书的作者通过采用书名为《法官手册》的办法,避免了这一问题。但书中却使用了"职业道德"一词。J. B. 托马斯法官则大胆地在《澳大利亚法官的职业道德》书名中使用该词并在开篇就讨论"法官职业道德"是否存在的问题,将"职业道德"定义为期望某一特定集团遵守的"一系列行为规范和标准的总称"。

1998年,加拿大司法理事会发布了《法官职业道德准则》,目的是为由联邦任命的法官提供职业道德指引。《法官职业道德准则》在起草过程中主要参考了1980出版的《法官手册》(英文版和法文版)、加拿大司法理事会1991年出版的《司法行为评论》和贝弗利·史密斯（Beverley Smith）教授1998年出版的教材《律师和法官的职业行为》。除了这些加拿大本国的资料以外，该准则在起草过程中还参阅了适用于美国联邦法官的《司法行为规范》、美国律师协会的《司法行为示范规范》（1990年）以及加拿大、英国、澳大利亚和美国与司法行为有关的学术著述和规则，特别是J. B. Thomas的《澳大利亚司法职业道德》（1997年第二版）、J. Shaman等的《司法行为和道德》（1995年第二版）、S. Shetreet的《审案法官》（1976年版）。虽然所有这些资料都对该准则的制定很有帮助，但该准则的制定却是加拿大法官们的独立作品。整个工作是由代表加拿大司法理事会和加拿大法官大会的工作小组推动的。在司法界内外开展的广泛意见征询，确保了文本中的声明、准则和评注是经过了反复研究和激烈争论后的产物。其意图是使加拿大法官将这些声明、准则和评注作为他们高度职业道德愿望的反映，自愿去接受，在遇到任何文本中述及的问题时，他们将发现这些论述值得尊重和认真考虑。

《法官职业道德准则》是迄今为止加拿大就该主题最为完整的阐述。但是，该准则依然不足以涵盖实践中出现的包罗万象的问题，该准则所参考的资料和评注中提到的所有资料，将继续为加拿大的法官们提供职业道德上的指导。司法理事会也将根据需要更新《法官职业道德准则》中的行为规范。2004年，加拿大发布了新版《法官职业道德准则》，由加拿大首席大法官贝弗利·麦克拉克林作序。与1998年版《法官职业道德准则》相比，2004年版只有一些细微的修改。

《法官职业道德准则》的内容分为目的、司法独立、司法尊严、勤勉敬业、平等、公正六个部分，每一部分的结构包括声明、准则和评注三方面内容。该准则中的各项声明、准则和评注确立了所有法官应努力遵循的非常高的行为标准。这些标准均为一般性的准则，因此还须本着与司法独立及法律之要求相一致的精神，将这些准则适用于各种具体情形。这些声明、准则和评注中所阐明的最高标准并不排除在适用中存在合理分歧，但也并非意味着背离这些标准就应当受到惩戒。

总之，加拿大《法官职业道德准则》不是也不应当被当作有拘束力的行为准则或被禁止行为的清单，也不是为司法不端行为设定标准。《法官职业道德准则》的性质是建议性的，其目的在于帮助法官处理所遇到的棘手的道德与职业问题，并帮助公众更好地理解司法的作用。但需要明确的一点是，加拿大《法官职业道德准则》是由负责调查法官投诉与责任追究的司法理事会主持制定的，违反《法官职业道德准则》的行为经司法理事会调查后很有可能要承担责任。因此，下文将以《法官职业道德准则》为基础讨论加拿大追究法官责任的事由。

第二节　加拿大法官承担司法责任的事由

在加拿大，如果案件一方当事人认为法官作出了错误裁判，可以向上级法院提出上诉。上诉法院可能推翻或修改其他法官所作的判决，但上诉法院推翻某法官的判决并不意味着该法官的行为不妥，也不意味着该法官需要承担责任。因此，裁判本身不是加拿大法官承担责任的事由，真正能成为追责事由的是法官有违职业伦理规范的不当行为。本部分将以《法官职业道德准则》的内容为主线，结合《司法行为评论》和加拿大法官追责的案例，对加拿大法官承担司法责任的事由进行介绍。

一、没有保持司法独立

（一）对司法独立的要求

独立的司法部门是实现法律公平正义不可或缺的，因此，法官应当支持司法独立，并在维护个人独立与集体独立方面成为表率。《法官职业道德准则》在最开始就对司法独立作出了规定，具体包括四条准则：

（1）要求法官必须独立地发行司法职能，不受任何外部影响。

（2）在审理案件过程中，法官必须坚决抵制来自法庭正当程序之外的、影响其作出决定的任何干扰。

(3) 法官应鼓励和支持旨在维护和促进司法部门机构独立和法院行政管理独立的安排与保障措施。

(4) 法官应当展现并促进高标准的司法行为以增强作为司法独立基石的司法公信力。

(二) 评注

司法独立不是法官的私权利，而是司法公正的基础，是全体加拿大人民的宪法权利。司法独立指的是公正判决以及作出判决所需的、必要的个体和集体（机构）的独立。① 所以，司法独立既是一种主观意识，又是一系列的机构和运作安排。前者与法官事实上的公正息息相关；后者通过界定与司法部门和其他部门，特别是其他政府部门的关系，实现事实上和表面上的独立和公正。这些声明和准则处理的是与法官个人独立及集体独立有关的法官职业道德责任，不涉及与司法独立有关的各种其他法律问题。

在 Valente v. The Queen 案中，Le Dain 法官说："……司法独立对个体和机构的关系均有涉及：一名法官的独立，反映在任期的保障以及该法官所服务的法院或专业法庭的独立上，反映在与政府的行政和立法部门的机构或行政管理关系上。"② 他的结论是"……司法独立系一建立于客观条件或保证之上的状况或关系，亦是实际履行司法职能时的一种主观意识和态度……"③ 所谓的客观条件和保证可举例说明如下：任期保障、薪金保障和司法行为不受民事责任追诉的保障。

法官应该具备的首要素质就是独立公正作出判决的能力。司法独立不仅是恰当的外部运作安排问题，它还是关系到每一名法官独立公正作出判决的问题。法官的职责是，按其理解无所畏惧和无偏袒地适用法律，不顾虑其判决是否受人欢迎，这是法律规范的基石。法官无论作为个体还是作为社会中的一个特殊群体，都应保护、鼓励并维护司法独立。

---

① S. Shetreet, Judges on Trial, (1976) at 17.
② [1985] 2 S. C. R. 673 at para. 687.
③ [1985] 2 S. C. R. 673 at para. 689.

法官理所当然地必须拒绝诉讼当事人、政客、政府官员或其他人影响其判断的意图。他们必须当心与这些人进行沟通交流时应以不影响他们的独立性为限。尊敬的 J. O. Wilson 法官在《法官手册》中说：

"相信每一名法官都清楚，对法庭施加影响，只能由律师或诉讼当事人在法庭上公开进行。但是，经验告诉我们，其他人并没有意识到或者是在有意识地漠视这一基本规则，因此，在审理案件的过程中，法官随时都可能面临诉讼当事人或其他欲单方对其施加影响的企图。

……

无论此类企图源自政府高层、媒体或任何其他来源，都应毫不犹豫地加以拒绝，这是一个无须进一步诠释的基本规则。"①

法官们被赋予独立地位的同时，也相应地承担起了促进司法行为高水准的责任。公信力是法律规则和法官独立存在的基础。法官行为的失误和受人质疑，会侵蚀公众的这一信任。Nolan 教授指出，司法独立和司法职业道德是相互依存的。② 对法院判决的接受和支持有赖于公众对法官的正直和独立的信心。反过来，这又有赖于法官对自身行为的高标准要求。

只有坚持对自身行为加以高标准要求，法官才能：①保证公众对他的信心，这种信心是司法威慑的力量之源；②在其判决和规范中实践其自身的独立。③

简而言之，法官有义务向公众展示并致力于促进对司法行为的高标准要求，并把它视为确保法官独立的要素。

对于任何有损其机构独立和运行独立的企图，法官都要保持警惕。法官应是其自身独立的坚定的维护者，但是，也要注意，不宜

---

① J. O. Wilson, A Book for Judges (1980) at. 54-55.

② B. Nolan. The Role of Judicial Ethics in the Discipline and Removal of Federal Judges. in Research Papers of the National Commission on Judicial Discipline & Removal Volume I (1993), pp. 867-912, at. 874.

③ B. Nolan. The Role of Judicial Ethics in the Discipline and Removal of Federal Judges. in Research Papers of the National Commission on Judicial Discipline & Removal Volume I (1993), pp. 867-912, at. 875.

滥用司法独立,以致不加区别地反对所有关于司法的变动安排。尽管维护的方式和本质必须慎重考虑,其理论上的合理性却是毋庸置疑的。

法官们必须认识到,并不是所有的人都熟知这些概念以及它们对于司法责任可能产生的影响。那么,针对法官和司法独立对公众进行宣传教育就具有了重要的意义,因为,不必要的误解会降低公众对司法的信心。举个例子说,对于司法和行政关系的性质就存在着错误理解,尤其是涉及司法部部长的双重身份时,因为他既是负责司法行政的内阁部长,又是服务于政府的律师。公众也不可能通过媒体对司法独立原则形成完整准确的认识,因为媒体惯于把司法独立错误地描绘成是为了避免法官的行为受到公开辩论的检验。所以,法官们应抓住所有适当的机会,帮助公众从其自身利益角度理解司法独立的要点。①

法官们会时不时地被要求充当咨询顾问,提供法律意见。法官在考虑是否接受这种要求时,应仔细想清楚接受这一任命对司法独立原则的默示效应。不止一次,司法顾问被卷入公众对峙中,并因此遭到任命他们的那个政府的批评和羞辱。法官面对这一问题时应仔细斟酌职权范围和时间、资源等其他条件,评估其能否和司法职能相协调。② 1998 年 3 月,在指命联邦法官做法律咨询顾问时,加拿大司法理事会所持立场,被证明可为该问题的解决提供很好的指导。

---

① "适当的机会"一词应能提醒法官们,在司法作用的范围内,慎重考虑这些公众干预的具体情况。

② R. Mac Gregor Dawson, The Government of Canada (3d) at 482:"如果赋予法官独立的地位,却又将其置于皇家顾问的位置,使其公正性可能遭受攻击,其对事实的把握无论多么准确和符合司法要求,也难逃被诠释为牺牲一方利益,偏袒另一方,那么,费尽心机把法官从政治中分离出来的这一做法,将显得毫无意义。许多咨询委员会都将法官置于难免利益冲突的地位:……实践一再证明,在许多该类案件中法官丧失了尊严和声誉,其前程也因此大打折扣。更有甚者,如果法官脱离正常工作时间过长,也易于丧失客观公平的超然态度;他会发觉重新调整其外在表现和思维惯性模式,回到正常司法工作中,并不是一件容易的事。"

二、没有维护司法尊严

（一）对维护司法尊严的要求

法官在所有活动中应当努力维护司法尊严，维持并提高司法公信力。具体包括两条准则：

（1）法官应当尽一切努力确保其行为不受公允、明达公众之谴责。

（2）除本人遵守高标准的行为准则外，法官应鼓励和支持他们的同事共同遵守。

（二）评论

在一个行之有效的司法体制下，公众对司法的信任是十分关键的。那些盲目的批评，或者是对司法作用的简单误解，都可能对公众的信任起到反作用。另外，当法官们在法庭内外的任何行为，表明他们缺乏正直无私的精神时，便也足以成为弱化公众信任的因素。因此，公众对法官们的正直无私、公正和良好判断的信任，要求法官们在日常行为中，贯彻落实他们对这一信任的支持，并作出应有的贡献。加拿大的法官们在这一方面有着坚实的和令人尊敬的传统，它构成了恰当地实施司法行为的良好基础。

关于司法尊严的要求，没有绝对的标准，因为某一行为在一定社会范围内的效果，是由该特定范围的评判标准决定的，而这些标准又是随时间和地点不断变化的。在一个像加拿大这样地域辽阔的国家，详尽的法官行为规则显然是无法制定的。国内各地的风俗、习惯各不相同，庞大的城市与较小的乡村社区间也有差异。不过，由于公众的关心是司法制度起作用的核心部分，法官无疑也不能轻视社区的基本行为准则。即使在自己的辖区内，法官也不能在私生活中违反当地社区的道德和行为准则。也许，法官不但要避免过那种豪华的生活，还要避免与人群中特定的一部分人接触过于频繁。[1]

一位评论家曾表示，法官行为的关键是如何"……反映法官

---

[1] See Commentaries on Judicial Conduct (1991).

是否有能力从事司法工作"。① 这就要求我们考虑两个问题：一是理性、无偏见并了解具体个案情况的人们如何看待某种具体的行为；二是他们的这种观点是否会减损对法官和整个司法的敬意。如果某种行为可能减损这些人心目中的敬意，那么这种行为就应该避免实施。正如 Shaman 所说"……司法行为追求的终极标就是，坚持那些一再被确认为与司法机关的高度责任相适应的行为"。② 法官的私人行为，也应向人们展示对法律和正直的敬意，从总体上避免有不当的表现。

当然，法官们也有私生活，他们也有权尽可能地享受作为公民的权利和自由。甚至可以说，绝世独立的法官，不可能成为好法官。不恰当地隔绝于所服务的社会，不仅对法官的个人发展不利，也对公共利益的保护不利。法律上常常援引适用合理第三人的标准。司法事实查明，作为法官工作中的一个重要组成部分，需要运用常识和经验来对证据进行衡量。因而，法官应在与其特殊角色相适应的范围内，与公众保持密切联系。

法官法庭内外的行为，注定都是公众审查和评论的事项。所以，法官们必须接受对其活动的某些限制，甚至包括那些如果由同一社会中的其他成员做出来，根本不会引起关注的活动。在司法职责的要求与个人生活、发展及其家庭的合法需要之间，法官们需要通过努力，求得微妙的平衡。

法官除自身遵守对行为的高标准要求外，还应鼓励和支持他们的同僚遵守同样的标准，因为，一名法官招致争议的行为会损及整个司法。法官们也有洞察其同僚行为的机会。如果一名法官认为有可靠的证据，表明另一名法官极有可能有不合职业规范的行为，那么，就应慎重地考虑如何采取适当的行动，从对司法恪尽职责的管理出发，来捍卫公共利益。这时这名法官可能会给予忠告，做同事式的质询，或者报告本法院的首席法官或联席法官。

---

① J. Shaman et al., Judicial Conduct and Ethics (2d, 1995) at 335.
② J. Shaman et al., Judicial Conduct and Ethics (2d, 1995) at 312.

三、没有勤勉敬业

（一）对勤勉敬业的要求

法官在履行司法职责时应当勤勉敬业。具体准则有 4 条：

（1）法官的职业活动应服务于广义的司法职责。这里所说的司法职责，不仅包括主持庭审和作出裁判，还包括对法院运转至关重要的其他司法工作。

（2）法官应当采取相应措施，掌握和提高作为司法官员所应具备的知识、技能和个人素质。

（3）法官应当尽其努力，全面履行其司法职责，包括及时作出判决。

（4）法官不得从事与勤勉履行司法职责相悖的行为，或容忍同事的某种不良行为。

（二）评注

苏格拉底忠告法官，要谦恭地听，睿智地答，审慎地想，公正地判。法官的这些美德是司法勤勉的表现。在苏格拉底的清单上，还可以加上一条，迅速行动，不过，勤勉并不主要与行动迅速相关。广义地说，与勤勉相关的是有技巧地、细心谨慎地履行司法职责，同时兼顾合理的快捷。

《法官法》第 55 条（该条适用于联邦任命的法官）规定，法官必须致力于行使司法职责。① 在《法官法》和司法职责界定的限制范围内，法官们可以自由参加不致对司法职责的履行有所减损的其他活动。简而言之，法院的工作是首位的。

尽管法官履行司法职责时应恪尽勤勉，他们实现此目标的能力却有赖于工作的负担，有赖于资源的充足，包括人员和技术上的协助以及做研究、进行深思熟虑和成文的时间，还有赖于其他除坐庭之外的司法职责。法官家庭责任的重要性，也是被认可的。法官应

---

① 加拿大 1985 年《法官法》第 55 节规定，"法官应当致力于司法职责，不得为个人或他人利益，直接或间接地从事司法职责之外的职业或事务。"

享受足够的假期和休闲时间,以保持身心健康,应有合理的机会去提高有效判断所必需的技能和知识。

法官有时会应政府之招,离开正常的法院工作,去完成一些任务。为皇家咨询委员会提供服务就是例证之一。接受该任命之前,法官必须与其所在法院的首席法官商量,确保接受该任命不会对法院有效行使职能形成干扰或者不当地加重法院内部其他成员的负担。1998年3月加拿大司法理事会年中会议通过的立场为该领域提供了可供参考的指导。

往回追溯,《自由大宪章》就已经认可法官应具备良好的法律知识。① 该知识不仅扩及实体法律和程序法律,而且包括现实世界对法律的影响。正如一位学者所说,法律的含义不仅仅是它的字面表述,法律还是一门实践的科学。② 持之以恒地努力保持和提高有效判案所必需的知识、技能和态度,是司法勤勉的重要构成内容。这包括参加继续教育项目,也包括个人学习。③

为了更好地理解司法勤勉这一法官职业准则,下文从几个方面具体讨论有关司法勤勉的问题。

(1) 审理案件的职责。审理案件的勤勉包括,公正不偏地适用法律,办案周全、果断、快捷以及禁止滥用程序和不当地对待证人。尽管这些都是法官应具备的素质和技能,但是,纷繁复杂的个案以及律师和当事人的具体表现,往往使法官听审时只能着重于其

---

① 《自由大宪章》第45条规定:"我们不会任命任何法官、行政司法官或执行官,除非他们属于那种通晓王国法律的人,也就是说,他们懂得如何恰当地遵守法律。"

② R. A. Samek. A Case for Social Law Reform (1977). 55 Can. Bar Rev. 409 at 411.

③ 例如,加拿大律师基金:《加拿大律师协会法官独立专业委员会报告》(1985年版)第36页说:"对履行司法职责的适任,是公众支持法官独立的一个重要因素。"参见 M. L. Friendland:《另一地域:加拿大的司法独立和责任》(1995年版)第167页;目前国家司法学院的推荐模式是,每名法官每年接受为期10天的继续教育,但是法官们的工作压力经常使这一目标无法达到。

第二节 加拿大法官承担司法责任的事由

中的一项或几项,有时为了求得平衡,甚至不得不牺牲其他几项。当一方当事人聘有律师,另一方当事人自行诉讼时,如何在审理中求得平衡,就尤其具有挑战性了。一方面,法官要尽可能地防止使无人代理方处于不公的劣势;另一方面,法官还必须谨慎地保持公正。

法官有义务谦恭耐心地对待所有出庭人员,但这并不意味着法官可以此为借口推托另一同等重要的责任,那就是在处理司法事务时要果断和快捷。最终检验法官是否成功地将这些内容结合进了庭审操作,不仅要求该操作是公正的,而且要求它采用的方式,在人们看来也是公正的。[1]

总的来说,法官应履行所有合理分派的司法职责,在无其他司法职责缠身的情况下,履行职责应及时,并且应在合理的前提下,随时准备履行所有分派的职责。

妥善准备判决书往往是一件困难并费时的工作。但是,法官应在考虑到事情紧急程度和其他特殊情况后,尽可能合理迅速地制作出判决和理由。所谓特殊情况可以包括疾病、案件的高难度,非同寻常的工作量压力或其他因素。1985年,加拿大司法理事会按照它的观点决定,预定判决书应在听审后6个月内作出,除非有特殊情况。[2]

诚然,法官们常常需要就可信度作判断,并基于其他人的行为恰当与否来作出裁决。然而,法官应避免对未出庭的人作评价,除非这样做是恰当处理案件的必要步骤。例如,在判决书中应避免出

---

[1] 参见 Brouillard 诉女王案(1985年),载《最高法院案例报告》第39页,参见 J. Lamer 法官(那时他还不是首席大法官)在第48页的意见:"……为了实现公正,法官可以而且必须有所作为,但必须<u>以人们看得见的方式实现公正</u>"(原文所做加重)。该法院就这一问题亦曾用赞同的口吻引用了 G. Fauteux 在《法官手册》(Le livre du magistrat)1980年版中的论述。

[2] 参见1985年9月加拿大司法理事会决议;法院立法和规则可以规定制作判决书的期限,例如《魁北克民法典》第465条;反映到加拿大司法理事会的指控中,有相当数量是基于对法官无能力及时发放判决书的投诉。见加拿大司法理事会:《1992—1993年年报》,第14页。

现不相关或不必要的对某人行为或动机的评价。①

（2）行政和其他法庭外的职责。现在，司法职责包括行政和其他法庭外的活动，例如法官们对案件管理和庭前会议以及法院内的各种委员会负有重要的责任。这些均为司法职责，法官们都应勤勉地履行。

（3）对司法行政总体的贡献。法官是独一无二的可以对司法行政作出多种贡献的人。在时间允许和在司法机关设置的限制范围内，通过参加律师和法官的继续法律教育项目，使法律和法律程序更好地为公众所理解和接触的活动等，法官可以对司法行政作出贡献。

就一名律师的行为，法官是否应当以及在什么情况下应当向其行业管理部门报告，或促成该类报告，是一个微妙的问题。采取这类行动后，再遇到有该律师参与的案件时，法官审理案件的能力会受到影响，因为法官对于该律师的行为的观点，可能会导致人们产生一种担心，认为法官会对该律师及其客户怀有成见。反过来说，法官是从一个特殊的位置观察律师在庭上的行为的。撇开任何藐视法庭的问题不谈，总的来说，如果有明白可靠的证据表明律师有严重的不当行为或重大的不适任表现，法官应当采取或促成采取适当的行动加以纠正。法官将不得不仔细衡量是否司法利益要求法官直到程序终结时才可以采取行动，或者是否有特殊情况要求，即使法官继续主持庭审，也需更早采取行动。

（4）讲课或写作。在加拿大《司法行为评论》起草过程中向法官发出的问卷中有这样的问题：法官可以在法学院或其他地方做讲课吗？法官写作法律书籍合适吗？法官可以为此收费或接受封衔吗？

绝大多数对问卷的答复都认为法官可以在法学院讲课或写作法律书籍，只要这些活动不影响司法职责。许多人以为收费是不宜的，或即使收了也应捐给慈善机构。至于能否因写作而接受封衔，

---

① See Commentaries on Judicial Conduct (1991) at 82-83; S. Shetreet, Judges on Trial, (1976) at 294-295.

第二节 加拿大法官承担司法责任的事由

答复中同意与否定的各占一半。

几份富有思考性的答卷表达了少数人的意见,认为法官不该从事上述两种活动,原因在于这潜在地违反了《法官法》第55条的规定。其他反对法官从事上述两种活动的人担心法官在讲课中或书籍中就某些问题所表述的法律意见可能会在这些问题真的诉诸法庭时给人造成先判的印象。然而有一份答案讲了一名加拿大法官的故事,这名法官是一本广为使用的法律教科书的作者,他对律师说:"别在辩论中向我引用我曾经写过的东西,我是有名的思想多变者。"

反对法官写作、讲课的答案可摘录如下:

"当我被任命为法官时,我……决定停止我所写作书籍的出版,我这样做是因为在那本书里我已对案例作出批判性评论……我的选择是要么使自己陷于尴尬,要么写一本无用的书。我知道别人已经选择了与我不同的方向。"

"我能看出一名法官成为成功的作者并因此挣许多钱、花更多的时间在上面的潜能,但这不是《法官法》所规定的。"

"我认为法官最好是别在法学院讲课(包括写法律书籍)……他们在讲课、写作时可能会对今后他们将要审理的案件中所涉及的问题发表意见。我认为一名法官可以成为非法律问题的专家并就此题目发表演讲。但我认为法官不能为这类工作而收费。"

"法官对可能将会由他审理的法律问题的观点不应在书籍中出版,而只能在适当时间以判决的形式发表。"

"写作书籍是法律写作者和学术界的事。有些作者以为他们对困扰人的问题有确切的答案,他们的意见在法庭辩证中被引用。法官本来对这些援引意见有接受或不接受的自由,但当被援引的观点是法官自己在任期内写作的书籍中发表的,是拒绝还是接受援引就变得有些困难。即使拒绝接受该援引并不困难,但至少那会造成某些潜在的尴尬。"

法官就法律问题写作和讲课在英国和加拿大都有很长的历史。法官的名字出现在许多上述两个国家的标准法学书籍中。Shetreet教授举了许多法官被任命后从事写作或编辑法学著作并因此而接受封衔的例子，他说："法官不能在大学或其他教育机构为获得薪金而定期教学，但在不影响法官职能发挥的前提下，他可以无偿在大学定期教学。"① 美国律师协会在《司法行为准则》中明确规定允许法官就法律问题讲课、写作并因此收费。

《法官手册》一书也对此问题有所论述："我们认为法官在业余时间就法律问题教学或写作既不要求他履行司法职责，也不是履行任务，因此他并没有从事其他职业或经商，他只是通过增加别人的知识而又将自己就所讲、所写的题目方面的知识扩展给大众的方式来完成法官的传统角色。"

法官不时就法律问题做些书面或口头的阐述并不是《法官法》所禁止的商业活动，而是与法官职业相伴而生的活动。从事这些活动的法官不胜枚举，在英国，有布莱克顿、福泰思库、萨阁顿、海萨姆勋爵、戴伍林勋爵、丹宁勋爵、梅格瑞；在加拿大，有加拿大最高法院的米格诺特法官、如赛尔法官、克莱门特法官，还有两位魁北克省法院前首席大法官富兰克斯·朗格莱尔和乔治·查理斯。一个法官利用法律赋予他的业余时间去从事写作、讲座而不是打高尔夫、打桥牌，这当然没有违反《法官法》第55条。唯一的限制是法官不能因从事这些活动而影响了他的法官工作。

《法官法》第55条没有提及报酬问题，我们从前面已经谈到的可得出结论：法官可以因他业余时间就法律问题的写作而获得报酬。至于对法学院学生或其他人做演讲是否收取报酬的问题，我们的建议是最好只收取必要费用而不收取报酬。

在加拿大法官中，讲授法律、出版法律书籍、发表法律文章人数众多。加拿大法官经常为出版于加拿大、法国还有其他地方的法学杂志和法律评论等写作文章，他们也参加许多法律研讨会和演讲会……我们很难说法官是在从事《法官法》第55条意义上的职业或商业活动，只要他们没有忽略他们的司法职责，他们将业余时间贡献给他人的学习……他们自己的知识也在教学、写作和对公众的演讲过程中得到检验。

---

① S. Shetreet, Judges on Trial, (1976).

加拿大司法理事会调研委员会在 1987 年曾向委员会提交了法官是否应该就现今的实体法问题写教科书的报告。司法理事会的结论是："至少在目前的状况下，司法理事会不应制定规则去限制法官写作法律书籍或就法律问题发表意见或演讲。"

四、没有实现平等

（一）对平等的要求

法官审判案件及从事一切活动时，应确保实现法律规定之平等，具体准则有 4 条：

（1）法官在履行其职责过程中，应对所有人（例如当事人、证人、法院职员及其他法官）一视同仁，不得有任何歧视。

（2）法官应努力认识到并充分理解由于性别、种族、宗教信仰、文化、民族、性别倾向或残疾等因素而产生的差别。

（3）如果法官了解某组织正在从事与法律相违背的带有歧视内容的活动，无论这种歧视表现为何种形式，法官都应避免参加该类组织。

（4）在审理案件的过程中，如遇有法院工作人员、律师或者法官管理的其他人员是种族主义者、主张性别歧视者或从事法律禁止的其他歧视的，法官应避免自己听取来自他们的不相关联的评论。

（二）评注

宪法和许多成文法律都崇尚法律面前人人平等，法律对人们实施平等的保护，法律赋予人们平等的权利。与其说这是待遇的平等，不如说是"……对人类的平等价值和尊严"的维护和"一种纠正和防止社会政治和法律地位低下的社会集团遭受歧视"的措施。[①] 并且，加拿大法律认为，歧视不仅关系主观意识，而且表现

[①] Eldridge v. British Columbia (Attorney General), [1997] 3 S. C. R. 624 per La Forest, J. for the Court at 667.

为一定的客观效果。① 撇开宪法和成文法的明文规定，公平和平等长久以来早已被视为司法的一个主要特征。由于个案的情况和具体要求不同，所以有时用个案远不能圆满地阐明平等原则，但是，法律有力的社会承诺，将法律制约下的对平等的关注置于司法的核心。

法律制约下的平等不仅是司法的根本所在，而且与司法公正有密切的联系。如果一名法官在工作中对问题的处理带有成见，即使他得出了某项正确的结论，实际上或理论上，他的结论也是以牺牲法官应有的公正为代价的。

对于那些基于成见、虚构或偏见的态度，法官不应受其影响，并且应时时注意认清并对其保持警觉，努力加以纠正。

法官的行为应谨慎，以此来维护理性、公平和了解实际情况的公众对法官公正的信心。法官应避免作出任何可能被合理地诠释为漠视或不尊重某人的评论、言辞、动作或行为。这方面的例子包括，基于种族、文化、性别或其他成见的无关评论以及表明出庭人员将不能得到同等对待和尊重的行为。

不当行为的作出，可能是由于法官对文化、种族或其他传统不熟悉的原因，也或者是由于法官根本没能意识到该类行为会对其他人造成感情伤害，因而，法官应有意识地通过适当的途径，使自己对不断变化的社会态度和价值观念有所了解，并有效利用合适的教育培训机会（我们应尽量提供该类合理可能的机会），协助他们实现表面上和事实上的公正。然而，要做到这些，还必须考虑到，这些举措必须要加强而不是弱化法官理想中的公平。对于有独立和公正需求的法官来说，并不是所有形式的教育都是适合他们的。值得注意的是，对该问题的夸大或无根据的担忧，并不会有损对良好判断的促进活动。

准则4针对的是坐庭法官对明显无关案情的言辞加以评论的情况，这些言辞可能是有性别或种族主义倾向的，也可能是其他在法

---

① Eldridge v. British Columbia (Attorney General), [1997] 3 S. C. R. 624 per La Forest, J. for the Court at 670-671.

官面前进行的同类的不恰当行为。但这并不是不加区别地限制所有的合理主张。例如，当性别、种族或其他同类事项被恰当地当庭出示的情况下，事情就应另当别论了。这点是与法官的职责一致的，法官不仅要公平地听取各方的意见，而且，在必要时，要有力地控制好庭审的进程，要果断恰当地维持好法庭内尊严、平等和秩序井然的氛围。准则4并非完美，况且，它的适用有时对法官来说是令人恐惧的挑战，其对抗制为当事人和他们的律师提供了更多胜算的可能，而就证据的出示来看，对其相关性和重要性则可能难以准确地作出评判。法官应竭尽所能地使两者达到平衡。如果事后经过深入思考再回过头来看问题，可能对处理方式有不同的认识，但该事实本身并不能说明法官在程序进行中对不当行为疏于处理。

五、不公正

（一）对公正的要求

加拿大《法官职业道德准则》在"公正"这一标题下所用的笔墨最多。首先，《法官职业道德准则》对法官公正提出了一般要求，即法官所作判决和审判案件的过程必须是公正的，而且应当表现出是公正的。对于公正要求应从以下三个方面理解：（1）法官应当确保其法院内的行为和法院外的行为能够促进公众对法官及司法部门公正司法的信心。（2）法官应尽可能合理地处理其个人事务和商业事务，从而把自己被要求回避的机会降低到最低限度。（3）所谓"表现出是公正的"，是指为公允、明达之人所承认的公正。之后，《法官职业道德准则》又从司法仪态、民间活动和慈善活动、政治活动、利益冲突四个方面规定了法官的职业道德准则。

1. 司法仪态

法官除应做到刚正不阿、坚决果断并严格控制程序进行，确保审判效率外，还应当礼貌地对待法庭上的所有人。

2. 民间活动与慈善活动

法官可自由参加民间活动、慈善活动和宗教活动，但应考虑如下因素：（1）法官应避免参加可能影响司法公正或干预履行司法职责的任何活动或集会。（2）法官不应向其他人募集资金，也不得允许他人借助自己司法职位之声誉募集资金，但向司法同僚或为了司法目的募集资金的除外。（3）法官应避免介入任何可能引起诉讼的事件或可能成为诉讼当事人组织的事务。（4）法官不得提供法律咨询或投资咨询。

3. 政治活动

（1）在一个公允、明达的人看来，如果作为某组织的成员或参加对某些问题的公开讨论可能影响人们对法官处理即将成讼的案件的公正性的信任，那么该法官应当避免成为该组织的成员或参加公开讨论。

（2）在被任命为法官后，该法官应停止参加所有党派的政治活动。在一个公允、明达的人看来，如果实施某种行为会产生该法官正在参加政治活动的怀疑，那么该法官则不得从事这种行为。

（3）法官不得从事下列活动：

①成为某政党的成员，或募集政治资金；

②参加政治集会和募集政治资金的活动；

③为某政党或竞选运动捐款；

④公开参加政治辩论，但所讨论的事项直接影响到法院的运行、司法独立或司法的根本问题的除外；

⑤在旨在影响政治决定的请愿书上签名。

（4）尽管法官的家庭成员有积极参加政治活动的权利，但法官应当认识到其近亲属所参加的这些活动可能影响公众对法官公正审理案件的信任度。如果公众对法院审理的任何案件有产生上述危险的合理怀疑，该法官则不应当审理该案。

4. 利益冲突

（1）如果法官认为自己无法公正审理某一案件时，该法官则应当自行回避。

（2）如果法官感觉到一个公允、明达之人会怀疑法官个人利益（包括法官的近亲属、好朋友或同事的利益）与法官的职责相冲突，该法官则应当自行回避。

（3）在下列情况下要求法官回避是不适当的：

①可能引起利益冲突的事情微不足道或者难构成回避的理由；

②无法组成其他法庭审理此案,或因紧急情况,如不及时审理将导致正义不彰。

(二) 评论

最迟从约翰·洛克生活的 17 世纪开始,由公正独立的法官实施司法职责的观念,就已经被认为是社会构成的重要部分了。① 公正是法官必备的品质,也是法官群体的核心属性。本节对公正的要求不影响与回避制度有关的法律。

司法公正和独立是两个完全不同的概念,也是两个密切关系的概念。首席大法官 Lamer 在 R. v. Lippé 在案中说:"保障司法独立的总体目标是确保对于公正的合理感知,司法独立只是实现这一'目标'的一个'手段'。如果没有司法'独立'作保障,人们也可以认为法官是'公正'的,那么,'独立'的要求根本就没有必要了。然而,在公众对公正的感知中,司法独立是很关键的。独立是基石,是司法公正的先决条件。"②

公正不仅与感知有关,更与实际上没有偏见和前见有着根本的关联。公正的这一双重表现,经常被反复地用一句话概括,正义不仅应该实现,而且要以人们看得见的方式实现。J. Grandpre 法官在 Committee for Justice and Liberty v. National Energy Board 案③中指出,检验公正的标准是"一名了解案情的人,在客观而实际地看待问题并对问题进行了全面考虑的情况下"是否会认为裁判者缺乏公正。对是否存在合理的偏见,将从理性、公允并了解具体个案情况的人的视角进行评价。

"真正的公正并不要求法官没有任何的同情心或观点;真正的公正要求面对任何不同观点,法官都应该以开放的心态考虑是否接

---

① Peter H. Russell, The Judiciary in Canada: The Third Branch of Government (1987).

② . [1991] 2 S. C. R. 114 at 139.

③ [1978] 1 S. C. R. 369, Most Recently Endorsed in R. D. S. v. The Queen, [1997] 3 S. C. R. 484 per Cory, J. at 530 and per L'Heureux-Dubé and Mc Lachlin, JJ. at 502.

受采纳。"① 法官的根本责任就是，努力做到并向人们展示尽可能的公正。这并不是要达到完美，而是强调公正责任的根本属性，尽量去减少任何关于偏见的合理担忧。对法官缺乏公正产生合理的存疑，对法官和整个司法以及司法的管理都是一种损害。因而，法官应避免法庭内外有任何草率的言行，以免引起不必要的关于有失公正的想象。② 大到社团或事务上的利益，小到简单的言辞，也许在法官看来仅是"无害的玩笑"，都可能有损人们想象中法官应有的公正。③

诉讼当事人的期望值可能很高。当判决对他们不利时，有些当事人会不假思索地得出结论，认为法官对他们持有偏见。因而，法官应尽一切努力避免或减少使当事人有合理依据产生这一想象。从另一角度说，法官有义务公平地、不偏不倚地对待所有当事方；如果理性、无偏见并且了解具体个案情况的人认为法官不存在所谓的偏见，那么认为法官存在偏见的当事人无权因其想象而享受不同于他人的或特殊的对待。再者，如下文将论述，法官亦有义务确保程序有序、高效地进行。这就要求法官以适当的力度推进庭审。

下面将分别就司法仪态、民间活动和慈善活动、政治活动、利益冲突等方面对公正要求展开评论。

1. 司法仪态

《司法行为评论》中写到，一个好法官的优秀品质首先体现在礼貌谦恭地对待法庭上的所有人——法院的工作人员、诉讼当事人、证人和律师。法官往往会非常关心他们工作的结果（即判决），但却不太重视产生结果的过程（即审判）。法官通常因一时冲动而说出欠考虑或不严肃的话可能会破坏本来非常专业的程序。或者法官可能会犯许多经验丰富的律师认为是法官最大的、最积重

---

① In R. D. S. v. The Queen, supra, note 26, at 504, L'Heureux-Dubé and Mc Lachlin, JJ. (Gonthier and La Forest, JJ., Concurring) Cited This Passage from Page 12 of Commentaries with Approval.

② American Bar Association, Model Code of Judicial Conduct (1990) (Here After "ABA Model Code"), Commentary to Canon 3B.

③ Canadian Judicial Council Annual Report 1992-93 at 16.

难返的毛病——急躁。不论以往的律师是否对法庭上遭遇的不幸经历保持沉默，我们都毫不怀疑，现在的律师不会像从前那样克制自己；他们可以而且确实会对法官的行为作一番描述。我们已经听到这样一些词语：粗野、辱骂、粗鲁、专横、傲慢、自负，但也会听到另外一些词语：礼貌、耐心、高贵、谦让。

一些法官会在法庭上表现出幽默。毫无疑问，幽默有时候也能缓和紧张、压抑的气氛。但我们也必须补充一句，这是极其罕见的。很少有民事诉讼当事人，而且绝对不会有刑事被告人认为审判是一个可以发掘出很多幽默的场合。他们对法官试图幽默的行为很不满。如果因为法官说俏皮话而一再中断庭审，通常他只能获得表面上谄媚的喝彩。但在我们看来，这无益于增强公众对法官的尊重。

在回顾公众对法官的抱怨时，通常这种抱怨显然是因为法官不加思考脱口而出的草率之言。这些话反映了法官的生活态度、人生观和集体观念。而它们通常与正在审理的案件没有多大关系。当法官想冒险尝试以这种方式来说话时，我们建议他（她）立刻想一想"沉默是金"这句格言。

与此同时，也要避免走向另一个极端，即过度使用压抑性的语言。法庭上所有的人都有些紧张，而且难免言辞过激，但不管是谁失去了控制，这个人也绝不应该是法官。J. O. 威尔逊阁下在《法官手册》一书中说过："榜样仍然是最好的老师。如果法官与辩护人、当事人、证人交谈时态度温和，训练有素，礼貌谦恭，那么他就不太可能走极端。"

G. 佛陶克斯阁下在《法官手册》（法文版）一书中也论述过这方面的问题，他说："即使是不喜欢受礼节的拘束、不讲求排场的法官，在法庭上也必须维护尊严、讲究礼貌，并接纳真丝和貂皮般的锦衣华服。法官应该通过与律师、当事人，同样还有证人交往时态度温和、训练有素、礼貌谦恭的表现来营造一种有助于司法审判的气氛。那些有生以来第一次也许是唯一一次出庭受审的当事人，他们相信法官能够解决其争端，但他们可能因为不熟悉法庭的环境而忧虑不安、手足无措。按照惯例，法官应该尽可能地不让他们感到紧张。审判是一个对抗的过程,是对立双方之间的一场较量。即使对方礼貌客气,对处在这样一种敌对状况中的人来说,一般也很难保持冷静。法官应该率先垂范,无论受到什么刺激,都要保持镇定。"

当事人也应该警惕另一种审判失当的情况。有些法官只是给人这样一种印象,他们有意无意地按照某种可以觉察到的重要性,把案件分级列序。一种是重大案件,受到重视;其他对法官来说不太重要的案件,被当事人认为法官的审理不太用心。法官应该知道,没有什么案件是不重要的。法庭上的所有案件都应该得到同样审慎的关注,唯其如此,我们才能说"法律面前人人平等"。

《法官职业道德准则》在评论中指出,诉讼当事各方以及所有其他的各方,总是近距离地仔细审视着法官的一言一行,准备随时发现他们的任何有失公平的蛛丝马迹。对律师不公的训诫、对当事人和证人的侮辱性和不恰当的言辞、先入为主的表述以及过头的和缺乏耐心的表现行为,都可能损及公正的形象。反过来说,确保程序有序、高效进行且法庭进程不被滥用是法官的义务。要达此目的,恰当的控制力度是必需的,这就要求法官在确保程序有序、高效和避免在理性、无偏见并了解具体个案情况的人的心目中造成有失公正的印象之间,寻求一个恰如其分的平衡点。但凡一个理性、无偏见并了解具体个案情况的人审视法官的某一行为时,都会对有失公正产生合理的怀疑,那么,这种行为就必须避免。这种印象一经产生,它影响的就不仅是出庭的诉讼当事各方,而且还殃及公众对整个司法的信心。

为了给法官更具体的指导,《司法行为评论》对法官在法庭上可能出现的一些行为进行了讨论。

(1) 法官介入询问证人程序。法官在法庭上保持沉默的美德是老生常谈的话题。这个话题从法官每天在审判席上立一块写着"肃静"的告示牌,到弗朗西斯·培根先生所说的"发言过多的法官就好比没有调准音的铙钹"。判例法中充满了那些因法官过多的介入而被命令重新审理的案件。案例中人们几乎总是对那些和其他人一样在冗长棘手的案件中失去耐心或不自觉地承担律师角色的法官表示同情。不过尽管有所同情，上诉法院在查明过失后，仍再三下令重新审判。

我们劝告新任命的法官，不应该履行曾经长期担任过的律师职责，而应该学会沉默。但这样的劝告会让人产生误解，因为有时法官可以也应该介入对证人的询问。假如这个忠告有助于法官把握介入的时间和限度，那么它会比较中肯。

Brouillard v. Queen 一案是加拿大最高法院受理的一个法官干预审判的案例。最高法院下令重审，但当时在任的大法官拉莫尔却在法庭裁决中指出："法官显然无须再像过去那样消极被动，也无须称我为斯芬克斯式的神秘法官。现在，我们不仅承认法官可以介入对抗性的争论，而且还认为为了实现公正，法官干预有时是非常必要的。因此，法官可以、有时也应该向证人提问并打断他们的陈述以及必要时告知其遵守秩序。"

什么是法官应该注意的适当平衡？安大略省上诉法院的凯利大法官审理女王诉 Torbiak and Campbell 一案时这样说道："在定义审判法官的适当行为时，应该考虑两个因素：一方面，法官的职权强大而有威望，这使得他所说的每一句话都特别重要，审判法官的中立地位要求他尽可能把自己控制在自己的职权范围内，而把律师和陪审团成员的职责分别交由各自履行；另一方面，法官的审判职责理所当然地要求他对应该问的和因律师的失误尚未涉及的问题进行提问。因此，这也迫使法官介入其中，询问证人，而法官极有可能原本并未决定作出该询问。"

既然对法官正当行为的限制不是绝对的，那么，对于法官的每一个被说成是违反了公认的法官行为准则，但与特殊审判中应该注意到的事实和环境有关的行为，就应审查其是否影响审判公正。有些背离理想的行为非常严重地损害了审判公正的实现，以至很自然就被要求准许重新审判。然而，在绝大多数情况下，法官的行为不会严重影响到被告依法享有的获得公正审判的权利。

一般来说，尽管因法官的干预已下令重审，但这种干预行为已经使律师无法充分询问证人，无法向陪审团作出辩护（该辩护是他希望陪审团对之作出裁定的）。或者说法官的态度和行为太过分，他甚至向陪审团表示自己关于认为被告有罪和证人可靠性的看法。虽然法官有权力、必要时有责任进行询问，但事实上很显然，对这种权力有一定的限制。当被告转为证人时，这种限制更大。当时在任的拉莫尔大法官在审结案件时说道："尽管为了实现公正，法官可以而且应该介入询问证人的程序，然而他只能在实现公平正义的前提下这么做。这完全是个行为方式问题。"

（2）询问律师。加拿大的传统是，法官与律师之间不论是在初审还是在上诉审的法庭辩论阶段的对话，比审判中其他阶段的对话重要得多。毕竟律师习惯谈论法律，对法律争议展开适当的讨论是很好地解决争端的办法。但在这一点上，法官也可能会在讨论过程中不正当地对待律师。

首先，法官所有的提问和意见应该用来使被提问的律师能够提出有利于自己主张的最好的理由，否则，这样的讨论毫无意义。法官没有责任表明其法律知识的渊博，也没有权利仅仅把一个相反的观点强加给律师，是由律师提出他所主张的理由而不是由法官提出相反的理由。其次，有些法官似乎认为每一次与律师对话都应该以确认他（她）提出的理由无效来结束。然而，这种确认不同于律师应该向当事人履行的职责，无论任何，它们是毫不相干的两回事。只要特殊的论点已经得到充分表达，那么，其他一切都毫无必要。

有些法官似乎专爱劝告或谴责律师。根据我们的经验，仅在极为罕见的情况下，这种谴责才是恰当的。法官对律师的不利评论即使在法庭上被所有受过法律专业训练的人看来并不重要，也比法官对法庭上的外行人（包括当事人和新闻界人士）所作的不利评论重要得多。此外，对提出理由的方法予以批评的，必然是不完全了解案情的法官。律师比法官更了解将在法庭上陈述的案情。法官可以作出证据不足的推论，但法官因证据不足而批评律师的做法通常是危险的。

司法理事会的一位成员回忆起做律师的时候曾经被当众斥责，后来，法官意识到这种谴责是不当的，于是客气地向他赔礼道歉。然而，斥责是当众的，收回斥责却是私下的，这种做法使绅士般的致歉多少有些黯然失色。如果犯错误是当众的，那么纠正错误也应该是当众的。

（3）对诉讼参加人的不利评论。法官的职责通常要求法官对当庭案件的当事人或证人的可靠性及其过去的行为进行审慎的调查。这类调查的结果是审判程序中一个不幸的，但又是必不可少的组成部分。不过法官常常被诱导超越该职责的界限，而对审判中没有以证人或当事人身份出庭的其他人提出批评。例如，在认定或判决被告有罪时，法官可能会批评一个父（母）亲、雇主或被告的同谋，虽然受批评者并未出庭受审。根据我们的经验，法官被诱导提出这样的批评是法官的失职，应该抵制这种诱惑。

当批评一个并未出庭受审的人时，法官应该停下来想一想，因为这样批评一个人如同给一个未经审判的人定罪。法官要注意给予被告以审判程序所提供的所有保护。而法官有时仍然会在发表批评前后，都没给被告任何辩护机会的情况下，就提出批评。开口前停顿片刻常常是明智之举，否则它将暴露出批评的不公平所在。

（4）批评陪审团的裁决。在《司法行为评论》起草过程中，发出的调查问卷还提及美国关于法官批评陪审团裁决"严重违反"了法官职业道德的决定，并就此征询被调查人的观点。人们对大部分提问的看法并不一致。绝大部分人认为，做任何批评都是错误的，但在极其特殊的情况下，法官提出了有说服力的理由则另当别论。

有些回答指出，陪审团对刑事案件的裁决仅限于"有罪"或"无罪"。而且依照法律，陪审员不得谈论他们评议案件的过程。因此，陪审员无法对裁决作出辩解，也无法对批评作自我辩护。

对这种观点持反对意见的人则强调，陪审团的裁决应该和法官的判决一样受到批评。这种被批评的可能性不会因为陪审团和法官一样无法驳复而减小。在有些情况下，为公平对待当事人，如果陪审团的裁决有悖理之嫌，如出现种族歧视或有其他偏见，就需要对该裁决予以谴责。

许多被告人指出，批评与否并不是职业道德问题，它很大程度上取决于审判的特定情况。他们还指出，在陪审团作出裁决后，法官的评论可以不仅限于称赞。如果这么做是合乎情理的，那么在另一种情况下，任何时候法官没有按惯例对裁决给予赞扬而是提出批评，这也应该是天经地义的。

总之，这些调查问卷的答案表明，大多数加拿大法官都不愿意评论陪审团裁决，或者仅在审理最受人们关注的案件中才偶尔为之。

（5）为判决辩护。法官总是试图在判决作出后对它加以辩解或解释。判决会成为公开出版物的评论主题或者被学术期刊评论。加拿大上诉法院或最高法院可以撤销判决。一个判决在写的时候是清楚明了的，但经过进一步的思考后，似乎就变得模棱两可了。对这种情况，法官可以再作说明吗？

加拿大和英国长期以来的传统是，法官对案件只能作一次说明，而且是对判决理由作说明，此后法官不能对判决进行解释、辩护、评论，甚至不能澄清批评者觉得含糊其辞的疑点。当然，判决不是也不应该是不受评论的。判决一经作出，法官就可以预料到它将受到法律界、学术界的监督且公众将为之展开激烈的论辩。然而惯例以及某些先例表明，法官不能以任何方式对此进行驳复。Shetreet 教授说："法官不能公开评论在其法院审理的个案。"

加拿大司法理事会的调查委员会在关于新斯科舍省检察长要求对新斯科舍省某些法官的行为进行调查的报告中指出，判决一经作出，就处在律师、学者、公众和新闻界人士的监督之下，在无法驳复的情况下，法官应该接受这种批评。他们只能说明判决理由，此后绝不能解释判决。

人们已经要求缓和传统的限制态度。人们都说法官的一项积极的职责就是澄清疑虑，毕竟模棱两可的疑点源于法官，它可能是由判决中解释不当或没有解释的要点造成的。如果仔细斟酌措辞能够解决这一难题，为什么还要犹豫呢？

调查委员会再次做了保留。我们遇到了许多问题，如果纠正错误的法官就是上诉法官，那么首先的问题是，其他的陪审团或法庭成员是否赞同对疑点的澄清，但这可能又会有更含糊其辞的疑点。如果"澄清疑虑"成了习惯，那么所有当事人都要记住，最终的定论将是个难以捉摸的东西。他们要记住，任何案件的判决理由都不一定是法庭上所宣布的。此后，如果律师没有再提供新的情况，在记者招待会或学术研讨会上，法官可能会不时地额外增添判决理由。那些尝试了解法律的旁观者，不论是为了给当事人提供建议还是只为了自己接受一下法律知识的熏陶，都要记住，他们将不能信赖被报道的判决。无疑，他们必须密切注视法官。当有迹象表明人们迫切要求进一步解释过去的判决理由时，精明的律师会和一个懂速记的记者参加法官出席的所有公众活动。

（6）性别中立。对许多法官而言（男法官和女法官），这些只有经过刻意的改革才会有所转变的文化观念是司法工作的根本前提。从法官过分保护的行为和其他暗示着女律师不能像男律师那样办好案件的行为可以看出，许多在法庭上用以称呼律师或证人的词以及法官有意无意间流露出的态度都表明了法官对女律师以施惠者自居的优越感。称呼一个既有男律师又有女律师的律师团为"先生们"显然是荒唐可笑的，女律师当然不应该被忽略。不论是说出来还是暗示一个案件不适合女律师出庭，都同样荒谬。

有些法官使用特定的针对或关于女律师的词，而从不把这些词的对应词用于男律师。除了很年轻的女性，妇女对被使用"女孩"这个词很不满，毕竟只会在非常有限的情况下才会称中年男子为"男孩"，"年轻小姐"也是同样的含义，除非法官通常也称男律师为"年轻先生"，但我们不知道谁会这样称呼。

像女士、小姐、夫人这样称呼女律师的称谓有时是个麻烦。在一次法官研讨会上，有人建议法官在案件开始审理时问一问女律师更喜欢别人怎样称呼她。我们不赞同这种做法，我们宁愿选择不列颠哥伦比亚省首席大法官麦克伊臣提倡的解决办法。在同许多人面谈过有关性别的问题之后，他对这些称谓评论道："女律师认为审判或听证过程被这样的不相干的事情打断，是非常令人讨厌的。对她们来说，这意味着法官没有专心听取她们辩论。"

确立一个称呼所有女律师为"女士"的惯例的时机已经到来了，如果她们没有明确要求别的称谓的话。温哥华一位著名的法官的做法是"当你不能肯定的时候，就含含糊糊地嘟哝过去"，这种做法比引起一场对不便之事甚或是令人尴尬之事的争论更为可取。

2. 民间活动与慈善活动

法官是被任命来服务公众的。被任命的人当中，许多人仍然并且希望能够以除此之外的其他形式继续为公众服务。这对社会和法官本身都是一件好事，但是，这样做也担着一定的风险。基于此原因，对司法任命给法官的社会活动带来的限制，有必要进行一番说明。

法官代表社会掌管法律，因而不必要地孤立于社会，不利于产生睿智和公正的判决。尊敬的首席大法官 Gerald Fauteux 在法文版《法官手册》（*Le livre du magistrat*）中，对此问题作了一语中的的论述（原文为英文译文）："（没有意图）要将法官群体置于象牙塔内，要求他们切断与服务社会的组织间的所有联系。法官是社会组成的重要部分，我们不希望法官们都生活在社会的边缘。实施司法权的要求恰恰相反。这样做有违有效实施司法权的宗旨。"①

对于法官在参加民间活动和慈善活动时，应以什么为准确界限，法官们以及外界都有不同看法。既然问题涉及各种观点的平衡，那么，出现这样的局面并不奇怪。一方面是法官积极投身其他形式的公益事业，对社会和法官群体本身是有益的活动，这须以具体的社会期望和社会环境来衡量。反过来说，在某些情况下，法官的介入可能有损公众对于公正的理解，或者可能导致相当数量的不理解。情况果真如此的话，法官们应避免参加该类活动。

尽管加拿大不可能全盘采纳约束美国联邦任命的法官的《美国法官行为准则》，但该准则在"民间活动与慈善活动"标题下的规定却提供了一个可供参考的起点："法官在不贬损司法公正形象、不妨碍履行其司法职责的前提下，可以参与民间及慈善活动。法官可以在教育、宗教、慈善、互助或对其成员不产生经济、政治效益的民间组织内任官员、董事、受托人或非法律顾问等职。但受以下限制：①如果该组织可能涉诉而该诉讼通常由该

---

① G. Fauteux, Le livre du magistrat (1980) at 17.

法官审理或者该组织经常会出庭涉诉的，则法官不应该在该组织任职；②法官不应为任何教育、宗教、慈善、互助或民间组织筹募资金，也不得利用或准许使用法官的威望达到这一目的，但是，法官之名可作为官员、董事或受托人，列于该组织的名单上。如果招募活动会被合理地视为强迫性的或实质上是一种募捐机制的话，法官不应以个人身份参与招募活动。③法官不应向这样的组织提供投资建议，但可以在该组织出任董事或受托人，即使董事会有批准投资的职权。"

上述规定都是为了试图保持参与社会活动和维持司法公正之间合理的平衡，尽管在原则中，并未对它们加以特别采纳，却也可以提供一些有用的指导。为了给法官提供更具体的指导，加拿大《法官职业道德准则》在"评论"中对法官参与民间活动与慈善活动的几个具体问题进行了分析。

（1）法官能否参与募集资金的活动？1980年《法官手册》是这样描述法官募集行为的，"无论因为什么使你产生占有某件东西的欲望，你都应该避免这种金钱的诱惑。作为法官只要身在其位，就不应该接受任何人、任何机构的礼物"①。

在1991年《司法行为评论》的写作过程中，曾向法官们发出了一份调查问卷，参与调查的绝大多数法官都赞同法官不应参加征集资金的活动，即使是向少数人进行征集活动，并且认为法官的名字也不应在这种活动中出现。但一些法官认为对限制法官参加的筹款活动应当例外。一位法官认为如果写信给同一法院的法官表示其关注某项慈善活动，但却不亲自参加实际筹款活动，这种行为应该被允许。但是有3位法官提出，他们反对法官筹款的原因恰恰是反感这种把其他法官作为筹款对象的行为。

一位法官著文阐述了他认为法官不能参加集资活动的3点理由：①这种集资活动实际上改变了募捐活动的初衷；②它使律师通过捐助而获得一种与法官间"擦边球"的关系；③公众可以通过某些机构的政治和社会观点来判定法官的观点立场。慈善行为有时

---

① See J. O. Wilson, A Book for Judges (1980) at 9.

被人看成是乐善好施之行为，而有些人则认为是对某些好利之徒的支持与帮助。

是不是与法官有接触的这些人都试图投其所好并努力和法官形成一种"擦边球"的关系呢？至少在加拿大有过这种情况发生。有一个非常有名的由法官和律师组成的国际组织，它在加拿大的成员遇到了一些财政困难，后来一位著名的加拿大法官给每位会员以个人名义发了一封信，问题就得以解决了。这个组织由此马上经营得非常顺利。也许这个例子足以说明了法官利用他们的声望情不自禁地创造价值的理由，即使社会公众对这种情不自禁不能理解：通常人们认为法官不应该利用自身地位劝说他人支持法官自己的慈善行为或机构。

一位被调查的法官指出"法律圈以外的人不明白为什么法官不能参与这些集资活动"，甚至一些法官也有此同感。一些被调查的法官就拒绝回答调查表中提出的那些具体问题，如当其他法官试图"打这种擦边球"时，法官是否应该予以回避。有2名法官认为，如果法官不是直接参与某项集资活动，而是作为某项活动的荣誉主席，这是应该被允许的。有一名法官认为法官可以参与面向整个社会的某项普通的集资活动，但是不该以个人名义参加某一筹款活动。

《司法行为评论》一书中写道，当一名法官直接参与资金募集活动时，就可能对律师和诉讼当事方构成一种引诱，诱使他们试图通过募捐行为来巴结法官。更有甚者，这种募集活动，等同了法官和该组织的目标、宗旨。

与此相关的一个问题是，法官的名字是否能出现在捐赠者人名单中呢？2/3的法官认为不应该署名，其余的人则认为无所谓。其中有2名法官这样认为，"这为其他人树立了一个学习的好榜样"，并且"如果这些社会机构是真的为社会做事的话，法官就应该表现他参与社会事务的一面"。持反对意见的人则认为法官署名其实就是利用法官的地位在集资活动中给别人施加压力，迫使他人效仿，"法官的这种威望与影响力应该在法庭上使用和发挥，并且只能在法庭上使用和发挥"①。

1998年《法官职业道德准则》指出，总的来说，法官不得应允司法职责的声誉被用作协助某具体事由募集资金。该原则表明，法官（除非应司法同仁之请）不得私自募集资金或者将其名望出借给财经活动使用。

（2）法官能否成为民间机构或慈善机构的成员？1980年《法官手册》谈到了这个问题时这样写道，一大批社会服务机构拥有令人崇敬的社会目标，不能将他们简单地划分，特别是涉及教育、慈善活动、文化、艺术、科学、宗教及历史、社会工作以及生态环境等方面的组织。一般的原则是，对法官来说参加这些机构的活动并不是那么令人生厌，而实际上法官们都乐而为之。但是法官要小心并要远离那些为某种目的而巴结法官的人，也要避免身陷社会矛盾与争讼之中。②

1991年《司法行为评论》的编者在写作过程中向法官们发出的一份调查问卷中提到了法官能否为某个福利或公共机构服务或工作的问题。问题是这样的：法官是否应该为医院或大学，再或者为教会、交响乐团或剧院工作？影响法官作出这方面决定的因素有哪些？

在回答这个问题时，被调查法官的回答五花八门。对上述所列的机构，同意为其工作的占几乎一半。现摘录一些他们的回复："为什么法官不能为其他机构工作？其实没有什么理由好讲……我个人认为法官应该多参加一些非营利机构的活动，这样可以表明他们和这个社会有着某种联系。""我觉得法官能为其他机构做事是一件好事……法官能在审理案件之外，融入这个社会并为社会做事，他会觉得很高兴。""我觉得没有任何理由不允许法官为社会机构做事……"

认为法官不该为这些机构工作的回复有："我认为法官不应该

---

① See Commentaries on Judicial Conduct (1991) (Here after "Commentaries") at 18-19.

② See J. O. Wilson, A Book for Judges (1980) at 25-26.

服务于任何一个上面提到的机构。如果法官的作用只是一种仪式上的，只是为了迎合某种公共关系，那么法官不必以其名誉来维护这种法官的职能。如果法官作出裁判的这种职能放在一个非司法的环境中，那么我觉得法官的这种作用将有被非司法环境所左右的危险。我认为法官的职责就是掌握那些与法律有关的机构，维护司法公正。""法官不能参与这些机构的活动。因为无法保障：①这些机构不是法庭上的当事人；②对机构的管理不遭到责备；③这些机构某一天向社会求助……"

无论对待哪种观点，甚至对持中立观点的一方都非常重要的一点就是，法官要考虑被牵涉到社会矛盾中的可能性以及对涉及机构的影响力。"未雨绸缪"，一位法官这样认为；而另一位法官则认为："即使是参加一些非盈利机构的活动，像教会组织，法官也应该自问一下是不是愿意陷入一个需要你作出决定替换牧师的境地。"不少法官还认为解决人事纠纷问题是众多矛盾中的一个大问题。

法官们普遍认为艺术团体、大学等机构工作是可以接受的。一些法官在调查中举例说明了这一点。例如，在加拿大曾经有过并且现在还在有法官担任着大学名誉校长。很多法官在艺术团体中担任职务，虽然他们一再被告知发生人事纠纷的可能性。有3名被调查的法官不愿意为剧院等机构工作，因为社会上一部分人会认为其品位不高或者不能接受。为教会服务则很乐意为法官们所接受。在一些教堂里，传统上主教也是教区的传法之人。对法官来说，参加医院董事会的工作就显得特别危险了，原因是，医院财政依靠政府支持，同时医院还有大量的人事纠纷、普通诉讼及医疗纠纷。

一位法官提出了这样的观点，他认为是否为社会机构工作要因人而异。一名法官是在他任职后第一次为社会机构做事，和与一名法官在任职前就已经在社会慈善机构中工作了20年，这肯定会有很大区别的。很多法官认为，为大的机构工作要比小的机构工作更容易被接受。小地方的法官觉得他们很难拒绝为公益机构做事的请求，而另一方面大城市中的法官为公益机构做事而由此产生矛盾与纠纷的可能性要大一些。特别是像上面提到的大学、医院、艺术团体等。但是有些法官认为在参加这些活动时法官应尽量避免直接与政府联系,而应通过协助这些机构团体的方式来进行。当然与大的公共机构打交道要比和小的团体机构打交道麻烦少一些。

1998年《法官职业道德准则》则在"评论"中指出,法官可以自由选择成为民间和慈善机构的成员,当然也包括享有宗教信仰的自由。服务于法官的职业或教育要求之外,法官必须谨慎考虑是否要成为某些组织的董事。对一名法官来说,供职于商业机构的董事会是不合适的(并且是被禁止的)。①

对于担当社区、慈善、宗教或教育组织的志愿服务者这样的职位,又该如何看待呢?许多机构是从政府募集和/或接受资助的。除非为募得维持良好的司法行政所需资金,否则法官直接参与向政府募集资金是不合适的。董事会对组织整体的行为负责。组织可能会被卷入与员工或他人的纠纷中,会起诉或遭到起诉,也可能违反政府的各种规章制度或者受到某一公共对立事件的牵连。如果法官作为组织中的成员,任何该类情况出现,都会令法官和他们的同事尴尬,并且当某些争议交由司法裁量时,人们会对法官的公正性产生合理的疑虑。组织中那些董事同僚们,很自然地,在遇到法律事务时会求助并依仗法官。而对于法官来说,出具这样的建议却是不合适的。所以,在作出是否供职的决定前,法官必须根据具体环境,仔细衡量这些可能遇到的风险。

有几名加拿大法官兼职大学校长或教区领袖,还有一些其他人供职于学校、医院或慈善基金组织的董事会。这些参与行为,现在可能会暴露出一些以前不曾表现出来的风险,必须慎重地对待这些风险。大学、教堂、慈善和服务性组织,现在都以各种方式被卷入了诉讼以及公众对立事件中,有些方式哪怕是在不久以前也是闻所未闻的。如果法官供职的组织卷入诉讼或公众对立中,那么法官的位置就很难摆了。

(3) 法官能否参加社交活动? 1998年《法官职业道德准则》并没有对法官能否参加社交活动问题给出指导意见,我们需要参考

---

① Judges Act, R. S. C. 1985, c. J-1, s. 55.

1991年的《司法行为评论》。《司法行为评论》指出，法官有时会对是否接受邀请参加某项具有商业气息的社交活动而感到为难。调查问卷提出了以下问题：有时候，社会上的一些公司邀请法官出席开幕式或参与公司董事会联合举行的晚宴或者其他一些场合，对于这些邀请法官是否应该接受？法官是否该出席律师事务所的开业典礼？是否该接受参加加拿大律师协会每年一届的年会？

几位法官都认为这是一个很难回答且争议较大的问题：我们认为这个问题的核心是关于自由，而不是职业道德问题。它表明公众理解问题的片面性，因为他们一旦看到法官出席这些社交场合，就会认为这代表着法官对他们持肯定态度。

绝大多数法官认为不会接受公司的邀请，至少在调查问卷问题所设定的情形下不会；有些法官认为只有在已有某种联系并确保不会因某个案件与这个公司发生关系的情况下才能出席。对某些法官来说，如果是参加对社会各界都广泛邀请的一个大型社交活动的话，问题就简单多了。而对首席大法官或高级法官来讲，有时也被邀请作为法院代表而出席某些场合，则也将另当别论。

绝大多数法官认为可以参加律师事务所的开张典礼，少数则认为不行，同意者也是因为从前的个人关系才接受这种邀请。只有少数人考虑参加是出于一般的邀请，比如说加拿大律师协会发出的。

下面是调查中部分法官的观点摘录：

"如果被邀请的原因是因为你是法官，那你最好不要出席。"

"如果你一旦答应了去参加一次这种活动，你就等于答应了所有，而我是绝对不能如此的。"

"我不明白怎么能让这种活动影响司法独立呢？"

"我对此不感兴趣，但我绝不与人为伍。"

"这种场合是否与公司或某种商业利益有关？"

"法官不能参加这种由公司邀请的活动，因为他是法官。"

"以平常之心待之。不要钻进象牙塔里。"

"如果认为这是问题的话，那么我们就成了精神病了。"

"在小地方是不是所有的法官和律师都被邀请了呢？我认为法官应该出席但不应表现出特别感兴趣……"

一位法官表示可以去出席律师所的开业典礼,但是要"①不喝酒;②不要伤风化;③对每位到场的人打招呼;④20分钟后离开"。

一些法官表示只要没有客户到场,他们并不在乎出席这种场合。

(4) 法官能否写推荐信? J. B. 托马斯大法官指出这是一个非常棘手的问题,实践中法官们的做法也因人而异,有时令人难以拒绝。比如,对以前你手下的人,如果你拒绝他,那么和其他现在还工作的人相比就有失公平。但是托马斯大法官还是提出了自己的劝告,他说:"法官应谨慎对之。但是的确很难把握哪种帮助是不符合法官的职业道德的。"①

对法官来说,要他们写推荐信恐怕是很难的。在同意写推荐信之前,他们当然想弄清一些问题。其一,法官应避免给人的印象是在用其司法职位的声誉为某个人牟取私利。其二,法官也必须避免给人的印象是,有些人处在特殊的可以影响与法官交好的位置。这两点合起来表明,法官应同意出具推荐信的情况仅限于:第一,法官推荐根据的是对被推荐对象个人的认识,而不是简单地依靠法官的地位;第二,法官对于被推荐人有充分认识时,如果法官拒绝为其写推荐信,无论对被推荐人个人还是对整个选拔程序都是一种不公平。

在1991年《司法行为评论》的写作过程中,编者曾向法官们发出了一份问卷,对问卷作出应答的大多数法官,都赞成法官可以书面的形式对人的品质进行描述。然而,《司法行为评论》也注意到,实践中法官的做法千差万别,亦有相当数量的法官承认不愿意出具这样的证明。② 既然法官们对此有分歧,上段中列出的两部分标准,力求在听取法官观点带来的好处和降低减损法官中立性的风险两者之间达到大家都能接受的平衡。

---

① J. B. Thomas, Judicial Ethics in Australia (2d, 1997) at 61.

② See Commentaries on Judicial Conduct (1991) (Here after "Commentaries") at 33-35.

加拿大联邦司法部规定由各省"司法任命委员会"负责法官任命工作。多数省都规定了由类似的一些组织对法官任命提出建议,这种做法也产生了一些新的问题。多数委员会都对任命法官资格等享有自由建议权,他们可以对法官提出建议。许多委员会规定委员中至少要有一名是法官。如果委员会要求法官就某些问题进行质问,法官是否应该予以回答?如果作出答复的话,法官所涉及的问题能否是尚未公开的?这些新问题都非常重要,因为有些委员会通过制定一些规定在法官任命时作出了类似的要求。

《司法行为评论》写道,法官应该适当地协助这些委员会的工作,以便其能在法官任命之前通过考察提出建议:"法官们通常在律师中寻找合适人选并且形成自己的意见,这对委员会的工作大有帮助。但是如果将法官对某个律师候选人的意见公开化,那么便会影响到法官和律师间的关系。所以我们认为法官陈述对律师的意见不宜公开化。因此,法官可以在严格保密的基础上,适当地向司法任命建议委员会提供协助。美国律师协会的《司法行为示范规范》(1990年)对此的阐述更为通俗:

"尽管法官必须警惕出现对法官声誉的滥用,法官仍可基于个人的认识,出具推荐信或为推荐行为。应选拔机构之请,法官也可以允许其名义被用作选拔参考事项,并就个人推荐事项的询问做必要的回应。这些所谓的选拔机构包括预期的雇主、司法选拔委员会以及法学院招生部门。"[①]

这再次表明,法官写推荐信时应掌握分寸,我们这里建议的两部分标准,总的来说,维持了受司法任命的特殊环境下的各方利益平衡,只是,较之美国律师协会《司法行为示范规范》(1990年)的观点更为严格。

3. 政治活动

本部分涉及的是法官的庭外活动。特别需要强调的是,法官参加的政治活动和一些其他行为,如在群体或组织中的会员身份或者

---

① American Bar Association, Model Code of Judicial Conduct (1990), Commentary to Canon 2B.

第二节 加拿大法官承担司法责任的事由

对公众辩论和评论的参与,在一个理性、无偏见并了解具体个案情况的人看来,可能会影响法官面对争议时作出裁判的公正性。评论家们一致认为:"司法职务的前提条件是绝对不容含糊地停止所有政治活动和政党参与。"① 支持这一规则的有两种想法。事实上的和设想中的公正对司法职责的行使都十分关键。参与政治活动或在庭外就公众冲突的问题发表评论,都会有损人们对法官公正的印象,而且还可能混淆公众对司法和行政、立法部门之间关系的本质的认识。带有政党倾向的行为和言辞,使法官当众选择了加盟论战中的一方。对于另一方,通常法官的观点会遭到不可避免的批评或反击,这时,人们关于法官不公正的印象将会加强,转而影响到司法独立。② 简而言之,法官以其司法职位作为进阶政坛的优越资本,实际是将公众对公正的信任和法官的独立置于了险境。

《法官职业道德准则》关于政治活动的准则有四条,其中第三条明确规定法官不得从事下列活动:①成为某政党的成员,或募集政治资金;②参加政治集会和募集政治资金的活动;③为某政党或竞选运动捐款;④公开参加政治辩论,但所讨论的事项直接影响到法院的运行、司法独立或司法的根本问题的除外;⑤在旨在影响政治决定的请愿书上签名。

其中第①项和第②项是广为接受的法官受命后不得从事的明显的政治活动的例子。法官还应考虑仅仅出席某些公众集会,是否也会合理地被视为继续介入政治的嫌疑,或者对某个可能提交法庭的争议问题,法官的公正性也会受到合理的怀疑。

第③项是关于反对向政党捐赠的意见。这一建议的理论依据是,法官的追求不应等同于政治追求,法官也不应对政治争执持特定立场,当然要以第④项准则为限。新斯科舍省司法理事会曾收到

---

① See Commentaries on Judicial Conduct (1991) (Here after "Commentaries") at 9. 和美国、英国一样,加拿大法官有选举权,行使选举权并不违反职业道德。

② Peter H. Russell, The Judiciary in Canada: The Third Branch of Government (1987) at 87-88.

投诉，指控一名法官向一政党捐款，以解救该党前领袖的财政窘况，这位前领导人是受控法官的朋友兼昔日同窗。这名法官还曾为其近亲属的政治竞选活动捐过款，还有另外3次对同一政党的不明捐赠。新斯科舍省司法理事会对这名法官示以警告，理由是：

"当一名法官资助的对象是如本案中的3个人这样高职位的政治人物时，我们相信，在公众心目中，很难将他们个人与他们效力的政党完全割裂开来……虽然在我们的观念中，赠与金钱不是唯一的参与政治组织的形式，但这种形式也被视为法官不应从事的政治活动。"①

第④项准则是关于避免公开参与冲突性政治辩论的问题。法官接受任命，并不意味着放弃了普通加拿大公民享有的全部言论自由。但是，职务要求法官接受某些限制，以利于维护公众对于法官公正和独立的信心。就如何把握法官参与公共辩论的尺度，有两项必须考虑的内容：首先，法官的参与对减损其公正性是否是一种合理的可能；其次，该种参与是否不必要地将把法官置于政治攻击之下，或者与司法职责的尊严不相适应。无论两种情况中的哪种成立，法官都应避免参与。

第④项准则限制参加政治性辩论是一般原则，但如果问题涉及法院的运作，法官的独立（可以包括法官薪金和福利）、司法行政的基本内容或者法官个人的诚实信用，即使事情名义上属政治冲突，在有限的条件下，法官也可以适当地表达对事情的看法，但是法官也要行为极为谨慎。法官必须牢记，他们的公开评论可能会被视为是整个法官群体的观点的反映；人们很难将某个法官表达的观点视为纯个人观点，而非全体法官的普遍观点。对于公众辩论，通常有替代方式，比如说，首席法官可以通过合适的人选，把某个问题正式提出来，而且，除了在法律和宪法规定的特定职责以及事关法院运作或司法行政时，首席法官的地位与其他法官没有任何区别。与1982年加拿大司法理事会在 Berger

---

① Nova Scotia Judicial Council, Report Concerning the Conduct of His Honour Paul S. Niedermeyer, June 17, 1991.

事件中所作的评论相比，本原则建议的介入范围多少有些扩大。在处理 Berger 案的投诉时，理事会认为，冲突性的政治事件与法院的运作没有直接关系，则法官不应对其说三道四。我们此处的建议是：虑及法官对司法行政特殊的知识和经验以及他们对维护司法独立负有的职责，在适当情况下，允许他们庭外介入政治冲突性事件的范围可以多少放宽一些。如果被要求提供参考性意见，那么，作为对调查委员会负责的法官，可以更自由地就相关问题进行评论。但是，即使在暂时履行这些特殊职责时，法官也要谨记自己的法官身份。

法官可自由参加法律改革或其他不具党团性质、旨在促进法律和司法行政的学术和教育活动，所有的道德原则都不阻止，也不打击参与的积极性。被调派到法律改革委员会工作的法官，在委员会所议事项上，可以极大自由地发挥其观点。美国律师协会的《司法行为示范规范》（1990 年）的评注指出："……作为一名司法官员和法律学识尤其渊博的人，法官处于推动法律、法律制度和司法行政进步独一无二的地位……法官可以参加致力于促进公正司法行政、法官独立和法律职业尊严的活动。"① 但是，法官在参加这些活动时，行为要有度，不能使其看来像在游说政府，也不能看来在向人们暗示，当某类问题提交法庭裁量时，他们将作出某种特定判决。不过，这不妨碍法官就司法独立问题向政府陈述意见，也不妨碍法官通过正当的机制就薪金和福利问题提出意见。对法律进行教学性的探讨或在适当的时机指出法律的漏洞，都是不应受到打击的。例如，在一些特殊情况下，对立法草案的司法评价就是很有裨益的，只要法官不对宪法性问题做非正式的解释或意见就可以了。② 在正常情况下，对于立法提议或其他政府政策问

---

① American Bar Association, Model Code of Judicial Conduct (1990) Commentary to Canon 4B.
② 例如，加拿大司法理事会召集了一个特别小组，审查刑法典新总则部分的提议，还组织资深政府官员和法官，共同就儿童抚养问题的指导方针进行研讨。

题的司法评论，应该与其现实意义或立法起草有关，而应该避免涉及政治冲突问题。总的来说，这种司法评论应作为全体法官集体或单位努力成果的部分，而非某个法官个人的工作成果。

第⑤项准则表明，法官不得签署会影响政治决定的请愿书。请愿书只是举一个例子，有些情况下，法官可能被认为支持某个观点或者在游说试图实现某种改变，哪怕只是一种相当被动的行为。就像新斯科舍省司法理事会对这个问题的阐述，要求法官与所有政治活动完全决裂，意味着"法官不应有影响政客们或政治问题的企图"。① 而这正是请愿书的确切目的。

首席法官有时也可能是负有行政管理职责的其他法官，他们的职责导致他们会与政府官员发生联络和合作，特别是与司法部部长、司法副部长和负责法院供给的官员们，这是必要的，也是正当的，只是这种合作不得具有党派色彩，谈论的内容应仅限于司法和法院的行政，不得涉及具体个案。法官，包括首席法官，应注意不使自己看来像政治领导或行政机关人员的顾问。

4. 利益冲突

法官应妥善筹划私人事务和商业事务，尽量减少对他们的司法职责存在的潜在冲突。即使法官尽到了最大的努力，有时为了在形式上符合司法公正的要求，也难免会碰到需要他们回避的情况。本部分要讨论的是：①利益冲突的构成是什么？②在什么情况下，法官应披露可能构成利益冲突的情况？③在什么情况下，当事方会认可法官无须回避？④在什么情况下，即使有明显的利益冲突存在，也必须由该法官主持审理？上述问题将在下文中逐一论述。

利益冲突的构成要件是什么？Perell 认为："各种利害冲突共同或统一的主题是忠诚和责任的割裂。"② 当法官的个人利益（或他身边的人的利益）与法官公正判案的职责发生冲突时，利益冲突就浮出水面了。司法公正既与事实上的公正有关，又与理性、无

---

① Nova Scotia Judicial Council, Report Concerning the Conduct of His Honour Paul S. Niedermeyer, June 17, 1991, at 12.

② Paul M. Perell, Conflicts of Interest in the Legal Profession (1995) at 5.

第二节 加拿大法官承担司法责任的事由

偏见并了解具体个案情况的人心目中的公正有关。在司法事务中，关于利益冲突的判断标准，必须既包括法官私利和公正司法的职责间实际存在的冲突，又包括理性、无偏见并了解具体个案情况的人合理认为存在冲突的情形。

有大量的书籍和评论纷纷为法官们提供该主题的指导。例如，Wilson 法官在《法官手册》中说道，如果法官与案件审理结果有金钱利益关系，或与诉讼当事人、律师或证人存在近亲属、私人或职业关系，或与法官曾表达过对诉讼当事人一方的偏见，则法官应当回避。① 魁北克省《民事诉讼法典》是加拿大仅有的权威法条，其第234、235条对法官回避作出了明确规定。在此举例其中的几项：法官与一方当事人是堂、表亲范围内的亲属关系，曾代理一方当事人，于案件审理结果有利益关系，等等。②

同这一领域的所有其他问题一样，关注点是合理想象的利害冲突和事实上的利害冲突。总体来说，如果法官与案件的审理结果有财经上或财产上的利益或者以理性、无偏见并了解具体个案情况的人的标准，可能合理地认为法官的行为有失公正，那么法官不得主持审理该案。③ 该一般规则适用于利益本身为问题焦点的情况，也适用于案件处理结果可能严重影响法官、其家人或亲近的同事的利益或财产的情况。但是，法官的利益是与全民共享的情况除外。《法官职业道德准则》在评论部分列举了一些具体情形，以便为法官提供指导。

（1）法官持有银行卡或股票的情形。大法官 G. Fauteux 在《法官手册》（*Le livre du magistrat*）一书中，就投资的问题提出了明智的建议："这需要谨慎和智慧……在被任命以后，法官要重新审查自己的投资，力求在没有损失的情况下尽快卖出它们。法官不能拥有可能到法庭来打官司的公司的股份，或者法官的投资不能同公众争议的对象有联系。法官应避免介入那些在本质上或重要程度上可

---

① J. O. Wilson, A Book for Judges (1980) at 23.
② Code of Civil Procedure, art. 234-235.
③ J. Shaman et al., Judicial Conduct and Ethics (2d, 1995) at 136.

能培植公众对公正审判功能产生不信任感的投机行为。"①

但存在问题的是,当法官持有的股份与公司发行的总股份相比非常少,或诉讼中所争议的数额不会影响到公司股份价值的时候,法官也是不适格的吗?这个问题很难回答。在加拿大《司法行为评论》起草过程中,向法官发放的调查问卷中有这样的问题:"法官持有涉讼当事人一方的债券或证券,即使是很少量的,或法官的配偶、成年子女持有,法官是否应当回避?"

绝大多数答卷认为即使法官持有少量证券也是不适格的。但其中大部分人认为不适格问题不能通过向律师披露、在经同意后法官继续审理的办法解决。这一解决办法稍后详述。多数人认为是法官本人与他或她的配偶持有证券没有什么区别,绝大多数人认为法官的成年子女持有证券不应造成法官的不适格。

少数答卷认为当法官持有股份的数量很少或诉讼不会影响法官持股的价值时判定法官不适格是荒唐的。比如,有法官认为:"这是一个量化问题。令一个仅持有600份加拿大渣打银行股份的法官回避是荒唐的。"

这些答卷中的多数观点与英国普通法相同,加拿大在这个问题上没有直接的权威性规定,长期以来受英国法的影响。《黑尔斯伯瑞的英国法》一书将英国的普通法规则描述如下:"因金钱利益而不适格。任何直接的金钱利益哪怕是很小的,也能使一名法官需要回避。"

经常引用来支持这一规则的案例是狄麦斯诉大禁运河案,虽然该案本身不是关于法官的金钱利益很小时应如何处理的直接的权威规定。该案中首席大法官维持了副首席大法官作出的一项判决。该判决牵涉股票,而副首席大法官持有该公司股票价值几千镑,这在1866年是相当可观的一笔钱。另外,该案的诉讼直接影响到该公司的财政情况,对其股票价值的影响是巨大的。继任的首席大法官还有其他审理该案的法官认为,因为副首席大法官在该公司有利益,他的判决无效。坎普贝尔法官适用了"没人能在自己的案件

---

① G. Fauteux, Le livre du magistrat (1980) at 19-20.

中做自己的裁判者"的规则,他认为:"没人能够设想库特思汉姆法官会因他在本案中持有利益而影响他的裁断,哪怕是极小程度的影响。但是,法官大人,最后的关键点在于'没人能在自己的案件中做自己的裁判者'这一格言应保持它的神圣性。并且不仅因为他是案件的当事人而不能做法官,而且在他与案件有利益关系时也不能。"

这一问题在国家诉软德案中再次出现。该案中布莱克波恩法官认为两名法官不适格审理某一公司的证书问题,因为他们作为受托人的某慈善团体曾借钱给该公司。他认为:"我们要决定的问题是将法官在这种情况下定为不适格是否是司法的要求,我们认为不是。毫无疑问,任何直接的金钱利益,哪怕很小,都会使法官在涉讼案件中不适格,因为是应负有责任的,如果有任何可能使这两位先生,虽然仅是受托人,对费用或其他损失或营利负责的话,我们考虑不适格问题时就应有所不同,因为对费用等负责可能会被认为是一种利益。但是,唯一可能影响他们公正裁判的事实是他们大概会有偏向于自己的信托人的倾向,但那不是利益性质的问题,而是有偏向危险的问题。"

软德案被当作一条规则援引,即哪怕是很小的金钱利益也会使法官不适格,虽然"哪怕很小"一词是出现在判决的非拘束部分(Obiter)。英国法院没有哪个判决否认过这一规则,哪怕是极小的金钱利益都会使法官的判决归于无效。但是沙吹持教授在未援引任何权威的情况下持与我们的问卷答案所表述的观点相同的看法,他认为"小的,极微小的"的股票不能使法官成为不适格,他说这是英国的实践:"程序中利益问题的要点是股票的所有权或与公司的其他个人联系(如在银行有账户)。除非采用严格的观点,即不管法官持有的股票有多么少和多么微不足道,他都应认定自己为不适格,则该问题不应视为不适格规则。英国实践不采用严格观点,允许法官在利益很小时只要他披露该利益,他还是可以审理该案的。股票是否是极小的利益取决于下列因素:股票数量与总资本的比额;涉讼的数额;公司是公共的还是私有的;法官持有的股票的公司是诉讼一方当事人还是与诉讼有利益关系的公司,诉讼中它占有多大利益;要审理的问题在多大程度上会影响法官的利益。这些还有其他因素将决定利益的大小问题。法官的妻子持有股票与法官持有股票一样都会使法官不适格或应披露真相,是不适格还是披露要视情况而定。如果法官知道他的一个近亲是股东,他也应认定自己为不适格或披露真相,法官作为委托人持有股票时也是一样,法官有银行账户或与公司有其他联系时规则同样适用。"几个19世纪的英国案件确立了这样一个原则:如果金钱利益是间接的、偶然的,法官不被认为不适格。

加拿大关于不适格问题的案件很有限。加拿大最高法院审理吉拉多西诉高速公路部一案时参考了狄麦斯案,哥伦比亚上诉法院在欧克润娜诉阿尔克约公司案中也参考了该案,但两个案件都没把该案作为判决的基础。在约克镇11 996件规章案中,安大略省上诉法院裁定城市问题中的仲裁人不是在执行司法功能,不能因他的纳税人身份而认定他为不适格。瑞代尔法官在附带意见中认为,如果仲裁人是在履行司法职能,他就是不适格的。吉兰德法官认为仲裁人是在履行司法职能,但他纳税人的身份不构成金钱利益,那太间接了。

在麦克格林汉姆和林德赛案中,阿尔伯塔省上诉法院裁定如果金钱利益充分大到给人以对偏见的合理忧虑时,城镇议员将是不适格的。安大略省《城市利益冲突法》也规定了相同的规则。

加拿大唯一非常肯定的原则是诉讼中重大的、直接的金钱利益可使法官不适格。间接的利益可能会成为有争议的问题,但如果说有的话,在什么程序上规则适用于不重要的利益则是不清楚的。间接的、不重要的金钱利益即使本身不构成不适格,在某些情况下也仍然能引起对偏见的合理忧虑。

当法官持有将要涉讼的公司的股票时,解决办法是在诉讼开始前将股票卖掉。有两份答卷不无遗憾地表明了这样的经历。持有涉讼公司股票的法官将股票在下跌的市场上卖掉后,在开庭的前一天却听说案件已经解决了。

《法官职业道德准则》在评论中指出,持有一份保单,开有银行账户,使用信用卡或拥有某家公司的股票,在正常情况下,这些不会引起利害冲突或者看来也不可能有利害冲突，除非案件的结果会对法官的正常持有使用状况产生重大的影响。而且，这些小额的持有、使用，不应视为会引起所谓法官公正性之类的担忧。这里所谓小额的持有、使用指的是诸如美国律师协会《司法行为示范规范》（1990年）中"微小、无关紧要的事"小标题下规定的事项。① 然而，如果持有的数量较大，则法官不应该审理有关案件，除非法官放弃审理该案件将导致更大的不公。

（2）法官家人、密友或同事的利益问题。法官家人、密友或同事在案件中的利益，应被视作会引起疑虑的利益吗？作为广义的一般原则，人们能够想象到，有哪些事由会导致人们认为法官家人、密友或同事在案件中的利益与法官职责有冲突。要想对这些事由进行更为精确的定义则又是另外一回事。魁北克省《民事诉讼法典》第234条对需要回避的法官与当事人或律师间的亲属关系，进行了精确的界定。

法官不能审理他的家人、密友是当事人或证人的案件，但在适当与不适当之间很难划一条界线。当一个密友作为当事方或代理律师出现在法官面前时法官通常自动回避，但什么样的朋友会造成这种结果却很难确定。一位经验丰富的法官告诉我们检验的方法实际上是主观的，"如果你感到不舒服，那你就回避开"。

加拿大法官并不总是那么小心翼翼。在朗富得案中，虽然原告是治安官（Magistrate）的女儿，治安官还是认定被告有袭击罪。毫不奇怪的是魁北克省法院的罗丝法官驳回了该判决。在更早的一个安大略省的斯地欧案中，高等法院驳回了认定非法捕鱼的判决，因为公诉人是治安官的父亲，而且公诉人在其中有股份。

加拿大法官的子女经常追随父业而进入法律界。有的人到法院参与庭审可能会发现听审的竟是父亲（母亲）。英国的Shetreet教授说道："在高院、上诉法院或枢密院，儿女不能在父亲做法官的

---

① American Bar Association, Model Code of Judicial Conduct (1990), Commentary to Canon 3B. "微小、无关紧要的事"是指"不足以对法官的公正性引起合理的疑虑的不显著的利益。"

案件中出现这一规定从未被认为是不适当的。"委员会从未听说过有这样的案件（父亲做法官，儿子是代理人）在加拿大发生，然而，同样的规则似乎并不存在。

更为困难的情况是虽然子女没有牵涉进任何实际的案件，但他们却被代表一方当事人的律师事务所雇用或是该所的合伙人。加拿大某省上诉法院曾经有4名法官的儿子或女儿所在的律师事务所于某一时间内在该法院有许多大案件，2名法官在任何有该律师事务所出现的案件中都主动回避，另2名法官没有这样做。

安大略省法院在审理最近的案件时开始考虑这个问题。在埃赛克斯罗马天主教儿童援助会案中，律师申请一名法官自动回避，理由是这名法官的妻子是受雇于代表援助会的律师事务所的职业律师，他认为法官妻子是否将成为合伙人会受该案诉讼结果的影响。法官拒绝自动回避因为他的妻子没有在该案中做代理人，即使案件赢了，该所也没有收入，而且他的妻子只是该所的雇员而非合伙人。在某种意义上该案提出的问题比它回答的要多，如果该案涉及收费，结果会不同吗？或者如果亲属是合伙人而非雇员呢？输掉的一方当事人会怎么想？

一项基本的原则是，法官本人在意识到存在任何使理性、无偏见并了解具体个案情况的人担忧法官的公正的利益或关系时，就应自动提出回避该案。为了促进加拿大全国范围内的司法职业道德的统一，在适用这一规则时，应避免强调更多的特殊借口。

(3) 法官个人破产问题。个人破产会给法官带来一系列的麻烦。《破产法》第175节认为，破产可能因灾祸而致，与行为过错没有任何关系。比如，法官可能要对其以前的合伙人的错误或其配偶或子女驾车引起的事故负责。基于这样的事实，不可能也不应该设立普遍的规则。

遇有财务危机的法官，无论在事实上的，还是想象中的利益冲突中都应保持更高警惕。当法官主持审理牵扯到其债权人的案件或者其他类似问题的事件时，可能会有困难。如果法官财务危机的任何一点可能引人争议，那么问题就严重了。这时，该法官可能会成为另一名同事庭上的当事人或证人。财务危机对法官任职能力的日渐影响，将随情况和管辖的范围发生重大变化。对大的法院来说这种情况不足挂齿，却可能对规模较小的法院构成重大影响。这再次证明，僵化地用分数等级来看问题根本不可行，也不明智，只能用普遍适用的规则来指导评判，也就是用合理第三人的标准，只要他们认为法官有丧失公正立场的可能，那么法官就不应坐庭听审。在有些情况下，勤勉的原则也是一个相关问题，因为有时冲突对法官的影响很深远，以致它有效地阻止了法官履行职责。法官个人的破产可能以引人瞩目的形式引发这些问题。当法官遇到了财务危机或类似事情，并意识到可能因此影响公众对其公正性的认识时，他们应主动提请首席法官注意他们的问题。

（4）法官披露问题。关于披露，加拿大没有关于财产情况披露的成文法要求，这解决不了什么时候法官应向当事人披露可能被认为会引起潜在利益冲突的职业道德问题。英格兰和澳大利亚的立场似乎是，法官应披露任何可能要求法官回避的利益或因素。① 这一观点是以另一观点为前提的，那就是披露是为了寻求当事人对该法官听审案件的认可。然而，披露和认可不是两个必然关联的问题。至此，可以得出的结论是，法官应在法庭记录中披露任何可能支持法官不适任论点的事情。

（5）当事人认可问题。关于当事人认可的问题，加拿大《司法行为评论》一书承认，试图通过向当事人披露情况，期望取得他们的认可，从而解除人们对法官不适任的担忧，这在实际操作中有困难。该观点令人担心之处在于，它将律师置于了不公的地位。有人曾说，律师只能要么被认可，要么被视为麻烦制造者。②

当法官本人认为回避更为恰当时，即使当事人同意也不足以使法官可以继续审理。因而，需要当事人同意只适用于有限的情形，即法官认为关于回避与否存在争议，但最终在法官看来，合理的第三人不应有关于法官缺乏公正性的担忧。这种方式可能将律师处于

---

① 如 S. Shetreet, Judges on Trial, (1976) at 305; J. B. Thomas, Judicial Ethics in Australia (2d, 1997) at 53-55.

② See Commentaries on Judicial Conduct (1991) at 74.

第四章 加拿大司法责任的内容

更加为难的境地。披露情况并寻求当事人同意继续审理，法官无异于是在向大家说，一个合理的第三人不会认为存在法官丧失公正立场的可能。因而，一旦律师不予认可，律师（或其客户）可能被视为选择了不合理的立场。解决这一担忧的方法之一，可能就是采纳英国的做法，只告知法官有当事人反对该法官继续审理案件，但不告知究竟是哪方当事人反对。①

更好的解决办法是，法官不必征得当事人认可就作出决定，但是可能会听取同事或首席法官的意见。如果法官认为合理的第三人在考虑这一问题时，根本不会产生什么法官有失公正的担忧，那么他就可以继续把案子审下去。如果结论相反的话，法官就应回避。有两种情况，法官应在法庭记录中披露，并邀请当事人发表意见。第一，法官对回避是否有争点存有疑问时。第二，意想不到的问题在程序即将开始或进行中才出现。法官在征求意见时，必须强调不是在寻求律师的认可，只是为了大家共同来弄清楚是否有关于回避的争点存在以及在该情况下，必要性原则是否适用。

根据必要性原则，在有些极端的情况下，我们可能必须撇开上述所有观点。必要性原则认为，虽然法官可能被视为应当回避，但是，如果法官放弃审理该案件，那将导致更大的不公，权衡利弊，法官应选择继续审理。它的出现可能有两种情况：当延期审理或宣布审判无效会造成不当的困难，或者没有其他适任的法官可以审理该案。②

（6）法官是否可以作为遗嘱执行人的问题。关于法官是否可以作为遗嘱执行人的问题，有很多观点。Shetreet 描写道，英国的实践是，在没有报酬、不必终日打理受托财产也不会影响法官司法职责的前提下，法官可以作为其朋友或亲戚的遗嘱执行人。③ 在美国，律师协会的《司法行为示范规范》（1990 年）对该问题作了下述规定：①法官不得作为遗嘱执行人或管理员或其他形式的身份

---

① S. Shetreet, Judges on Trial, (1976) at 305.
② See J. O. Wilson, A Book for Judges (1980) at 29.
③ S. Shetreet, Judges on Trial (1976) at 331.

代表人、受托人、保管人、事实上的律师或其他形式的受托人,除非为了法官本人的家庭成员的不动产财产、信托财产或人员,但是仍以不得影响司法职责的正当履行为限。②如果法官作为受托人,可能会陷入诉讼,而且这些诉讼一般情况下会提交该法官裁量,则法官不应担任受托人,如果不动产、受托财产或被监护人卷入诉讼对抗,而且提交到法官所在法院或其上诉管辖权范围内的下级法院的,法官同样不应担任受托人。③适用于法官个人的财务活动限制,同样适用于他实施的受托行为。①

在加拿大,J. O. 威尔逊法官在《法官手册》这本书中讲道,法官"一般"不要去做这种遗嘱执行人。但是,在遇到亲戚或好友发生这种事时,法官也可以充当一次这种角色,条件是:"问题简单并很快能解决,不涉及法院任何问题并且没有诉诸法院的可能性。"② 需要注意的是,遗嘱执行人实际上是履行了法官的职权。潜在的问题是作为遗嘱执行人的法官要听从法庭上的法官的指挥,这会令双方都感到为难。同样也存在着诉讼的可能性。法官成为遗嘱执行人后,可能面临诉讼缠身、令人心烦的后果,具体参见"康杜吉恩案件"。③

《司法行为评论》认为,作为一般规则,法官不应作为受托人,但是如果财产属于亲戚或密友,并且事情简单、没有争议时,可以允许法官接受委托。④ 如果前述先决条件经证明有误,上述的几个权威著作,都建议法官及时退出受托事务。

综上所述,对该问题的一个有效的观点是:(1)法官原则上不得做遗产执行人。(2)如果有下列情况,法官作为遗产执行人亦非不当:(a)法官不收取报酬;(b)受托财产属于法官的密友或亲戚所有;(c)不可能有人质疑;(d)担当该责任不会影响法

---

① American Bar Association, Model Code of Judicial Conduct (1990), Commentary to Canon 4E.

② See J. O. Wilson, A Book for Judges (1980) at 11.

③ [1976] 5. W. W. R. 383 (Sask 上诉法院)。在 [1975] 2. W. W. R. 425 对 Bence C. J. Q. B. 一案的审理中正式确立这一原则。

④ See Commentaries on Judicial Conduct (1991) at 35-36.

官的司法职责。(3) 一旦已经担当了遗产执行人，如果受托财产发生争议或者会影响司法职责的履行，那么法官应辞去该职。

(7) 之前与当事人有过交往的问题。在加拿大，有几个案件是由于法官与诉讼一方过去有联系而申请法官回避的问题。在司法与解放委员会诉国家能源理事会一案中，加拿大最高法院令一名理事回避，因为他曾是申请人之一的主席，他曾经制定的某些条款是向理事会提出申请的原因。拉斯克茵首席大法官认为本案中的情况与法官发现诉讼当事人是他的前客户是一样的，他说："被任命为法官的律师不能审理他的前客户作为当事人的案件是广为人知的原则，即使他们在案件中没有任何利益，也要过一段合理的时间才能与前客户们在法庭碰面。他们不能审理在任一阶段他们曾插手其中的案件。比如，他们曾起草或帮助起草诉状、答辩状或别的文件。至少可以说指导或亲自为诉讼起草诉状和参与或帮助起草构成本申请的第44条实际上是相同的性质。"

在D.K.投资公司诉S.W.S.投资公司案中，原告申请重新开庭审理，因为初审法官曾经是原告的另一与本案无关的案件中对方律师所在的律师事务所的成员，因而对法官的偏见存有合理忧虑。在原告的另一案件中，初审法官曾经是记录律师但没参加其他任何活动。法院裁定这种情况并不构成对偏见的合理忧虑。"初审法官对先前的那个诉讼必须有最低限度的察觉，必须有最低限度的证据证明初审法官对先前诉讼的察觉会促使他形成阻碍他公正裁断此案的态度。"

加拿大最高法院曾经裁定与当事人先前有仇怨是法官须回避的原因。在布兰切特案中，一名法官拒绝自动回避，而最高法院命令该案发回重审。据报道，这名法官曾代表家庭成员积极地起诉保险人，并且对保险人对待其投保人的态度表示过强烈的不满。还有，按照皮震法官的说法："尽管公司曾几经变化，但法官仍一再坚持要查清被告公司的身份，这不能不使公司法定代表人相信法官并不是毫无偏见的。"

阿尔伯塔省上诉法院拒绝裁定10年前曾作为公诉人控告被告的省法官为不适格。这种做法与公诉人是代表皇室而不是作为敌手提起控诉的基本原则相一致。皇室检控某市民时既不赢得什么，也不失去什么。麦克得米德法官说检测对偏见的合理忧虑的方法是一个理智之人在知晓所有情况后是否觉得有存在偏见的可能性，他认为："在这个国家，司法公正的传统是指一名普通的理智之人相信，治安官在多年前曾作为公诉人控告被告这件事不会影响他的公正裁判。"

不列颠哥伦比亚省的首席大法官麦克易申在相同的案件中作出了相反的判决。他禁止一名曾对被告提起过公诉的省法官审理该被告的案件。他认为："知晓全部情况的人，尤其是在这样一个小的社区中，会认为让一名法官在这种情况下主持审理并作出判决是不安全的，甚至是不公平的。"判决中的另一个理由是在先前的公诉中该公诉人曾力主法院判处被告最高刑。

加拿大《司法行为评论》指出，如果能够从上述案件中抽出一条原则的话，那就是足以使一名法官先前不适格地与当事方接触，会导致对偏见产生合理忧虑的法官的充分敌意。

加拿大《法官职业道德准则》认为，对于涉及法官以前的客户、以前供职的律师行或法官受任命前曾工作过的政府部门或法律援助机构的案件，法官是否应该回避需要考虑以下有三项内容：第一，法官不应处理确有利益冲突的案件。例如，在受任命前就对案件中某些保密的内容有所了解。第二，必须避免出现合理第三人看来有公正丧失之嫌疑的情况。第三，法官不应无谓地回避，因为这样做会增加同事的负担，而且会加剧法院工作的迟滞。下列是一些可能有益的指导方针。

①曾私人执业的法官在被任命为官方法官前，本人或其律师事务所，作为律师或因其他方面的职责直接介入的案件，法官不宜再审理。

②如果法官以前供职于政府或法律援助机构，那么方针①就不能严格适用。比较明智的选择是，当涉及当地办事处的案件在法官被任命前就开始了诉讼程序，则法官不要去审理该案。

③关于法官与以前的合伙人或同事和以前的客户的关系，传统的观点是要经过一个"冷却阶段"，按地方习惯，这个阶段经常是

两三年或五年不等,无论如何,至少这一阶段应与律师行和法官之间感情存续时间相关,对于如何处理与以前的客户的关系,由方针①指导。

④对于律师的朋友和亲戚,适用与利益冲突有关的一般规则,也就是说,只要理性、无偏见并了解具体个案情况的人认为法官的公正性值得怀疑,法官就不应审理这一案件。

对于向在职法官任期结束后的就业伸出橄榄枝的问题,需要类似的处理方法。这种表示可能来自律师事务所,也可能来自其他潜在顾主。对于这种情况,在理性、无偏见并了解具体个案情况的人看来,法官的个人利益和职责间存在产生冲突的风险。法官应从这种角度审视这些友好的表示。同样需要铭记的是,即使现在已不是法官,但只要他曾经当过法官,其行为就同样会影响公众对司法的认识。

(8) 先前的言论问题。法官先前就某一问题发表过的观点是否使他不能审理这类问题的案件?首先有必要区分偏见导致的不适格和并不导致不适格的普遍利益。这一问题在"市长和司法政策案"有过讨论,费尔丁法官认为:"导致法官不适格的利益或偏见必须是真实的、重大的,足以影响人的思想的——仅仅是出于人道、与社会公益有利益或保护动物远离残暴虐待的利益,如同对邪恶的压制的利益不足以令一名治安官不适格一样,这些利益也不可以。令法官不适格的利益、偏见必须是能够干涉正在诉讼中的事务——在本案中就是被告人是否因残虐动物而有罪,在一个普遍的问题上追求普遍利益不能使一名法官不适格。所有的治安官和法官都有普遍的同情心或诸如此类的感情——倾向于保护无辜无助者的感情、乐于惩治犯罪的感情,但这些普遍的感情或同情不能令法官不适格;能令法官不适格的利益或偏见应发生在具体案件中——在具体案件中会影响他们的思想,并可能合理地引起偏见的那些东西。"

很多法官在被任命为官方法官之前在社区中都曾就那些有争议的话题参加过辩论,实际上积极地参与社区活动是被任命的基本条件。因此,法官可能曾就目前正在争论的问题通过写作或公开演讲发表过意见。加拿大最高法院的权威性结论是这种先前的言论不应成为法官回避的理由。

在蒙哥塔利案中，当事人申请德·戈兰德普瑞法官回避，因为他曾就堕胎问题发表过意见。他是在担任加拿大律师协会主席期间在该会的全国会议上发表该意见的，但他明确表示他所说的只是个人意见，不代表协会。法院驳回了当事人的回避申请，首席法官拉斯克茵的判决全文如下："我们听了上诉人代理律师提出的要求我们中的一员——审理本上诉案的法官德·戈兰德普瑞回避的申请。上诉人律师说他并不是要攻击德·戈兰德普瑞法官的个人尊严或他的客观性，但他建议鉴于目前加拿大正就堕胎问题展开广泛辩论，德·戈兰德普瑞法官对本上诉案的态度可能会受他于1973年在加拿大律师协会魁北克省分会和魁北克省律协的一次联合会议上发表的意见所影响。德·戈兰德普瑞法官后来成为加拿大律协主席，但他明确表示他所表述的只是他个人的意见。……本院的所有法官，过去和现在，或多或少地在被任命之前曾经就某些问题发表有法律意义的观点，但这从不是使法官不适格的原因。我们一致认为德·戈兰德普瑞法官作为成员之一审理本上诉案没有不当之处。"

5. 巡回审判中的法官

加拿大的审判法官还要承担一项旅行者的任务：大部分法庭和省份都有一个政策，即人民有权接受所有法官的服务而不仅仅是那些本地出生或居住在附近社区的法官。因此，接受委派到省里的另一个地区执行审判任务，就成为法官日常生活的一部分。若委派的地区也是一个大规模的市区中心，那么法官的生活与在家乡相比可能变化不太大；若法官巡回的地区是一个小社区且法官一年中只去几次，那么这就会产生一些特殊的问题。

法官被派遣到一个小社区的法庭后，首先要意识到的问题是他将被高度重视。许多与之交往过的人将知道他是法官，甚至可能知道法官案件目录上某一案件的一些情况，另外，大部分人会与要出庭的诉讼当事人、证人很熟悉，甚至有亲属关系。有的甚至可能就悬而未决的案件与法官进行友好的谈话，因此，法官对自己说的每句话和做的每个动作都要深思熟虑，因为有可能会被以或大或小的准确性在社区内传开。如果法官是一个小社区里的陌生人，那么他的行为对公众理解力的影响将巨大。

许多法官提及的关于巡回审理的另一问题是，对于慷慨好客的帮助，问题较以前更加难以处置。比如，地方律师协会的成员可能了解到法官某个傍晚会孤独地待在旅馆中，就将产生邀请他参加娱乐活动的想法。我们建议法官在接受这类邀请时要特别慎重。有经验的律师在此种情况下将明确表明活动将有诉讼中的另一方律师参加，并且相当数量的社区中的其他律师也会参与。否则，对之进行细致的调查将是必需的。一位资深的巡回法官，同时也是审判独立委员会的委员，指出人们必须明确的是这种邀请不能被格式化。法官每次到巡回区来，不能总由同一个人做东道主。

对于法官能否到公众酒吧的问题，这是一个应由法官自行决定的事项，法官应根据所处地区及社区的大小作出决定。但不管怎样，法官应在内心注意这一警告信号，即法官在远方小社区到酒吧喝酒，其影响要比在家乡大许多倍。法官在酒吧里待了半个小时这件事将以不可思议的速度，并以适当夸张的方式迅速传遍整个社区。

巡回审判中的法官认为自己可以自由参与各种体育赛事，去支持或者反对当地主队。当然，所有的娱乐和文化活动都应是适宜的。但在下面的分析中，建议巡回法官还是随身带些必要的工作或者几本好书，巡回审判可能是一种孤独的生活经历。

我们也要指出一个重要的问题：就是一些法官患有"思乡病"。在巡回期间，有的法官不时对审判日程发表参考意见，并希望在他的返乡时刻到来时，案件能及时审结。每个人都为法庭案件目录的高效率安排而努力。但是没有任何正当理由能为审判程序要向日程表作出牺牲而辩护，特别在它仅仅属于法官个人日程的情况之下。巡回法官绝不允许以言辞、动作或面部表情显露出自己预定的启程时间已经到了或已经过去。对法官耐心品质的最好考验就是启程的航班时刻已到但最后一个案件并未审结。①

---

① R. V. Mckenna，1960 年，IQ. B. 411。这是一个关于"思乡病"的极端例子。法官对陪审团说："为了这个案件，我的旅行安排已几次改变，我不想再变动它了，10 分钟之后，我将离开这个房间，到时如果你们还达不到一致意见，你们就不得不整晚待在这里。我们将在明天 11 点 45 分重新开庭。" 6 分钟之后，陪审团对所有的指控都作出"有罪"裁决。刑事上诉法院撤销了这一有罪认定。

第二节 加拿大法官承担司法责任的事由

加拿大法官在法庭内外都应遵守一定的行为准则。他们的责任不仅包括公正合理地运用法律，还包括维持司法机构的崇高威望。法官的"不当行为"不仅仅指违法行为，若因其行为损害了公众对司法的信任（尽管其行为可能并没有严重到违法的程度），也属于不当行为。在普通法的省份，当下述情况发生时，法官就要被取消审理某个案件的资格：他们与诉讼的结果有经济利益关系；他们与诉讼当事人或证人有家庭关系或密切的友谊；他们表达了对诉讼当事人或被起诉的事实带有偏见的看法；他们与诉讼案件或诉讼当事人以前有过职务联系。但如果法官向诉讼的各方当事人说明这种冲突并得到他们的同意，一般可以考虑让该法官继续审理此案。

法官在司法外的行为很大程度上会影响公众对法官公正裁判的信心。为此，加拿大对法官在司法之外的行为提出了较高的要求，法官在公益、商业和政治活动中都受到规制：法官参加公益活动时应避免引起公众对其公正审判和个人形象的质疑，法官可以在慈善机构中任职，但是不鼓励他们参加这些组织机构的筹款活动。法官在任职期间，不能拥有任何政党资格，禁止参与任何政党的政治活动，例如参与政治集会、政党运动及公开的政治讨论，同时必须对法官家庭成员参与政治活动保持高度警惕。如果法官违背上述的活动原则，很有可能在诉讼中成为申请法官回避的理由。不过，上述原则也有一个例外。由于最高法院法官是总督任免的，最高法院法官经常会被要求就议会法案、接受国书等进行投票，为此最高法院特地制定了一套规则，告知法官如何审理涉及其之前投过票的法案的案件。①

加拿大法官也享有一定程度的司法责任豁免。联邦法官对民事纠纷享有绝对豁免。当然，有人认为仅应给法官的过失行为以豁

---

① 李琴、王小光：《加拿大法官管理和职业保障制度》，载《人民司法》2014年第23期，第104页。

免。总之，法官在履行审判职责时所说过、做过的一切事情均受到法律保护。他们说过的话受到绝对的特权保护，不能成为提起民事诉讼的理由。①

---

① 陈海光、乔燕编译：《加拿大的司法独立》，载《法律适用》1999年第2期，第48页。

第五章　加拿大司法责任的追究

如果加拿大法官的行为违反了法官职业道德准则，可能承担的责任形式包括批评、不停薪停职、停薪停职、免职等。加拿大联邦司法责任的追究程序与加拿大各省司法责任追究各自独立。下文将分别介绍加拿大联邦的司法责任的追究程序和加拿大各省的司法责任追究程序。

第一节　加拿大联邦司法责任追究的基本架构

一、加拿大联邦司法责任追究依据

目前，加拿大并无有约束力的联邦任命法官行为守则。在1998年，加拿大司法理事会发布了《法官职业道德准则》，为法官行为提供指引。此外，加拿大司法理事会于1980年资助出版的《法官手册》（英文版和法文版）和1991年出版的《司法行为评论》也为法官行为提供了参考。这些内容在上一章已经有了详细介绍，是加拿大联邦司法责任追究在实体上的参考。

加拿大对联邦法官的责任追究是通过处理针对联邦法官的投诉来进行的，相关程序受《1867年宪法法案》《法官法》及加拿大司法理事会制定的程序规则规制。加拿大司法理事会制定的规则包括《加拿大司法理事会调查细则》《加拿大对联邦法官进行投诉或指控的审查程序》《加拿大司法理事会调查委员会实践与程序手册》。

二、加拿大联邦司法责任追究的机构

（一）司法理事会

加拿大司法理事会是 1971 年根据加拿大议会的决定设立的。[1] 根据加拿大《法官法》，加拿大司法理事会是负责对有关联邦法官行为的投诉发起调查并作出裁决的机构，是加拿大司法责任追究程序中最重要的机构。创立司法理事会的主要原因之一，是司法机关在某种程度上应成为一个自我约束的机关。[2]《法官法》规定了司法理事会的成员组成，由最高法院首席大法官担任主席，其他成员包括：（1）各省高等法院及其分支机构的首席大法官、高级助理首席大法官和助理首席大法官；（2）育空地区高等法院、西北地区高等法院和努纳武特地区法院的资深法官[3]；（3）加拿大军事上诉法院的首席法官；（4）税务法院首席法官及副首席法官。加拿大司法理事会是一个由首席大法官或资深法官组成的理事会，除法官外并无其他成员。加拿大司法理事会现有 39 名成员。每一位理事会成员可以指定其所在法院的一名法官为候补成员，候补成员在指定的期间履行理事会成员的职责。加拿大首席大法官可以指定加拿大最高法院前法官而不是现任法官为理事会候补成员。

加拿大司法理事会办公室位于渥太华，由 8 名职员[4]在理事会执行主任兼高级法律顾问的领导下为司法理事会成员的工作提供支持。2015 年至 2016 年度加拿大司法理事会的行政费用总预算为

---

[1] The Conduct of Judges and the Role of the Canadian Judicial Council, Canadian Judicial Council.

[2] Martin L. Friedland, A Place Apart: Judicial Independence and Accountability in Canada, Canada: Canadian Judicial Council, 1995, pp. 87-90.

[3] 《法官法》第 22（3）条定义的资深法官指的是没有根据第 29（1）条或第 32.1（1）条选举产生的法官中最早在某一法院任职的法官，如果有多个法官在同一天任命，司法理事会可指定其中 1 名为资深法官。

[4] 包括 1 名委员会管理总监、2 名委员会管理专员、1 名通信与登记服务总监、1 名登记专员、1 名登记与通信支持专员、1 名高级行政专员、1 名程序员-分析师兼网站和系统管理员。

1 537 244加元。

加拿大司法理事会的工作可分为以下四大类：（1）为法官的继续教育进行培训；（2）处理针对联邦任命法官的投诉；（3）就涉及司法的事项在理事会成员之间寻求共识；（4）就司法人员的薪酬及福利事项向司法人员薪酬及福利委员会提出建议（通常与加拿大最高法院法官协会一并提出建议）。其中，处理针对联邦任命法官的投诉是加拿大司法理事会最主要的工作。

为了处理对高等法院法官的投诉或指控，加拿大司法理事会设立了司法行为委员会。[1] 司法行为委员会在处理投诉的早期全权代表司法理事会。司法行为委员会实际上与有11名成员的司法理事会执行委员会的组成完全一样。加拿大首席大法官是司法理事会执行委员会的主席，并且有可能对纪律处罚案件的上诉进行审查，因此没有担任司法行为委员会的主席，也不参加对具体案件的处理，但可以参加对一般政策的讨论。1988—1993年，新布朗斯维克首席大法官盖·里察德担任司法行为委员会的主席。此后，诺瓦斯科迪亚省首席大法官劳恩·克拉克断断续续地担任了7个月的司法行为委员会主席。1994年2月，英属哥伦比亚省首席大法官艾兰·麦克义肯开始担任司法行为委员会主席。[2]

加拿大司法理事会只处理涉及司法人员操守的投诉，而不会处理与司法人员所作司法决定有关的投诉，也不会调查关于法院或司法机构整体的一般投诉。在各省或地区，也有类似的司法理事会专门负责处理对省任命法官的投诉。

（二）司法部部长

在加拿大司法责任追究程序中，司法部部长有以下职责：（1）要求加拿大司法理事会对某一法官发起调查；（2）指定一名至少有10年从业经验的省律师协会的律师与司法理事会指定的成员一起组成调查委员会；（3）决定对法官的调查是否公开进行；

---

[1] 《2015年加拿大司法理事会调查细则》第2（1）条。
[2] 《加拿大法官纪律处分》，载怀效锋主编：《司法惩戒与保障》，法律出版社2006年版，第15页。

第五章　加拿大司法责任的追究

(4) 接受司法理事会提交的调查报告或调查记录；(5) 接受司法理事会关于免除法官职务的建议；(6) 要求加拿大司法理事会对根据议会立法任命的司法人员发起调查；(7) 建议司法理事会免除根据议会立法任命的司法人员的职务。

(三) 议会

在加拿大司法责任追究程序中，议会有以下职责：(1) 接受司法理事会提交的调查报告；(2) 参议院与众议院联合决议决定免除法官职务。① 议会虽然不直接参与司法责任追究的调查程序，但是否免除法官的决定权在议会。

综上，负责加拿大联邦司法责任追究的机构主要是加拿大司法理事会、司法部部长和议会，其中加拿大司法理事会是负责对法官进行调查的机构，司法部部长主要负责一些程序性事项，如要求发起调查，决定调查是否公开等，议会则决定是否免除法官职务。

第二节　加拿大联邦司法责任的追究程序

一、调查程序的启动

(一) 启动主体

加拿大司法理事会对法官的调查程序的启动方式有两种，第一种是因投诉而启动，第二种是应司法部部长或省总检察长的要求而启动。

1. 投诉启动

根据加拿大《法官法》第 63 条第 2 款的规定，任何公众人士均可向司法理事会对联邦任命的法官提出投诉或指控，由司法理事会进行调查。司法理事会成员也可以书面方式提请理事会执行主任注意某法官的任何行为操守。

---

① 加拿大《1967 年宪法》第 99 条规定："上级法院的法官若品行良好，可一直任职，但若总督向参众两院提出有关撤销其职务的陈述，则可被免除职务。"

2. 司法部部长或省总检察长要求启动

根据加拿大《法官法》第 63 条第 1 款的规定，司法部部长或省总检察长可要求司法理事会就应否免除某位法官职务展开调查，而司法理事会收到有关要求后必须展开调查。① 虽然司法部部长或省总检察长可以启动对法官的调查，但实践中大部分对法官的投诉来自社会公众。

除了以上两种方式以外，加拿大司法理事会也可依职权主动发起对联邦法官的调查。

(二) 调查对象

加拿大司法理事会可以调查的对象为联邦任命的法官，包括联邦法院的法官和各省较高审级的法官。社会公众只能对联邦任命的法官提起投诉，而不能对司法制度、法院或司法整体提起投诉。加拿大司法理事会也不能改变法院的司法判决，不能对当事人提供补偿，不能作出允许上诉的决定，不能处理再审申请。

对于加拿大各省较低审级法院的法官②，加拿大司法理事会不能进行调查。对于这些法院的法官，社会公众只能向各省司法理事会提起投诉。加拿大司法理事会也不能对法院职员和律师发起调查，对法院职员的投诉应向法院行政管理办公室提出，对律师的投诉应向各省或地区的律师协会提出。

(三) 如何投诉

社会公众可以直接对法官提起投诉，而不需要律师代理。投诉必须以书面形式，并以邮寄或其他电子方式送达理事会办公室。司法理事会执行主任负责司法投诉程序的管理，包括接收投诉申请，司法理事会主席不参与对投诉的处理。对法官的投诉不要求实名，对于匿名投诉，应尽最大可能与其他投诉以同样的方式予以处理。③ 加拿大司法理事会在其网站发布了投诉指引并提供了一份示范表格，以为公众投诉法官提供具体操作上的指导和便利，但并非

---

① 加拿大司法理事会自 1971 年成立以来曾先后 5 次收到此类要求。
② 如审理小额诉讼、某些家事和刑事案件的法院。
③ 《加拿大对联邦法官进行投诉或指控的审查程序》第 3 条。

必须采用这一表格形式。① 对法官的投诉不需要缴纳任何费用，也没有投诉期限。投诉只需要具备三个要件：书面形式；针对指出姓名的联邦任命的法官；有关法官的行为而不是法官的裁判。寄送给理事会办公室的投诉信中应包括投诉人姓名和地址、被投诉法官的姓名、有关法官不当行为的描述。

加拿大司法理事会在其网站上提供了在线提交投诉的方式，在线投诉需要填写的内容包括姓名、邮箱、地址、电话等投诉人的基本信息，法官姓名、法院名称和地点、案号、投诉所涉行为发生时间等投诉背景信息，以及对投诉的描述。加拿大司法理事会在网站给出了以下提示内容："用自己的语言描述法官的行为，在描述法官不当行为事例时请尽可能具体。在考虑是否提起投诉时，请记住加拿大司法理事会不是法院，不能改变法官的判决，如果你想对判决提出挑战，请向更高审级的法院提出上诉。"

二、筛选程序

（一）执行主任初步筛选

根据加拿大司法理事会《关于对联邦政府任命的法官投诉或指控的审查程序》第4条，司法理事会执行主任必须对所有表面上看旨在提出投诉的来信进行审查，以确定其是否值得考虑。对于任何引起到执行主任注意的涉及高等法院法官行为的其他事项，如果表面上看值得考虑，执行主任也可进行审查。如果执行主任决定把某事项纳入考虑范围，则必须将该投诉提交给司法行为委员会主席，不能提交给和被投诉法官在同一法院工作的理事会成员。②

《关于对联邦政府任命的法官投诉或指控的审查程序》第5条规定了初步筛选的标准，以下三类投诉将被直接筛选掉：（1）微不足道、无理取闹、目的不正当的投诉，明显无实质内容的投诉或滥用投诉程序的投诉；（2）不涉及行为的投诉；（3）其他任何不

---

① Making a Complaint, https://www.cjc-ccm.gc.ca/english/conduct_en.asp?selMenu=conduct_complaint_en.asp#whaymc.
② 《关于对联邦政府任命的法官投诉或指控的审查程序》第4条。

符公共利益且不应得到司法行政考虑的投诉。①

（二）司法行为委员会主席筛选

对于司法理事会执行主任初步筛选后提交的事项，司法行为委员会主席必须进行审查。根据审查情况，司法行为委员会主席可以向投诉人寻求额外信息，也可以寻求被投诉法官及其所在法院首席法官的意见，如果司法行为委员会主席认为不值得进一步考虑，则可以撤销该案，不继续调查。② 如果投诉人以书面方式撤回投诉，司法行为委员会主席可以撤案，也可以继续审查。

如果司法行为委员会主席决定向被投诉法官及其所在法院首席法官寻求意见，司法理事会执行主任必须给被投诉的法官和其所在法院的首席法官写信，分别要求他们在收到请求后30日内提供书面意见。执行主任必须将司法行为委员会主席的权力告知被投诉法官。司法行为委员会主席必须审查被投诉法官和其所在法院首席法官的意见，以及他们收到的任何其他相关材料。对于比较严重的投诉，司法理事会可以在一名外部律师的协助下进行调查。该律师是根据其在法律界的专业和声望来选择的。该律师可以会见被投诉法官、投诉人和其他相关人士，并准备一份报告。

司法行为委员会主席对意见和材料进行审查后，可作出以下四种处理决定：（1）如果司法行为委员会主席的结论是不需要采取进一步措施，则撤销该案。在撤销案件时，司法行为委员会主席可以通过书面方式对法官的行为进行评估，并表达对该行为的顾虑。（2）暂时搁置，等待补救措施，并由执行主任通过信件通知投诉人。司法行为委员会主席在与被投诉法官所在法院的首席大法官协商并征得法官的同意后，建议通过咨询或其他补救措施来解决投诉中确定的任何问题，如果问题得到妥善处理，则将案件终结。（3）进一步收集有助于处理该案的信息。（4）如果司法行为委员会主席认定该事项足够严重以至于需要免除法官职务，则将该事项提交

---

① 《关于对联邦政府任命的法官投诉或指控的审查程序》第5条。
② 《关于对联邦政府任命的法官投诉或指控的审查程序》第6条。

司法行为审查小组。[1]

如果将投诉事项提交审查小组，则司法行为委员会主席必须提供书面理由。司法理事会执行主任必须向投诉人、被投诉法官及其所在法院的首席法官提供一份书面理由副本，并邀请法官在收到邀请后 30 日内以书面方式向审查小组提交意见，其中包括是否应成立调查委员会的意见。在邀请送达被投诉法官 30 日后，执行主任将把从该法官处收到的意见提供给司法行为审查小组。[2] 司法行为审查小组只有在投诉事项可能足够严重以至于需要免除法官职务时才可决定组建调查委员会。如果司法行为审查小组得出结论，认为投诉具有一定理由但还没有严重到需要成立调查委员会进行调查的程度，则可以决定不组建调查委员会，而是通过表示关切、建议辅导法官或其他类似措施来结束投诉。在此情况下，有关措施的目的是协助法官避免日后再作出同样的不当行为。行为受质疑的法官可主动向投诉人道歉。司法行为审查小组也可把该事项退给司法行为委员会主席或副主席，以便他们用最合适的方式作出解决问题的决定。[3] 如果司法行为审查小组决定组建调查委员会，则司法理事会执行主任必须以书面形式通知投诉人。[4]

司法行为委员会主席可以指示执行主任聘请一名调查员来收集有关投诉事项的更多信息，并准备一份报告。在这种情况下，执行主任必须通过信件告知被投诉法官及其所在法院的首席法官。调查

---

[1] 根据《2015 年加拿大司法理事会调查细则》第 2 条的规定，司法行为审查小组成员由 5 人组成，其中 3 名司法理事会成员，1 名普通法官（puisne judge），以及 1 名既非法官也非律师的成员。司法行为审查小组的成员由之前没有参与过投诉事项的司法行为委员会中任职时间最长的成员指定，如果没有合适的司法行为委员会成员，则由之前没有参与过投诉事项的司法理事会中任职时间最长的成员指定。

[2] 《关于对联邦政府任命的法官投诉或指控的审查程序》第 8 条。

[3] 根据《关于对联邦政府任命的法官投诉或指控的审查程序》第 8.2 条，司法行为委员会可以作出撤销案件、暂时搁置、进一步收集信息、提交司法行为审查小组四种决定。

[4] 《2015 年加拿大司法理事会调查细则》第 2 条。

员的职责是收集相关信息。如果必要，他们可能会进行秘密采访，并可能向提供信息的人承诺保密。

在完成最终报告之前，调查员必须为法官提供对调查中获得的信息发表意见的机会。该法官的意见必须包括在调查员的报告里。在信息是秘密获得的情况下，调查员必须在报告中写明已经提供保密保证的原因。

执行主任必须将调查员的报告提供给司法行为委员会主席和被投诉法官。司法行为委员会主席审查报告后，如果得出不需要采取进一步措施的结论，则撤销该案。司法行为委员会主席也可以将调查暂时搁置，执行主任应当通过信件将调查暂时搁置的情况通知投诉人。在调查暂时搁置的情况下，司法行为委员会主席在与被投诉法官所在法院的首席大法官协商并征得法官的同意后，可建议通过咨询或其他补救措施来解决投诉中确定的任何问题。如果问题通过补救措施得到妥善处理，则将案件终结。如果司法行为委员会主席基于以上原因将案件撤销或终结，执行主任必须通过信件将案件已撤销或终结的情况通知投诉人，写明撤销或终结的理由，并将该信件副本提供给被投诉的法官及其所在法院的首席法官。如果司法理事会主席认定该事项足够严重以至于需要免除法官职务，则将该事项提交司法行为审查小组，并由执行主任用信件通知投诉人。①

当投诉涉及身份为首席法官的司法理事会成员时，适用司法行为委员会主席筛选程序规定时应将该首席法官排除在外。当提议撤销涉及司法理事会成员的案件时，司法行为委员会主席必须将案件及处理建议提交给法律界公认能力和经验俱佳的权威人士，由该人对处理建议发表意见。②

如果司法行为委员会主席或审查小组发现被投诉法官仍在处理投诉所涉事项，则可以将给该法官的信件寄送给该法官所在法院的首席法官，并要求首席法官在其认为合适的时候将该信件交给该法官，或者推迟给该法官的信件，直到该法官不再处理投诉所涉事

---

① 《关于对联邦政府任命的法官投诉或指控的审查程序》第9条。
② 《关于对联邦政府任命的法官投诉或指控的审查程序》第10条。

项。当司法行为委员会主席推迟与法官的通信时，与投诉人的通信也应当相应推迟。①

如果是加拿大司法部部长或各省司法部部长提出的要求，有关投诉无须经过上述筛选程序。

三、正式调查

根据加拿大《法官法》第63条的规定，加拿大司法理事会发起对法官的正式调查有两种方式，一是应加拿大司法部部长或各省司法部部长的要求发起对法官的正式调查，二是由加拿大司法理事会经筛选后决定进入正式调查程序。

（一）调查委员会的组成

如果司法理事会决定进行正式调查，便会成立调查委员会。司法行为审查小组必须为调查委员会考虑的争议问题准备好书面理由和声明。司法理事会执行主任必须把司法行为审查小组对问题的结论、理由和声明的副本发送给被投诉法官及其所在法院的首席大法官、加拿大司法部部长和调查委员会。司法理事会执行主任应当给司法部部长发送通知，邀请司法部部长根据《法官法》第63（3）条的规定，指派1名至少有10年从业经验的省律师协会的律师加入调查委员会。

调查委员会成员数量为单数，由司法理事会成员和1名至少有10年从业经验的省律师协会的律师组成，其中司法理事会成员由没有考虑过投诉事项的司法行为委员会中任职时间最长的成员②指定，律师由加拿大司法部部长指定。如果司法部部长自收到通知之日起60日内没有指定任何成员，司法行为委员会中任职时间最长的成员就可以再指派1名理事会成员加入调查委员会，以完成调查委员会的组建。调查委员会主席由司法行为委员会中任职时间最长的成员指定。下列人员不能成为调查委员会的成员：①将案件提交

---

① 《关于对联邦政府任命的法官投诉或指控的审查程序》第11条。

② 在没有合适的司法行为委员会成员的情况下，由没有考虑过投诉事项的任职时间最长的司法理事会成员指定。

司法行为审查小组的司法行为委员会主席或者副主席；②与受调查的法官所属同一法院的成员；③参与审议是否要成立调查委员会的司法行为审查小组的成员。① 调查委员会可以雇佣法律顾问和其他人员以提供建议，协助调查的进行。②

（二）调查委员会的权力

加拿大司法理事会或调查委员会在对法官进行调查时具有与上级法院相同的权力，可传唤证人、录取证供及要求有关各方递交文件，并具有和调查所在省份高等法院一样的强制任何人或证人到场并提供证据的权力。因行为不当而接受调查的法官有权获得有关调查事项、听证时间和地点的合理通知，并有权获得机会通过本人或律师参加听证、盘问证人和提交对自己有利的证据。

对于任何递交司法理事会而与某项调查有关，或就该项调查而编制的资料或文件，如果司法理事会认为公开该资料或文件不符合公共利益，可禁止公开。对法官的调查可以公开进行，也可以不公开进行，除非加拿大司法部部长要求公开进行。

（三）调查程序

调查委员会可以考虑任何引起其注意的与法官有关的投诉或指控。在这一过程中，调查委员会必须考虑司法行为审查小组对争议问题的书面理由和声明。调查委员会必须向法官告知所有涉及该法官的投诉与指控，并根据实际情况设定一个接收法官意见的合理期限且必须将该期限通知法官，对于期限内收到的法官意见，调查委员会必须考虑。③

调查委员会通常将举行听证会，被投诉法官与投诉人参加听证会并提交相关证据。根据《法官法》第63（6）条的规定，调查委员会的听证会必须公开进行，除非调查委员会认为公共利益和司法正当管理需要听证会全部或部分不公开进行。如果调查委员会认为向其出示的信息或文件的公开不符合公共利益，则可以禁止公开

---

① 《2015年加拿大司法理事会调查细则》第3条。
② 《2015年加拿大司法理事会调查细则》第4条。
③ 《2015年加拿大司法理事会调查细则》第5条。

这些信息或文件，并且可以采取一切必要措施以保护某些人员的身份，这些人员包括在考虑有关法官的投诉或指控中向其做了秘密保证的人员。① 调查委员会在实施调查的过程中必须以公平为原则。

调查结束后，调查委员会须向司法理事会递交报告。该报告可提出，基于《法官法》所列的一个或多个原因，有关法官已不适合或没有能力履行法官职务，因而建议免除或不免除该法官的职务。报告提交理事会之后，执行主任必须向被投诉法官或其他参加听证的人或机构提供一份报告副本。如果有投诉人，在调查委员会完成报告时，执行主任必须同时通知投诉人。如果听证公开进行，则报告必须公开，如果有投诉人，还应给投诉人提供一份报告副本。②

自收到调查委员会报告之日起 30 天内，法官可向司法理事会提供一份有关该报告的书面意见。如果法官申请延期，并且司法理事会认为延期符合公共利益，则理事会必须同意法官延期提交书面意见。③

（四）司法理事会的审议

收到调查委员会的报告及被调查法官的书面意见后，司法理事会将对是否免除法官职务进行审议。能够参与关于免除法官职务审议的资深成员需要主持理事会中与该审议有关的所有会议。对免除法官职务进行审议的会议需要 17 名司法理事会成员参加才能召开。在审议过程中，如果 17 名法定成员中有发生死亡，丧失行为能力，辞职或者退休的情况，则剩余的成员构成法定人数。在司法理事会对是否免除法官职务进行审议的过程中，主持会议的资深成员可以在理事会双方意见不分胜负时投票决定理事会的结论报告。司法理事会关于免除法官职务的审议也能以语音会议或者视频会议的形式进行。④

---

① 《2015 年加拿大司法理事会调查细则》第 6 条。
② 《2015 年加拿大司法理事会调查细则》第 8 条。
③ 《2015 年加拿大司法理事会调查细则》第 9 条。
④ 《2015 年加拿大司法理事会调查细则》第 10 条。

司法理事会必须考虑调查委员会的报告和被投诉法官所提交的书面意见。将案件提交司法行为审查小组的司法行为委员会主席或者副主席、与受调查的法官所属同一法院的成员、参与审议是否要成立调查委员会的司法行为审查小组的成员，以及调查委员会的成员不能参加理事会对报告的考虑或者理事会对相关事项的其他审议。在考虑了调查委员会的报告之后，司法理事会必须判定法官的行为是否使法官"丧失适当履行法官职务的能力"，进而决定是否作出免除法官职务的建议。

如果司法理事会认为调查委员会的报告需要进一步澄清说明，或者需要补充调查或调查，司法理事会可以将全部或部分事项退回调查委员会，并附指导意见。

根据《法官法》第65条的规定，调查结束后，司法理事会应将结论报告及调查记录提交给加拿大司法部部长。如果司法理事会认为调查所涉法官由于以下原因无法或不能适当地履行法官职责，则司法理事会可在向司法部部长提交的报告中建议免除该法官的职务：①年龄或疾病；②被认定从事了不当行为；③未能适当地履行职务；④基于其行为或其他原因，处于不能适当地履行司法职务的地位。加拿大司法部部长收到司法理事会关于免除法官职务的建议后，将转交给议会，由议会决定是否免除法官职务。但实际上加拿大议会从未面临过此种情形，一些法官在面临议会审议之前就选择了退休或辞职。

对于不适任的法官，司法理事会除了向司法部部长建议免除其职务外，司法理事会主席可以安排不适任的法官休假，时间为理事会主席考虑该案所有情形后认为公正或合适的期限，如果授权休假，在授权期限内该法官的薪水继续发放。司法理事会主席可以批准对被认定不适任的法官发放年薪，如果该法官在司法理事会主席作出免职裁定时已经辞职。

加拿大处理投诉的程序中并没有正式的上诉程序，但已结束的投诉有时会重新开始再次处理。导致上述情况的原因是有关方面因获得新资料而采取进一步行动，例如要求有关法官或该法官所在法院的首席法官提供意见。司法理事会就投诉所作的决定可接受司法审查。例如，有一起最初在1994—1995年结束，但其后在1998—1999年又重新处理并再次结束的投诉，便曾接受法院的司法审查。由于投诉人在上诉法院公布决定后再次要求重新处理有关投诉，司法理事会重新处理该案，司法行为委员会主席之后作出指责，然后再将案件结束。①

多伦多大学法学院Martin L. Friedland教授在其1995年发表的一篇报告中，详细探讨了司法理事会处理投诉的程序。他表示："司法理事会允许本人随意翻阅所有投诉个案。本人的总体意见为，司法行为委员会及执行主任以小心审慎的态度处理所收到的有关投诉的事宜。本人并没有察觉司法理事会在投诉人向其提出投诉后隐瞒任何事宜。"② Friedland教授就改善投诉的程序提出了多项建议，其中包括：在初步阶段便让投诉所针对的法官的首席法官介入其中，以调解有关投诉；加强公众人士参与正式调查工作；提高投诉程序的透明度。③ 2000年3月，加拿大司法理事会印制了解释投诉程序的小册子④，并将其广泛派发给国民及法官。加拿大司法理事会网站上也对公众如何投诉法官提供了指引。

为了保障法官的独立性，加拿大对于违反职业规范的法官，由法院系统而非政府来主导对法官的纪律惩戒，并由中立的专门委员会来负责调查工作，避免了权力机关借由掌握法官罢免权干涉法官独立办案，影响司法裁判结果的公正性。

---

① 周柏均：《海外地区处理针对法官的投诉的机制》，香港立法会秘书处资料研究及图书馆服务部，2002年7月8日，第9页。

② Martin L. Friedland, A Place Apart: Judicial Independence and Accountability in Canada, Canada: Canadian Judicial Council, 1995, pp. 94-5.

③ Martin L. Friedland, A Place Apart: Judicial Independence and Accountability in Canada, Canada: Canadian Judicial Council, 1995, pp. 128-141.

④ The Conduct of Judges and the Role of the Canadian Judicial Council (pamphlet), at http://www.cjc-ccm.gc.ca/cmslib/general/news_pub_judicial-conduct_CJCRole_2004_en.pdf.

第三节　加拿大联邦司法责任追究情况分析

加拿大司法理事会网站有一个栏目公布了加拿大司法理事会从 1995 至今的年报。① 加拿大司法理事会年报的涵盖时间不是日历年度，而是一年的 4 月 1 日至次年的 3 月 31 日。司法理事会 1995—2002 年的年报在形式和内容上都比较固定，包括前言、加拿大司法理事会概况、司法教育、投诉、议题、司法薪酬和效益、附录等，其中"投诉"部分是该年度对加拿大联邦法官投诉情况的统计与归纳，"议题"部分经常涉及加拿大司法责任与投诉的议题，"附录"部分包括加拿大司法理事会及各委员会的成员情况、司法理事会细则和对投诉进行调查的报告等。从 2003 年开始，司法理事会年报形式不再统一，内容也丰富多样，有些年份的年报还专门设置了主题，但每年的年报都有关于投诉情况的介绍和统计。本节将根据加拿大司法理事会的年报，对加拿大联邦司法责任追究的实践作一分析。

2015 年 7 月 29 日，加拿大司法理事会对有关司法行为的投诉进行审查的新版程序规定和细则生效。2015 年版审查程序的重要改变是授予执行主任在初步筛选程序中确定来信是否构成值得考虑的投诉。在此之前，是由司法行为委员会成员来确定来信是否构成一项投诉。

2015 年 4 月 1 日至 2016 年 3 月 31 日，加拿大司法理事会一共收到 651 件有关司法行为问题的来信。虽然并非所有来信都是有关法官行为投诉的，但司法理事会认真审查了每一封来信。由于新程序规定要提高效率，司法理事会在 2015—2016 年处理了 281 件投诉案件，结束了 286 件投诉案件（一些投诉是上一年度遗留的案件）。② 而前一个年度所处理的投诉为 173 起，结束的投诉为 206

---

① https://www.cjc-ccm.gc.ca/english/news_en.asp?selMenu=news_pub_annualreports_en.asp.

② Canadian Judicial Council Annual Report, 2015, p.16.

起,前20个年度每年平均处理的投诉为169起,结束的投诉为169起。可见,2015年版程序规定通过授予执行主任对来信初步筛选的权力,大大提高了对投诉案件的处理效率。

加拿大司法理事会一直记录投诉或指控的类别,其中涉及子女抚养权、离婚等家事法的投诉最多。与家事法有关的投诉通常涉及有关法官对性别、种族或宗教的偏见的指控。其他经常被投诉的事项包括:利益冲突、拖延作出判决的时间、滥用司法权力、不应有的不耐烦表现、对所关注的事项作苛刻批评、不专业行为或其他事项。一般投诉很少须要作出正式调查。截至目前,绝大部分投诉交由司法行为委员会主席处理,小部分则交由司法行为审查小组处理。根据加拿大司法理事会的年报,如果案件无须咨询法官的意见或作进一步调查便结束处理,最典型的情况是投诉人谋求的是直接或非直接的渠道以更改或推翻法官所做的决定。加拿大司法理事会1990年至今处理的投诉情况见下表。

表1　　　　　　　投诉案件数据(1990—2015年)

年度	处理的新投诉	在前一年度开始处理的投诉	投诉案件总数	已结束的投诉	须在下一年度继续处理的投诉
1990—1991	85	13	98	82	16
1991—1992	115	16	131	117	14
1992—1993	127	14	141	110	31
1993—1994	164	31	195	156	39
1994—1995	174	39	213	186	27
1995—1996	200	27	227	180	47
1996—1997	186	47	233	187	46
1997—1998	202	46	248	195	53
1998—1999	145	53	198	162	36
1999—2000	169	36	205	171	34

续表

年度	处理的新投诉	在前一年度开始处理的投诉	投诉案件总数	已结束的投诉	须在下一年度继续处理的投诉
2000—2001	150	34	184	155	29
2001—2002	180	29	209	174	35
2002—2003	170	35	205	173	32
2003—2004	138	32	170	122	45
2004—2005	149	45	194	145	49
2005—2006	176	49	225	155	70
2006—2007	193	70	263	219	44
2007—2008	189	44	233	205	28
2008—2009	161	28	189	154	35
2009—2010	161	35	196	167	29
2010—2011	156	29	185	140	45
2011—2012	185	42	227	197	37
2012—2013	138	37	175	131	44
2013—2014	159	42	201	138	63
2014—2015	173	63	236	206	30
2015—2016	281	30	311	286	25

第四节　加拿大各省法官责任追究程序

加拿大各省都有自己独立的法官责任追究程序，安大略省是最早建立司法理事会的省份，有关法官责任追究程序的规定也最为完善。除爱德华王子岛外的所有省和地区都先后通过法律确立了司法理事会制度，这些省份大多数参考了安大略省的做法和1971年加拿大联邦《法官法》。①但各省的司法理事会都存在不同之处。下文将以安大略省为重点对加拿大各省的法官责任追究程序进行介绍。

一、安大略省

加拿大的第一个省司法理事会是1968年②在安大略省采纳了麦克鲁报告③的建议后建立的。尽管安大略省的司法惩戒程序最近作出了重大的修改，但对以前该省的相关法律进行研究还是有益的，因为其他许多省在一定程度上参照了安大略省的相关法律。但各省的司法理事会却没有统一的模式。就像一位作家几年前所表述的，各省之间存在着"令人吃惊的差异，并且在结构及程序上没有统一的趋势"。但人们在最近可以看到一种趋势，即更多公众及省法院参与、更大透明度以及像联邦体系一样对调查与听证加以区分。在某种程度上，不同的模式代表了不同的哲学。比如说有些省给予非法律专业人士更多的参与机会，并对其他人更加开放。但也有人认为这种差异是由不同的个性，特别是在各省制定相关法律时那些重要的司法官员的个性所导致的。

《麦克鲁报告》建议建立一个机构，省总检察长可以就省法官的任命征求该机构的意见。后来大多数省采取了这一模式。麦克鲁认为该机构还可以成为对省法官进行投诉的渠道，麦克鲁认为："应当有这样的一个机构，律师协会的成员及其他公众能够通过该机构将其对司法机构成员的行为提出投诉。如果本报告所建议的司法理事会得以建立，该理事会可以对严重的投诉加以考虑并决定是否根据《地方法官法》第3条的规定进行调查。"当时免除省法院法官（当时被称为地方法官）职务的程序是由内阁根据安大略省

---

① 参见《修改法官法及财政管理法的法案》，Stat. Can. 1970—1971, c. 55. s. 11.

② 1968年《省法院法》。参见 Peter McCormick. Judicial Councils for Provincial Judges in Canada. 6 Windsor Y. B. Access Just, 1986, p. 160.

③ 参见《麦克鲁报告》，No. 1卷二，多伦多 Queen's Printer, 1968。

最高法院的调查作出的。① 麦克鲁指出自从 1952 年该法案通过以来，其中涉及调查的条款从来没有被适用过。

安大略省 1968 年通过立法采纳了《麦克鲁报告》的建议。该省司法理事会由安大略省的 2 名首席大法官、2 名省首席法官、法律协会的财政部部长以及总检察长任命的人（最多 2 名）组成。实际上 10 年以后这两名委员才被任命。法律并没有要求他们是普通的市民。该法第 8 条规定了司法理事会的职责。

（1）司法理事会的职责包括：

（a）应司法部部长的要求，考虑省法官的任命并就此向司法部部长提出报告；

（b）接受对法官不适当地履行或未履行职责的行为以及无法履行职务的投诉，并对此进行调查。

（2）依照本条第（1）款（b）项的调查应当不公开进行。

（3）司法理事会在调查后，可以建议省长按照《地方法官法》第 4 条进行调查。

司法理事会的职责一直到 1994 年都没有大的变化。但有几个小的变化：一个是 1970 年作出的，允许司法理事会主席（安大略省首席法官）将投诉转给某一个首席法官处理。② 另一个变化是在 1984 年作出的，规定免除法官职务必须经司法理事会的建议并经过内阁任命的安大略省最高法院（现在是普通庭）法官进行调查。③ 最近的哈瑞修克案就执行了这个程序，另外还有 6 个类似的案子。此外，现在是由立法会而不是以前的内阁来行使免除法官职务的权力。安大略省至今还是唯一的一个要求立法机关免除法官职务的省。④

安大略省于 1994 年通过《法院法修改法案》，该法的部分于

---

① 1960 年《地方法官法》第 3（3）条。
② 参见《修改 1968 年省法院法的法案》，S. O. 1970，c. 38，s. 2.
③ 参见 1984 年《法院法》。
④ 参见 Russell 注，p. 181.

1995年9月1日起生效。① 与以前相比，安大略省新立法增加了很多内容。在1968年立法中，只有2章14个小节。而在新的立法中共有14章包括约175小节。新的立法对安大略省的相关程序作出了重大修改。其中包括：扩大司法理事会的同时增加省法官的参与和减少联邦任命法官的参与；将筛选、调查及听证等程序分开；废除了1名法官的独任听证；提供了较免除职务为轻的中间处罚；就程序的适用条件及程序本身提供了更大的透明度。

安大略省司法理事会从8人增加到12人。与此前的立法不同，理事会中法官与非法官的人数相同，而以前的理事会8名成员中有5名法官。但理事会主席由法官担任，而在两种意见相持不下时，他有最终决定的投票权。非法官成员包括法律协会任命的2名律师和政府任命的4名就此获得报酬的非法律专业人士。与此前的立法规定在5名法官成员中有3名联邦任命的法官不同，根据新的立法，在6名法官成员中只有1名联邦任命的法官，即安大略省首席大法官或该法官任命的另一位上诉法院的法官。其他都是省任命的法官（2名首席法官或助理首席法官，1名地区资深法官及由首席法官任命的2名普通法官）。安大略省首席大法官（或其指定的法官）在处理纪律案件时作为理事会的主席；其他情况下省法院首席法官是理事会的主席。新的立法还试图建立一种较为稳定的任期机制，从而使那些因为任职原因而不在的法官能够继续任职。② 这样就可以避免，就像一位研究省司法理事会的学者所指出的，"每个省司法理事会成员的更换都相当地频繁"。该法还要求在任命司法理事会成员时，"在司法理事会的组成上，要体现安大略省的双语体系以及广泛分布的人口与大体的性别平衡。"

对一个人数较多的司法理事会而言，将筛选、调查与听证等职能分开相对要容易一些。整个程序的3个阶段都由司法理事会的成员完成：由2个人组成的筛选委员会；由4名成员组成的调查委员

---

① 参见1994年《法院法修改法案》。

② 规定任期为4年并不得连任。但紧接着又规定首次被任命的2名法官中的一人和2名非法律专业人士可以任职6年。

会；和1个由司法理事会确定人数的听证委员会。筛选委员会的成员不能进行调查与听证，而调查委员会的人也不能进行听证。① 这些都使得听证委员会可供选择的范围被缩小。此外还有针对听证委员会的特别规则，比如说一半是法官，并且由联邦任命的法官担任主席，以及至少有1名非法律专业人士。

新立法明确规定筛选委员会由1名省法官（不是首席法官）和1名非法律专业人士组成。符合条件的成员轮流在筛选委员会任职。筛选委员会在投诉"不属于司法理事会的管辖、没有意义或明显的滥用程序时"可以驳回该投诉。比如说，一个针对联邦法官的投诉或是对应当提出上诉的事项提出的投诉。这与联邦司法理事会主席的职能相似。大多数的投诉都在这一阶段被驳回。筛选委员会的1名学生曾做过统计，"大多数（在许多省，高达65%—70%）投诉实际上都是对法官的判决不满，而对此应当提出上诉"。筛选委员会还可以将投诉提交省法院首席法官处理。在一个投诉被驳回或提交省法院首席法官之前，筛选委员会的成员必须达成一致。如果不能达成一致，则该投诉应当提交司法理事会。当然，在任何情况下该委员会都可以将一个投诉提交司法理事会。

第二步是由一个4人组成的调查委员会进行审查。该委员会由2名法官（不是首席法官），1名律师和1名非法律专业人士组成。由1名法官成员担任委员会主席，在意见相持不下时他有最终决定权。该委员会可以驳回一项投诉，将该投诉提交省首席法官或提交听证。到目前为止，程序还是不公开，但投诉人将获知司法理事会的决定，如果是驳回投诉的情况，他还将被简要地告知理由。听证是公开进行的，但委员会在特殊的情况下可以决定不公开进行。新的立法将决定听证程序的权力赋予了司法理事会。

听证委员会除了建议免除职务外还可以采取许多其他的制裁。司法理事会可以单独或并处以下的任何处罚：警告；批评；责令赔礼道歉；责令法官采取特定的措施，比如：接受教育或治疗、对该法官给予任何期限的带薪停职，或不超过30天的不带薪停职。

---

① 参见1993年12月14日《安大略省法院法修改法案》。

第五章　加拿大司法责任的追究

新立法的一些条款专门用来提高对投诉程序的适用及程序本身的了解。比如说，新法规定司法理事会应当在法院及其他场所提供关于该理事会本身以及社会公众如何获得帮助进行投诉的信息。安大略省司法理事会还应当提供免费投诉电话并协助社会公众准备提出投诉的文件。此外，与加拿大司法理事会相同，安大略省司法理事会也要发布年度报告对其进行的纪律处罚行为进行总结，但在报告中不披露被投诉法官或投诉人身份。该法还规定任何法官收到对另一名法官不适当行为的指责，都必须告诉提出指责的人有关的投诉程序，并将他介绍到司法理事会。

安大略省的法律还规定了建立"省法院法官行为标准"的条款。该法案在这一点上是选择性的，而不像魁北克省的法律规定，规定行为守则的规定是强制性的。

二、英属哥伦比亚省

英属哥伦比亚省是紧随安大略省建立司法理事会的省。在该省1969年的《省法院法》[1]中，作出了与1968年安大略省法案大致相同的规定。但有两点显著的区别。英属哥伦比亚省委员会的3名法官都是省法院的法官，而没有联邦任命的法官。另一个与安大略省不同的地方是，在安大略省，司法理事会的多数委员是由法官组成（7名委员中的4人），而英属哥伦比亚省的司法理事会中的多数委员不是法官（7名委员中的4人）。[2] 根据英属哥伦比亚省的法律，必须经过调查才能免除法官的职务，[3] 但由谁来进行调查却不清楚。1981年，法律规定被调查法官有权选择由理事会进行调查或由省最高法院首席大法官任命的一名省最高法院法官进行调查。[4] 1981年，理事会中非司法机构委员增加，从7名中的4人增

---

[1] S.B.C.1969, C.28.
[2] S.B.C.1969, C.28. 第21条。
[3] S.B.C.1969, C.28. 第6条。
[4] 参见1981年《省法院修改法案》，1981, c.26, s.15。

加到9名中的6人。① 英属哥伦比亚是唯一由司法理事会（或省最高法院的法官），而不是由立法机关、内阁或上诉法院免除省法官职务的省。该省被调查法官对调查委员会的结果不服时，可以向上诉法院提出上诉。②

三、曼尼托巴省

曼尼托巴省1972年建立了一个有5名成员的司法理事会，其中只有一名法官。该法官是联邦任命的法官，担任该理事会的主席。③ 而该省首席大法官不是司法理事会成员。曼尼托巴省司法理事会是唯一一个没有省法官参与的省司法理事会。曼尼托巴省与英属哥伦比亚省一样，对司法理事会作出的纪律处罚决定可以提出上诉。曼尼托巴省的法律后来作出修改，司法理事会成员增至9名，法官增加到4人。④ 司法理事会主席是王座法院的首席大法官，其他3名法官是由总检察长任命的省法官，其中一人可以是首席法官。

曼尼托巴省最近通过的立法有一些很独特的地方。与安大略省法案及加拿大司法理事会的规则相似，该立法也试图将调查与审理程序分开。该立法完全采纳了曼尼托巴省法律改革委员会建议的"完善的两级体制"。⑤ 司法理事会的目的是保持首席法官作为每天与省法院法官打交道的人在处理投诉的过程中所应当发挥的积极作用，同时防止被视为存在不公开的裁量或办"关系"案。⑥ 结论是建议对严重不适当行为由一个调查委员会进行调查，而由一个独立的委员会进行审理，同时，较为轻微的行为仍然由首席法官

---

① 参见1981年《省法院修改法案》，1981, c.26, s.11。
② 参见1981年《省法院修改法案》，1981, c.26, s.12。
③ 1972年《省法院法》，S.M. 1972, c.61, s.6。
④ 参见1982—1984年《省法院法》第27（1）条。
⑤ 参见曼尼托巴省法律改革委员会《关于省法官独立的报告》第72号报告，Winnipeg: Queen's Printer, 1989, pp.70-71。
⑥ 参见曼尼托巴省法律改革委员会《关于省法官独立的报告》第72号报告，Winnipeg: Queen's Printer, 1989, p.70。

处理。

新的曼尼托巴省立法采纳了这一体制,并确立了投诉程序的不同步骤。与以前的程序相同,投诉首先被提交到首席法官。首席法官也可以无须投诉,自行开始调查。在认为投诉"没有基础"时,首席法官可以驳回投诉,如果"投诉人应当采取其他适当的措施,首席法官应当告知该投诉人"。首席法官也可以试图解决投诉。最后,该投诉可以被提交给"调查委员会"。如果投诉人对首席法官的处理不满,可以将该事项提交给调查委员会。

曼尼托巴省的调查委员会在加拿大是独一无二的。它不是由司法理事会的成员组成。其功能是"对被投诉为不适当的法官行为进行调查,并在该投诉提交司法理事会后采取相应的程序"。该委员会由3人组成,由王座法院的法官担任主席,其成员包括加拿大律师协会曼尼托巴省分会推荐的1名律师和1名由政府任命的非法律专业人士。

该委员会对首席法官提交的投诉进行调查。该调查不公开进行,调查委员会可以在此过程中试图解决投诉,决定"就投诉而言不需要采取进一步的措施"或"对该法官基于不适当的行为提出指控,说明指控的原因",并"将该指控提交司法理事会"。只有在这一阶段,该投诉才能被公开。在调查委员会对1名法官提出指控后,省首席法官可以决定对其采取不带薪停职。

该省的司法理事会在加拿大也是独一无二的。该委员会共有6名成员,其中有3名法官、1名该省法律协会的代表和政府选出的2名非法律专业人士。其独特的地方是理事会的3名法官成员全部都是来自加拿大西部其他省的省法官,由这3个省的首席法官确定。如果外省的法官出于某种原因无法履行职务,内阁在征求意见后可以任命曼尼托巴省王座法院或省法院的法官(非首席法官)。调查委员会将案件提交司法理事会。司法理事会可以适用的制裁与安大略省几乎完全相同,唯一的不同是在责令法官采取特定的措施时,比如说接受教育和治疗,可以按照不带薪休假或请假处理。与以前的立法相同,但与安大略省不同,曼尼托巴省是由内阁而不是立法机构来执行司法理事会免除某一法官职务的建议。

与安大略省的立法相同，曼尼托巴省也向公众提供关于投诉程序的信息、帮助准备投诉并提供年度报告。与安大略省不同，曼尼托巴省允许裁决所涉及法官就法律问题向上诉法院提出上诉。上诉法院可以"作出其认为适当的任何决定"。对"不适当行为"的法律解释看起来会给上诉法院相当多的余地。

四、魁北克省

魁北克省1978年建立了司法理事会。与英属哥伦比亚省一样，该理事会里没有联邦任命的法官。理事会包括11名法官，除了3名资深法官外全部都是首席法官或助理首席法官。此外还有4名其他成员，2名由魁北克省司法理事会任命，2名由司法部任命。① 只有魁北克省和西北地区②明确规定司法理事会的其他成员不能是法官或律师。调查委员会由司法理事会的5名成员组成。③ 在魁北克省，只有上诉法院能决定免除法官的职务。④ 1978年增加的一个条款规定司法理事会在征求法官们的意见后，"应当根据法律制定一个司法行为守则"。⑤ 后来委员会制定了一个简短的守则。在以后的章节将对此进行详细的讨论。

魁北克省的司法理事会也有权批评法官。而安大略省在1994年法律修改前，除了建议免除职务外，没有赋予司法理事会任何正式的权力。所有其他的省都先后赋予司法理事会批评法官的权力。在魁北克省，司法理事会还可以不带薪停法官的职，直到调查结束。其他部分省的司法理事会有权在调查开始前或结束后作为惩罚对法官作出不带薪停职的决定。⑥

---

① 《省法院法》R.S.Q., c.T-16, s.248。
② 《省法院法》R.S.Q., c.T-16, s.248。
③ 《省法院法》R.S.Q., c.T-16, s.269。
④ 《省法院法》R.S.Q., c.T-16, ss.95, 279（h）。
⑤ 《修改法院法及民事诉讼法及建立司法理事会的法案》，S.Q.1978, c.19, s.33。
⑥ 《Provincial Court Amendment Act》, 1988, c.49, s.11；《地区法院法》R.S.Y.1986, c.169, s.36（1）（b）。

五、萨斯卡其旺省

萨斯卡其旺省也于1978年通过法律建立了司法理事会，萨斯卡其旺省①司法理事会的组织与安大略省相同。司法理事会的大多数成员是法官，而在法官委员中大多数是联邦任命的法官（3人中的2人）。

萨斯卡其旺省的法律详细地规定了调查委员会的组成。② 该委员会可以包括1名王座法院的法官、1名省法院的法官和1名律师协会的成员。而阿尔伯塔省则像大多数其他省一样，只是规定调查委员会为"司法理事会所属的一个委员会"。阿尔伯塔省特别赋予了省法院首席法官进行纪律处分的部分权力。首席法官有责任"对某一法官任何引起其注意的行为，不论是否被投诉，进行审查并可以……对该法官提出批评、采取补救措施或将该事件提交司法理事会"。此外，司法理事会可以将任何投诉转给首席法官调查后向委员会报告。其他一些省也给予首席法官很大的进行调查和筛选的权力。英属哥伦比亚省在1981年通过法律修改也采取了这一做法。

六、阿尔伯塔省

阿尔伯塔省③司法理事会的组织与安大略省相同。司法理事会的大多数成员是法官，而在法官委员中大多数是联邦任命的法官（阿尔伯塔省为4人中的3人）。在阿尔伯塔省，司法理事会主席由总检察长任命，在司法理事会成立的前几年，都是由非法律专业人士担任。

---

① 参见1978年《省法院法》S. S. 1978，c. 42，pp. 15-17.
② McCormick指出，萨斯卡其旺省立法与联邦《法官法》之间的相似之处源于首席大法官既是联邦司法行为委员会的主席，也是建立萨斯卡其旺省委员会的主要倡导者。
③ 参见1978年《省法院法》S. A. 1978，c. 70，pp. 15-17.

七、爱德华王子岛省

爱德华王子岛省没有司法理事会，而是由内阁任命一名该省最高法院的法官进行调查。调查法官可以建议对被调查法官提出批评、短期的停职或免除职务，内阁可以采取其建议。①

八、纽芬兰与拉布拉多省

纽芬兰与拉布拉多省在1974年通过法律建立了司法理事会。②该理事会由6名成员组成：2名联邦任命的法官，1名首席地方法官（现在的省法院首席法官），1名省法院法官以及2名司法部部长任命的成员。在不能形成多数意见时如何处理审理并没有规定。司法理事会自己进行调查。在加拿大司法理事会的早期实践中，至少有1名其他成员是省司法部的代表。

九、诺瓦斯科迪亚省

诺瓦斯科迪亚省直到1980年③才建立司法理事会。诺瓦斯科迪亚省司法理事会包括3名首席大法官（分别为上诉法院、最高法院审判庭以及县法院的首席法官），省法院的首席法官以及律师协会的1名代表。诺瓦斯科迪亚省司法理事是唯一没有非法律专业人士的委员会。该理事会举行听证并可以建议内阁免除法官的职务。④ 诺瓦斯科迪亚省司法理事会还可以按照其认为适当的"条件对法官作出纪律处分或停职"。⑤

十、新布朗斯维克省

新布朗斯维克省直到1985年才建立司法理事会。⑥新布朗斯维

---

① 参见该省1988年《省法院法》第10条。
② 参见该地区1974年《省法院法》。
③ 参见 S. N. S. 1980 c. 60 s. 2。
④ 参见该省1978—1979年《省法院法》，c.48，第17（1）（a）及（c）条。
⑤ 参见该省1978—1979年《省法院法》，c.48，第17（1）（b）条。
⑥ 参见《省法院法修改法案》，S. N. B. 1985，c.66。

克省1985年的立法规定，司法理事会由5名成员组成，其中3人不是法官（1名律师协会的前主席以及内阁任命的另外2名成员）。① 其中法官成员一个是该省的首席法官，一个是上诉法院的法官，另一个是省法院首席法官。1987年法官成员的人数增加到7人而不再有非法官的成员。② 最后，1990年又有3名不是律师的人被任命为司法理事会的成员。③ 根据1985年的法律，听证应当由王座法院的法官进行，而到了1987年，变成了由一个3名成员组成的裁判庭对投诉进行审理（在初步审查认为有足够的证据支持进行正式调查之后）。④ 在1990年对司法理事会的组成进行调整的同时，该裁判庭的组成人员中也增加了1名非法律专业人员。

加拿大几乎所有的省和地区的总检察长都有权力要求进行调查。⑤ 但对于是否公开听证则有所不同。最初的安大略省立法规定，司法理事会"应当"不公开进行调查。但由最高法院法官进行的调查因为是根据《调查法案》进行的，因此必须是公开的，除非审理法官基于特定的理由命令该调查不公开。⑥ 有些省允许进行公开的听证，但调查委员会有权进行不公开的审理。比如说英属哥伦比亚省规定，调查"应当公开进行，除非调查委员会认为依照公共利益该调查的全部或部分应当不公开进行"。还有一些省的做法正好相反，即调查应当不公开进行，除非命令其公开。比如说新布朗斯维克省在其1987年的立法中规定，调查"应当不公开进行，除非被调查的法官要求公开或者司法理事会认为出于公共利益的考虑该调查应当公开进行"。诺瓦斯科迪亚省和阿尔伯塔省⑦都没有给司法理事会听证的选择权：司法理事会必须不公开地听证。魁北克省的立法没有明确是否公开的问题，但在最近的一个判决中

---

① 参见1985年该省《省法院法修改法案》第3条。
② 参见1987年该省《省法院法修改法案》第8条。
③ 参见1990年该省《省法院法修改法案》第1条。
④ 参见1987年该省《省法院法修改法案》第8条。
⑤ 《省法院法》S.O.1968，c.103，第8（2）条。
⑥ 《省法院法》S.O.1968，c.103，第4（2）条。
⑦ 参见该省1981年《省法院法》第11（4）条。

认定在对一个投诉进行调查的初期没有宪法义务进行公开的调查,但在魁北克省已经确立了这样的制度,即如果投诉者要求公开调查,则除非有充分的相反证据,裁判庭应当公开进行调查。①

---

① 参见 Southam Inc. v. Quebec (A. G.) (1993年7月7日) 及 Southam Inc. v. Mercier et al. [1990] R. J. Q. 437.

附　　录

附录1　加拿大《法官法》节选

2015年2月26日修订
（关于联邦法院和省法院法官的法律）

第二部分　司法理事会

（第58~71条）

解释条款
部长的定义
第58条　在本部分，部长指的是加拿大司法部部长。
理事会的组成
理事会的设立
第59条　（1）根据本条设立的加拿大司法理事会由以下成员组成：

（a）加拿大首席大法官，担任理事会主席；

（b）每个高等法院及其分支机构的首席大法官、高级助理首席大法官和助理首席大法官；

（c）育空高等法院、西北地区高等法院和努纳武特法院的资深法官[①]；

[①] 《法官法》第22（3）条定义的资深法官指没有根据第29（1）条或第32.1（1）条选举产生的法官中最早在某一法院任职的法官，如果有多个法官在同一天任命，司法理事会可指定其中1名为资深法官。

（d）加拿大军事上诉法院的首席大法官。

（e）2002年废止。

（2）和（3）1999年废止。

候补成员

（4）每一位理事会成员可以指定其所在法院的一名法官为候补成员，候补成员在指定的期间履行理事会成员的职责。加拿大首席大法官可以指定加拿大最高法院前法官而不是现任法官为理事会候补成员。

理事会的目标

第60条 （1）理事会的目标是提升高等法院的效率和统一，促进司法服务质量。

理事会的权力

（2）为促进目标实现，理事会可以：

（a）设立首席法官会议和副首席法官会议；

（b）为法官继续教育开设研讨班；

（c）对第63条所述的投诉或指控展开调查和调查；

（d）开展第69条所述的调查。

理事会会议

第61条 （1）理事会每年至少召开一次会议。

理事会的工作

（2）根据本法规定，理事会的工作应以理事会可以指导的方式进行。

实施细则

（3）理事会可以制定：

（a）关于召集理事会会议的实施细则；

（b）关于理事会会议如何召开的实施细则，包括会议的法定人数、理事会下委员会的设立与职责授权；

（c）关于第63条规定的调查与调查行为的实施细则。

顾问与助理的雇用

第62条 理事会可以聘用实现其目标与职责所必要的人员，

也可以聘用顾问协助理事会在根据第 63 条所进行的调查或调查中的工作。

有关法官的调查

调查

第 63 条 （1）应加拿大司法部部长或各省司法部部长的请求，理事会应发起调查，以决定某一高等法院法官是否应该基于第 65（2）（a）至（d）的原因被解职。

调查

（2）理事会可对任何有关高等法院法官的投诉或指控展开调查。

调查委员会

（3）为进行本条规定的调查，理事会可指定一名或多名成员与加拿大司法部部长指定的至少有十年从业经验的省律师协会的律师一起组成调查委员会。

理事会或调查委员会的权力

（4）理事会或调查委员会在根据本条进行调查时应被视为一个高等法院，拥有以下权力：

（a）传唤任何在民事上具有确认能力的人或证人并要求该人提供经宣誓的口头或书面证言，或作出正式确认，并出示对进入调查的事项进行全面调查所需要的文件或证据。

（b）和调查所在省份高等法院一样的强制任何人或证人到场并提供证据的权力。

禁止公布和调查等有关的信息

（5）理事会如果认为公布调查中产生的或与调查有关的任何信息或文件不符合公共利益，则可禁止公布这些信息或文件。

调查可公开也可不公开

（6）本条规定的调查可以公开进行，也可以不公开进行，除非加拿大司法部部长要求公开进行。

听证通知

第 64 条 第 63 条项下的调查所针对的法官有权获得有关调查

事项、听证时间和地点的合理通知,并有权获得机会通过本人或律师参加听证、盘问证人和提交对自己有利的证据。

报告和建议
理事会报告

第 65 条 (1) 第 63 条项下的调查结束后,司法理事会应将结论报告及调查记录提交给加拿大司法部部长。

向司法部部长建议

(2) 如果司法理事会认为,调查所涉法官由于以下原因无法或不能适当地履行法官职责,则司法理事会可在根据前款规定向司法部部长提交的报告中建议免除该法官的职务:

①年龄或疾病;

②被认定从事了不当行为;

③未能适当地履行职务;或

④基于其行为或其他原因,处于不能适当地履行司法职务的地位。

调查效果

第 66 条 (1) 1985 年废止。

带薪休假

(2) 对于根据第 65(2) 条认定不适任的法官,司法理事会主席可以授权休假,时间为理事会主席考虑该案所有情形后认为公正或合适的期限,如果授权休假,在授权期限内该法官的薪水继续发放。

辞职法官的年金

(3) 司法理事会主席可以批准对被认定不适任的法官发放年薪,如果该法官在司法理事会主席作出裁定时已经辞职。

第 67 条 1985 年废止。

第 68 条 1985 年废止。

有关其他人的调查
进一步调查

第 69 条 (1) 在加拿大司法部部长的要求下,司法理事会应开始调查,以确定根据议会立法任命并履行良好职责的人员是否应基于第 65 条第 2 款 a 项至 d 项的原因免除职务，以下人员除外：

（a）高等法院的法官或联邦法院的首席书记官，或

（b）《加拿大议会法》第 48 条适用的人员。

适用条款

（2）本法第 63 条第 3 款至第 6 款，第 64 条，第 65 条，第 66 条第 2 款根据具体情况修改后适用于本条规定的调查。

免除职务

（3）在加拿大司法部部长的建议下，司法理事会主席收到与根据本条进行的调查有关的第 65 条第 1 款所述的报告，并且该报告与可由司法理事会主席而不是参议院或众议院或参众两院联合才能免职的人员有关，则司法理事会主席可通过命令的方式免除该人员的职务。

给议会的报告

交给议会的命令或报告

第 70 条　司法理事会根据第 69 条第 3 款作出的命令以及所有相关报告和证据应于该命令作出后 15 日内提交议会，如果议会在收到后 15 日内没有开会，则在议会两院之一开会后 15 日内提交。

由议会免职或由理事会主席免职

不受影响的权力、权利或职责

第 71 条　根据第 63 条至第 74 条的作为或不作为不影响众议院、参议院或司法理事会主席有关免除法官、联邦法院首席书记官或其他任何根据这些条款进行的调查涉及的人员的权力、权利或职责。

附录2　加拿大法官道德准则[①]

加拿大司法制度能够有效运行并提供加拿大公民所需要的公正，很大程度上取决于加拿大法官的道德标准。

法官的道德标准是加拿大司法理事会关注的核心问题。一个广泛接受的道德框架的通过有助于司法理事会履行职责，确保法官和公众了解法官在个人生活和职业生活中应当遵守的道德准则。

司法理事会自1971年成立以来一直以积极的方式促进加拿大司法公正。1998年《法官道德原则》的发布就是这方面的重要成就。

我们对司法理事会于1994年建立的工作委员会以及诸多专家充满敬意。司法理事会乐于更新这些准则所表述的高标准的行为规范。

一、目的

（一）声明

本文件的目的是为由联邦任命的法官提供职业道德指引。

（二）准则

（1）本文件中的各项声明、准则和评注确立了所有法官应努力遵循的非常高的行为标准。这些标准均为一般性的准则，因此还须本着与司法独立及法律之要求相一致的精神，将这些准则适用于各种具体情形。这些声明、准则和评注中所阐明的最高标准并不排除在适用中有合理分歧，也并非意味着背离这些标准就应当进行非难。

（2）这些声明、准则和评注仅具建议性质，其目的在于帮助

[①] Ethical Principles for Judges, https://www.cjc-ccm.gc.ca/cmslib/general/news_pub_judicialconduct_Principles_en.pdf. 本文件在翻译过程中参考了怀效锋主编的《法官行为与职业伦理》（法律出版社2006年版）中的译文，特此感谢。

法官处理所遇到的棘手的道德与职业问题，并帮助公众更好地理解司法的作用。本文件不是，也不应当被当作有拘束力的行为准则或被禁止行为的清单，也不是为司法不端行为设定标准。

（3）拥有一个独立的司法部门是所有加拿大人的权利。法官必须可以自由地依据法律和事实，诚实、公正地审判案件，而不受任何外界的压力或影响，不用担心任何人的干预，而且在人们看来也是这样。这些声明、准则和评注的任何内容都不能以任何方式限制或试图限制司法独立，否则将会导致否定本文件所追求的真正精神，即人人有权享有公平、独立的法官执掌下的平等、公正的司法正义。正如"司法独立"一章所指出的，支持和捍卫司法独立是法官的职责，这并不是因为司法官员享有特权，而是因为是宪法保证人人都有将其争议交由公正的法官审判的权利。

（三）评注

（1）加拿大人民做了种种努力与尝试，试图为法官们提供道德与职业问题指引，更好地向公众传达法官为之奋斗的高远理想，本文件中的这些声明、准则和评述是这一系列努力中的最新成果。本文件参考了 J. O. Wilson 法官于 1980 年出版的《写给法官们的书》、Rt. Hon. Gerald Fauteux 大法官于 1980 年出版的法语版《写给法官们的书》（*Le livre du magistrat*）、加拿大司法理事会于 1991 年出版的《司法行为评注》和 Beverley Smith 教授的教材《律师和法官的职业行为》（1998 年版）。依托这些宝贵的资料，本出版物是迄今为止加拿大就该主题最为完整的阐述。但是，本出版物依然不足以涵盖实践中出现的包罗万象的问题。上述资料以及在后文评注中提到的所有资料，仍将继续为加拿大的法官们提供帮助。

（2）本文件在起草过程中参阅了大量的资料，遍布全文的参考文献就是最好的证明。这些资料来源不仅仅限于加拿大本国，还包括适用于美国联邦法官的《司法行为规范》、美国律师协会的《司法行为示范规范》（1990 年）以及加拿大、英国、澳大利亚和美国与司法行为有关的学术著述和规则。特别值得一提的是 J. B. Thomas 的《澳大利亚司法职业道德》（1997 年第二版）、J. Shaman 等的《司法行为和道德》（1995 年第二版）、S. Shetreet

的《审案法官》(1976年版)。虽然所有这些资料都对本文件很有帮助,但本文件却是加拿大法官们的独立作品。整个工作是由代表加拿大司法理事会和加拿大法官大会的工作小组推动的。在司法界内外开展的广泛意见征询,确保了本文中的声明、准则和评注是经过了反复研究和激烈争论后的产物。其意图是使加拿大法官,将这些声明、准则和评注作为他们高度职业道德愿望的反映,自愿去接受,在遇到任何文本中述及的问题时,他们将发现这些论述值得尊重和认真考虑。

(3) 如此重要并复杂的一个问题决定了本文件不可能成为"终局断言"。这些声明、准则和评注的出版,恰好也是法官咨询委员会建立之时,法官们在遇到特殊问题时可以求助于该委员会,委员会将向他们提出解决问题的咨询建议。该程序有助于对本主题进行持续评估和完善,而且有助于发现本文件不曾论及的新问题。更重要的是,法官咨询委员会的存在,将确保寻求指导的法官们能够及时得到帮助。

二、司法独立

（一）声明

独立的司法部门是实现法律下的公平正义不可或缺的。因此,法官应当支持司法独立,并在维护个人独立与集体独立方面成为表率。

（二）准则

(1) 法官必须独立地履行司法职能,不受任何外部影响。

(2) 在审理案件过程中,法官必须坚决抵制来自法庭正当程序之外的、影响其作出决定的任何干扰。

(3) 法官应鼓励和支持旨在维护和促进司法部门机构独立和法院行政管理独立的安排与保障措施。

(4) 法官应当展现并促进高标准的司法行为以增强作为司法独立基石的司法公信力。

（三）评注

(1) 司法独立不是法官的私权利,而是司法公正的基础,是全体加拿大人民的宪法权利。司法独立指的是公正判决以及作出判决所需的、必要的个体和集体（机构）的独立。① 所以，司法独立既是一种主观意识，又是一系列的机构和运作安排。前者与法官事实上的公正息息相关；后者通过定义与司法部门和其他部门，特别是其他政府部门的关系，实现事实上和表面上的独立和公正。这些声明和准则处理的是与法官个人独立及集体独立有关的法官职业道德责任，不涉及与司法独立有关的各种其他法律问题。

（2）在 Valente v. The Queen 案中，J. Le Dain 法官说："……司法独立对个体和机构的关系均有涉及：一名法官的独立，反映在任期的保障以及该法官所服务的法院或专业法庭的独立上，反映在与政府的行政和立法部门的机构或行政管理关系上。"② 他的结论是"……司法独立系一建立于客观条件或保证之上的状况或关系，亦是实际履行司法职能时的一种主观意识和态度……"③ 所谓的客观条件和保证可举例说明如下：任期保障、薪金保障和司法行为不受民事责任追诉的保障。

（3）法官应该具备的首要素质就是独立公正作出判决的能力。关于司法公正在第 6 章有详尽论述。然而，司法独立不仅是恰当的外部运作安排问题，它还是关系到每一名法官独立公正作出判决的问题。法官的职责是，按其理解无所畏惧和无偏袒地适用法律，不顾虑其判决是否受人欢迎。这是法律规范的基石。法官无论作为个体还是作为社会中的一个特殊群体，都应保护、鼓励并维护司法独立。

（4）法官理所当然地必须拒绝诉讼当事人、政客、政府官员或其他人影响其判断的意图。他们必须当心，与上述人等进行的沟通交流应以不招致对他们的独立性产生合理担心为限。尊敬的 J. O. Wilson 法官在《写给法官们的书》中说：

"相信每一名法官都清楚，对法庭施加影响，只能由律师或诉讼当事人在法庭上公开进行。但是，经验告诉我们，其他人并没有

---

① S. Shetreet, Judges on Trial, (1976) at 17.
② ［1985］2 S. C. R. 673 at 687.
③ ［1985］2 S. C. R. 673 at 689.

意识到或者是在有意识地漠视这一基本规则,因此,在审理案件的过程中,法官随时都可能面临诉讼当事人或其他欲单方对其施加影响的企图。

……

无论此类企图源自政府高层、媒体或任何其他来源,都应毫不犹豫地加以拒绝,这是一个无须进一步诠释的基本规则。"①

(5)法官们被赋予独立地位的同时,相应地承担起促进司法行为高水准的责任。公信力是法律规则和法官独立存在的基础。法官行为的失误和受人质疑,会侵蚀公众的这一信任。Nolan 教授指出,司法独立和司法职业道德是相互依存的。② 对法院判决的接受和支持有赖于公众对法官的正直和独立的信心。反过来,这又有赖于法官对自身行为的高标准要求。

只有坚持对自身行为加以高标准要求,法官才能(1)保证公众对他的信心,这种信心是司法威慑的力量之源;(2)在其判决和规范中实践其自身的独立。③

简而言之,法官有义务向公众展示并致力于促进对司法行为的高标准要求,并把它视为确保法官独立的要素。

(6)对于任何有损其机构独立和运行独立的企图,法官都要保持警惕。法官应是其自身独立的坚定的维护者,但是,也要注意,不宜滥用司法独立,以致不加区别地反对所有关于司法的变动安排。尽管维护的方式和本质必须慎重考虑,其理论上的合理性却是毋庸置疑的。

(7)法官们必须认识到,并不是所有的人都熟知这些概念以及它们对于司法责任可能产生的影响。那么,针对法官和司法独立

---

① J. O. Wilson, A Book for Judges (1980) at 54-55.

② B. Nolan, "The Role of Judicial Ethics in the Discipline and Removal of Federal Judges," in Research Papers of the National Commission on Judicial Discipline & Removal Volume I (1993), pp. 867-912, at 874.

③ B. Nolan, "The Role of Judicial Ethics in the Discipline and Removal of Federal Judges," in Research Papers of the National Commission on Judicial Discipline & Removal Volume I (1993), pp. 867-912, at 875.

对公众进行宣传教育就具有了重要的意义，因为，不必要的误解会降低公众对司法的信心。举个例子说，对于司法和行政关系的性质就存在着错误理解，尤其是涉及司法部部长的双重身份时，因为他既是负责司法行政的内阁部长，又是服务于政府的律师。公众也不可能通过媒体对司法独立原则形成完整准确的认识，因为媒体惯于把司法独立错误地描绘成是为了避免法官的行为受到公开辩论的检验。所以，法官们应抓住所有适当的机会，帮助公众从其自身利益角度理解司法独立的要点。①

（8）法官们会时不时地被要求充当咨询顾问，提供法律意见。法官在考虑是否接受这种要求时，应仔细想清楚接受这一任命对司法独立原则的默示效应。不止一次，司法顾问被卷入公众对峙中，并因此遭到任命他们的那个政府的批评和羞辱。应仔细斟酌职权范围和时间、资源等其他条件，评估其能否和司法职相协调。② 1998年3月，在指命联邦法官做法律咨询顾问时，加拿大司法委员会所持立场，被证明可为该问题的解决提供很好的指导。

三、司法尊严（正直）

（一）声明

法官在所有活动中应当努力维护司法尊严，维持并提高司法公信力。

（二）准则

---

① "适当的机会"一词应能提醒法官们，在司法作用的范围内，慎重考虑这些公众干预的具体情况。

② R. Mac Gregor Dawson, The Government of Canada (3d) at 482："如果赋予法官独立的地位，却又将其置于皇家顾问的位置，使其公正性可能遭受攻击，其对事实的把握无论多么准确和符合司法要求，也难逃被诠释为牺牲一方利益，偏袒另一方，那么，费尽心机把法官从政治中分离出来这一做法，将显得毫无意义。许多咨询委员会都将法官置于难免利益冲突的地位……实践一再证明，在许多该类案例中法官丧失了尊严和声誉，其前程也因此大打折扣。更有甚者，如果法官脱离正常工作时间过长，也易于丧失客观公平的超然态度；他会发觉重新调整其外在表现和思维惯性模式，回到正常司法工作中，并不是一件容易的事。"

（1）法官应当尽一切努力确保其行为不受公允、明达公众之谴责。

（2）除本人遵守高标准的行为准则外，法官应鼓励和支持他们的同事共同遵守。

（三）评注

（1）在一个行之有效的司法体制下，公众对司法的信任是十分关键的，它直接关系到以法治为基础的民主制度。那些盲目的批评，或者是对司法作用的简单误解，如此种种因素，都可能对公众的信任起到反作用。另外，当法官们在法庭内外的任何行为，表明他们缺乏正直无私的精神时，便也足以成为弱化公众信任的因素。因此，公众对法官们的正直无私、公正和良好判断的信任，要求法官们在日常行为中，贯彻落实他们对这一信任的支持，并作出应有的贡献。加拿大的法官们在这一方面有着坚实的和令人尊敬的传统，它构成了恰当地实施司法行为的良好基础。

（2）关于正直的理想，用笼统的语言表达起来似乎很容易，但是，要将其具体化就难得多了，甚至有这样的想法就显得不够明智。对此，没有什么绝对可言，因为，行为在一定社会范围内的效果，是由该特定范围的评判标准决定的，而这些标准又是随时间和地点不断变化的。

（3）一位评论家曾表示，法官行为的关键是如何"……反映法官是否有能力从事司法工作"。[1] 这就要求我们考虑两个问题：一是理性、无偏见并了解具体个案情况的人们如何看待某种具体的行为；二是他们的这种观点是否会减损对法官和整个司法的敬意。如果某种行为可能减损这些人们心目中的敬意，那么这种行为就应该避免实施。正如 Shaman 所说"……司法行为追求的终极标的是，坚持那些一再被确认为与司法机关的高度责任相适应的行为"。[2] 法官的私人行为，也应向人们展示对法律和正直的敬意，从总体上避免有不当的表现。

---

[1] J. Shaman et al., Judicial Conduct and Ethics (2d, 1995) at 335.
[2] J. Shaman et al., Judicial Conduct and Ethics (2d, 1995) at 312.

(4)当然,法官们也有私生活,他们也有权尽可能地享受作为公民的权利和自由。甚至可以说,绝世独立的法官,不可能成为好法官。不恰当地隔绝于所服务的社会,不仅对法官的个人发展不利,也对公共利益的保护不利。法律上常常援引适用合理第三人的标准。司法事实查明,作为法官工作中的一个重要组成部分,需要运用常识和经验来对证据进行衡量。因而,法官应在与其特殊角色相适应的范围内,与公众保持密切联系。这些问题将在"公正"一章中进一步加以讨论。

(5)法官法庭内外的行为,注定都是公众审查和评论的事项。所以,法官们必须接受对其活动的某些限制,甚至包括那些如果由同一社会中的其他成员做出来,根本不会引起关注的活动。在司法职责的要求和个人私生活、发展和家庭的合法需要之间,法官们需要通过努力,求得微妙的平衡。

(6)法官除自身遵守对行为的高标准要求外,还应鼓励和支持他们的同僚遵守同样的标准,因为,一名法官招致争议的行为会损及整个司法。

(7)法官们也有洞察其同僚行为的机会。如果一名法官以其观点,认为有可靠的证据,表明另一名法官极有可能有不合职业规范的行为,那么,就应慎重地考虑如何采取适当的行动,从对司法恪尽职责的管理出发,来捍卫公共利益。这可能会是给予忠告,做同事式的质询,或者报告本法院的首席法官或联席法官。

四、勤勉敬业(勤勉)

(一)声明

法官在履行司法职责时应当勤勉敬业。

(二)准则

(1)法官的职业活动应服务于广义的司法职责。这里所说的司法职责,不仅包括主持庭审和作出裁判,还包括对法院运转至关重要的其他司法工作。

(2)法官应当采取相应措施,掌握和提高作为司法官员所应具备的知识、技能和个人素质。

(3)法官应当尽其努力,全面履行其司法职责,包括及时作出判决。

（4）法官不得从事与勤勉履行司法职责相悖的行为，或容忍同事的这种行为。

（三）评注

（1）苏格拉底忠告法官，要谦恭地听，睿智地答，审慎地想，公正地判。法官的这些美德是司法勤勉的不同方面。在苏格拉底的清单上，还可以加上一条，迅速行动，不过，勤勉并不主要与行动迅速相关。广义地说，与勤勉相关的是有技巧地、细心谨慎地履行司法职责，同时兼顾合理的快捷。

（2）《法官法》第55节（该节适用于联邦任命的法官）规定，法官必须致力于行使司法职责。① 在《法官法》和司法职责界定的限制范围内，法官们可以自由参加不致对司法职责的履行有所减损的其他活动。简而言之，法院的工作是首位的。

（3）尽管法官履行司法职责时应恪尽勤勉，他们实现此目标的能力却有赖于工作的负担，有赖于资源的充足，包括人员和技术上的协助以及做研究、进行深思熟虑和成文的时间，还有赖于其他除坐庭之外的司法职责。法官家庭责任的重要性，也是被认可的。法官应享受足够的假期和休闲时间，以保持身心健康，应有合理的机会去提高有效判断所必需的技能和知识。

（4）"司法独立"一章中的第8条注已提到，法官有时会应政府之招，离开正常的法院工作，去从事一些任务。为皇家咨询委员会提供服务就是例证之一。接受该任命之前，法官必须与其所在法院的首席法官商量，确保接受该任命不会对法院有效行使职能形成干扰或者不当地加重法院内部其他成员的负担。1998年3月加拿大司法委员会年中会议通过的立场为该领域提供了可供参考的指导。

（5）往回追溯，《自由大宪章》就已经认可法官应具备良好的

---

① 加拿大1985年《法官法》第55节规定，"法官应当致力于司法职责，不得为个人或他人利益，直接或间接地从事司法职责之外的职业或事务"。

法律知识。① 该知识不仅扩及实体法律和程序法律，而且包括现实世界对法律的影响。正如一位学者所说，法律的含义不仅仅是它的字面表述，法律还是一门实践的科学。② 持之以恒地努力保持和提高有效判案所必需的知识、技能和态度，是司法勤勉的重要构成内容。这包括参加继续教育项目，也包括个人学习。③

（6）将司法勤勉置于3个标题下，将有助于更好地考虑这一问题。这3个标题分别是：审理案件的职责、行政和其他法庭外的职责以及对司法行政总体的贡献。

审理案件的职责

（7）审理案件的勤勉包括，公正不偏地适用法律，办案周全、果断、快捷以及禁止滥用程序和不当地对待证人。尽管这些都是法官应具备的素质和技能，但是，纷繁复杂的个案以及律师和当事人的具体表现，往往使法官听审时只能着重于其中的一项或几项，有时为了求得平衡，甚至不得不牺牲其他几项。当一方当事人聘有律师，另一方当事人自行诉讼时，如何在审理中求得平衡，就尤其具有挑战性了。一方面，法官要尽可能地防止使无人代理方处于不公的劣势；另一方面，法官还必须谨慎地保持公正。

（8）法官有义务谦恭耐心地对待所有出庭人员，但这并不意味着法官可以此为借口推托另一同等重要的责任，那就是在处理司法事务时要果断和快捷。最终检验法官是否成功地将这些内容

---

① 《自由大宪章》第45条："我们不会任命任何法官、行政司法官或执行官，除非他们属于那种通晓王国法律的人，也就是说，他们懂得如何恰当地遵守法律。"

② R. A. Samek, "A Case for Social Law Reform" (1977), 55 Can. Bar Rev. 409 at 411.

③ 例如，加拿大律师基金：《加拿大律师协会法官独立专业委员会报告》（1985年版）第36页说："对履行司法职责的适任，是公众支持法官独立的一个重要因素。"；参见 M. L. Friendland：《另一地域：加拿大的司法独立和责任》（1995年版）以及第5章"平等"，第167页。目前国家司法学院的推荐模式是，每名法官每年接受为期10天的继续教育，但是法官们工作量的压力经常使这一目标无法达到。

结合进了庭审操作,不仅要求该操作是公正的,而且要求它采用的方式,在人们看来也是公正的。① 这些问题在"公正"一章中有所论述。

(9) 总的来说,法官应履行所有合理分派的司法职责,在无其他司法职责缠身的情况下,履行职责应及时,并且应在合理的前提下,随时准备履行所有分派的职责。

(10) 妥善准备判决书往往是一件困难并费时的工作。但是,法官应在考虑到事情紧急程度和其他特殊情况后,尽可能合理迅速地作出判决,并给出理由。所谓特殊情况可以包括疾病、案件的高难度、非同寻常的工作量压力或其他因素。1985年,加拿大司法理事会按照它的观点决定,预定判决书应在听审后6个月内作出,除非有特殊情况。②

(11) 诚然,法官们常常需要就可信度作出判断,并基于其他人的行为恰当与否来作出裁决。然而,法官应避免对未出庭的人作评价,除非这样做是恰当处理案件的必要步骤。例如,在判决书中应避免出现不相关或不必要的对某人行为或动机的评价。③

行政和其他法庭外的职责

(12) 现在,司法职责包括行政和其他法庭外的活动,例如法官们对案件管理和庭前会议以及法院内的各种委员会负有重要的责任。这些均为司法职责,法官们都应勤勉地履行。

---

① 参见 Brouillard 诉女王案(1985年),载《最高法院案例报告》,第39页,参见 J. Lamer 法官(那时他还不是首席大法官)在第48页的意见:"……为了实现公正,法官可以而且必须有所作为,但必须以人们看得见的方式实现公正"(原文所做加重)。该法院就这一问题亦曾用赞同的口吻引用了 G. Fauteux 在《法官手册》(Le livre du magistrat)1980年版中的论述。

② 参见1985年9月加拿大司法理事会决议;法院立法和规则可以规定制作判决书的期限,例如《魁北克民法典》第465条;反映到加拿大司法理事会的指控中,有相当数量是基于对法官无能力及时发放判决书的投诉。见加拿大司法理事会《1992—1993年年报》,第14页。

③ See Commentaries on Judicial Conduct (1991) at 82-83; S. Shetreet, Judges on Trial, (1976) at 294-295.

对司法行政总体的贡献

(13) 法官是独一无二的可以对司法行政作出多种贡献的人。在时间允许和在司法机关设置的限制范围内,通过参加律师和法官的继续法律教育项目、使法律和法律程序更好地为公众所理解和接触的活动等,法官可以对司法行政作出贡献。这些活动在"公正"一章,特别是 B 和 C 两节中,进行了讨论。

(14) 就一名律师的行为,法官是否应当以及在什么情况下应当向其行业管理部门报告,或促成该类报告是一个微妙的问题。采取这类行动后,再遇到有该律师参与的案件时,法官审理案件的能力会受到影响,因为法官对于该律师的行为的观点,可能会导致人们产生一种合理的担心,认为法官会对该律师及其客户怀有成见。反过来说,法官是从一个特殊的位置观察律师在庭上的行为的。撇开任何藐视法庭的问题不谈,总的来说,如果有明白可靠的证据表明律师有严重的不当行为或重大的不适任表现,法官应当采取或促成采取适当的行动加以纠正。法官将不得不仔细衡量是否司法利益要求法官直到程序终结时才可以采取行动,或者是否有特殊情况要求,即使法官继续主持庭审,也需更早采取行动。

五、平等

(一) 声明

法官审判案件及从事一切活动时,应确保实现法律规定之平等。

(二) 准则

(1) 法官在履行其职责过程中,应对所有人(例如当事人、证人、法院职员及其他法官)一视同仁,不得有任何歧视。

(2) 法官应努力认识到并充分理解由于性别、种族、宗教信仰、文化、民族、性别倾向或残疾等因素而产生的差别。

(3) 如果法官了解某组织正在从事与法律相违背的带有歧视内容的活动,无论这种歧视表现为何种形式,法官都应避免参加该类组织。

(4) 在审理案件的过程中,如遇有法院工作人员、律师或者法官管理的其他人员是种族主义者、主张性别歧视者或从事法律禁止的其他歧视的,法官应避免自己听取来自他们的不相关联的评论。

(三)评注

(1)宪法和许多成文法律都崇尚法律面前人人平等,法律对人们实施平等的保护,法律赋予人们平等的权利。与其说这是待遇的平等,不如说是"……对人类的平等价值和尊严"的维护和"一种纠正和防止社会政治和法律地位低下的社会集团遭受歧视"的措施。① 并且,加拿大法律认为,歧视不仅关系主观意识,而且表现为一定的客观效果。② 撇开宪法和成文法的明文规定,公平和平等长久以来早已被视为司法的一个主要特征。由于个案的情况和具体要求不同,所以有时用个案远不能圆满地阐明平等原则,但是,法律有力的社会承诺,将对法律制约下的对平等的关注置于司法的核心。

(2)法律制约下的平等不仅是司法的根本所在,而且与司法公正有密切的联系。如果一名法官在工作中对问题人处理带有成见,即使他得出了某项正确的结论,实际上或理论上,他的结论也是以牺牲了法官应有的公正为代价的。

(3)对于那些基于成见、虚构或偏见的态度,法官不应受其影响,并且应时时注意认清并对其保持警觉,努力加以纠正。

(4)就如我们在"公正"一章中已较为详细地讨论过的那样,法官应行为谨慎,以此来维护理性、公平和了解实际情况的公众对法官公正的信心。法官应避免作出任何可能被合理地诠释为漠视或不尊重某人的评论、言辞、动作或行为。这方面的例子包括,基于种族、文化、性别或其他成见的无关评论以及表明出庭人员将不能得到同等对待和尊重的行为。

不当行为的作出,可能是由于法官对文化、种族或其他传统不

---

① Eldridge v. British Columbia (Attorney General),[1997] 3 S. C. R. 624 per La Forest, J. for the court at 667.

② Eldridge v. British Columbia (Attorney General),[1997] 3 S. C. R. 624 per La Forest, J. for the court at 670-671.

熟悉的原因，或者是由于法官根本没能意识到该类行为会对其他人造成感情伤害。因而，法官应有意识地通过适当的途径，使自己对不断变化的社会态度和价值观念有所了解，并有效利用合适的教育培训机会（我们应尽量提供该类合理可能的机会），协助他们实现表面上和事实上的公正。然而，要做到这些，还必须考虑到，这些举措要加强而不是弱化法官理想中的公平。对于有独立和公正需求的法官来说，并不是所有形式的教育都是适合他们的。值得注意的是，对该问题的夸大或无根据的担忧，并不会有损对良好判断的促进活动。

准则4针对的是坐庭法官对明显无关案情的言辞加以评论的情况，这些言辞可能是有性别或种族主义倾向的，也可能是其他在法官面前进行的同类的不恰当的行为。但这并不是不加区别地限制所有的合理主张。例如，当性别、种族或其他同类事项被恰当地当庭出示的情况下，事情就应另当别论。这点是与法官的职责一致的，法官不仅要公平地听取各方的意见，而且，在必要时，要有力地控制好庭审的进程，要果断恰当地维持好法庭内尊严、平等和秩序井然的氛围。原则4无法堪称完美。况且，它的适用有时对法官来说是令人恐惧的挑战。对抗制为当事人和他们的律师提供了更多胜算可能，而就证据的出示来看，对其相关性和重要性则可能难以准确地作出评判。法官应竭尽所能地使两者达到平衡。如果事后经过深入思考再回过头来看问题，可能对处理方式有不同的认识，但该事实本身并不能说明法官在程序进行中对不当行为疏于处理。

六、公正

（一）声明

法官所作判决和审判案件的过程必须是公正的，而且应当表现出是公正的。

（二）准则

1. 总则

（1）法官应当确保其法院内的行为和法院外的行为能够促进公众对法官及司法部门公正司法的信心。

（2）法官应尽可能合理地处理其个人事务和商业事务，从而把自己被要求回避的机会降低到最低限度。

(3) 所谓"表现出是公正的",是指为公允、明达之人所承认的公正。

2. 司法品行(司法仪态)

法官除应做到刚正不阿、坚决果断并严格控制程序进行,确保审判效率外,还应当礼貌地对待法庭上的所有人。

3. 民间活动与慈善活动(公民身份和慈善活动)

法官可自由参加民间活动、慈善活动和宗教活动,但应考虑如下因素:

(1) 法官应避免参加可能影响司法公正或干预履行司法职责的任何活动或集会。

(2) 法官不应向其他人募集资金,也不得允许他人借助自己司法职位之声誉募集资金,但向司法同僚或为了司法目的募集资金的除外。

(3) 法官应避免介入任何可能引起诉讼的事件或可能成为诉讼当事人的组织的事务。

(4) 法官不得提供法律咨询或投资咨询。

4. 政治活动

(1) 在一个公允、明达的人看来,如果作为某组织的成员或参加对某些问题的公开讨论可能影响人们对法官处理即将成讼的案件的公正性的信任,该法官应当避免成为该组织的成员或参加公开讨论。

(2) 在被任命为法官后,该法官应停止参加所有党派的政治活动。在一个公允、明达的人看来,如果实施某种行为会产生该法官正在参加政治活动的怀疑,该法官则不得从事这种行为。

(3) 法官不得从事下列活动:

a. 成为某政党的成员,或募集政治资金;

b. 参加政治集会和募集政治资金的活动;

c. 为某政党或竞选运动捐款;

d. 公开参加政治辩论,但所讨论的事项直接影响到法院的运行、司法独立或司法的根本问题的除外;

e. 在旨在影响政治决定的请愿书上签名。

（4）尽管法官的家庭成员有积极参加政治活动的权利，但法官应当认识到其近亲属所参加的这些活动可能影响公众对法官公正审理案件的信任度。如果公众对法院审理的任何案件有产生上述危险的合理怀疑，该法官则不应当审理该案。

5. 利益冲突（利害冲突）

（1）如果法官认为自己无法公正审理某一案件，该法官则应当自行回避。

（2）如果法官感觉到一个公允、明达之人会怀疑法官个人利益（包括法官的近亲属、好朋友或同事的利益）与法官的职责相冲突，该法官则应当自行回避。

（3）在下列情况下要求法官回避是不适当的：

a. 可能引起利益冲突的事情微不足道或者难构成回避的理由；

b. 无法组成其他法庭审理此案，或因紧急情况，如不及时审理将导致正义不彰。

（三）评论

1. 总则

（1）最迟从约翰·洛克生活的 17 世纪开始，由公正独立的法官实施司法职责的观念，就已经被认为是社会构成的重要部分了。[①] 公正是法官必备的品质，也是法官群体的核心属性。本文中的声明和准则，主、客观上都无意干涉与回避与制度有关的法律。

（2）司法公正和独立是两个完全不同的概念，也是两个密切关系的概念。最近，J. Gonthier 法官在 Ruffo v. Conseil de la Magistrature 案中，代表最高法院的多数意见，对这两个概念的关系进行了研究。法庭注意到，由公正独立的法庭审理的权利，是受《加拿大宪章》第 7 条保护的根本公正原则的不可分割的部分，[②]

[①] Peter H. Russell, The Judiciary in Canada: The Third Branch of Government (1987).

[②] ［1995］4 S. C. R. 267 at 296-299.

在 R. v. Valente 案中，J. Le Dain 法官作了下述重申：

"尽管独立和公正间的密切关系是显而易见的，但是它们却有着各自明确的价值标准和要求。公正指的是法庭的一种主观状态或态度，这种状态或态度是与具体案件中的争议和当事人有关的。'公正'一词……另外还含有无事实和假设上的偏见的意思。

……

独立和公正，不仅是实现个案公平正义的根本所在，而且是个人和公众对司法的信心的根本所在。缺少这种信任的支持，就无从谈及公众的尊重和接纳，而这正是我们的司法制度有效运作的依靠。因而，一个法庭必须在人们的印象中是独立公正的……"①

首席大法官 Lamer 在 R. v. Lippé 案中说：

"保障司法独立的总体目标是确保对于公正的合理感知，司法独立只是实现这一'目标'的一个'手段'。如果没有司法'独立'作保障，人们也可以认为法官是'公正'的，那么，'独立'的要求根本就没有必要了。然而，在公众对公正的感知中，司法独立是很关键的。独立是基石，是司法公正的先决条件。"②

（3）公正不仅与感知有关，更与实际上没有偏见和前见有着根本的关联。公正的这一双重表现，经常被反复地用一句话概括，正义不仅应该实现，而且要以人们看得见的方式实现。J. Grandpre 法官在 Committee for Justice and Liberty v. National Energy Board 案③中指出，检验公正的标准是"一名了解案情的人，在客观而实际地看待问题并对问题进行了全面考虑的情况下"是否会认为裁判者缺乏公正。对是否存在合理的偏见，将从理性、公允并了解具体个案情况的人的视角进行评价。

（4）"真正的公正并不要求法官没有任何的同情心或观点；真

---

① ［1985］2 S. C. R. 673 at 685 and 689.

② ［1991］2 S. C. R. 114 at 139.

③ ［1978］1 S. C. R. 369, Most Recently Endorsed in R. D. S. v. The Queen, ［1997］3 S. C. R. 484 per Cory, J. at 530 and per L'Heureux-Dubé and Mc Lachlin, JJ. at 502.

正的公正要求面对任何不同观点，法官都应该以开放的心态考虑是否接受采纳。"① 法官的根本责任就是，努力做到并向人们展示尽可能的公正。这并不是要达到完美，而是强调公正责任的根本属性，尽量去减少任何关于偏见的合理担忧。

（5）对法官缺乏公正产生合理的存疑，对法官和整个司法以及司法的管理都是一种损害。因而，法官应避免法庭内外有任何草率的言行，以免引起不必要的关于有失公正的想象。② 大到社团或事务上的利益，小到简单的言辞，也许在法官看来仅是"无害的玩笑"，都可能有损人们想象中法官应有的公正。③

（6）诉讼当事人的期望值可能很高。当判决对他们不利时，有些当事人会不假思索地得出结论，认为法官对他们持有偏见。因而，我们应尽一切努力避免或减少使当事人有合理依据产生这一想象。从另一角度说，法官有义务公平地、不偏不倚地对待所有当事方；如果理性、无偏见并了解具体个案情况的人认为法官不存在所谓的偏见，那么认为法官存在偏见的当事人无权因其想象而享受不同于他人的或特殊的对待。再者，如下文将论述，法官亦有义务确保程序有序高效地进行。这就要求法官以适当的力度推进庭审。

在更具体化的标题下就公正议题加以论述，将有助于其理解。

2. 司法仪态

诉讼当事各方以及所有其他的各方，总是近距离地仔细审视着法官的一言一行，准备随时发现他们的任何有失公平的蛛丝马迹。对律师不公的训诫、对当事人和证人的侮辱性和不恰当的言辞、表明先入为主的表述以及过头的和缺乏耐心的表现行为，都可能损及公正的形象。反过来说，确保程序有序高效进行且法庭进程不被滥用是法官的义务。要达此目的，恰当的控制力度是必需的。这就要

---

① In R. D. S. v. The Queen, supra, note 26, at 504, L'Heureux-Dubé and Mc Lachlin, JJ. (Gonthier and La Forest, JJ., Concurring) Cited This Passage from Page 12 of Commentaries with Approval.

② American Bar Association, Model Code of Judicial Conduct (1990) (Here after "ABA Model Code (1990)"), Commentary to Canon 3B.

③ Canadian Judicial Council Annual Report 1992-1993 at 16.

求法官在确保程序有序高效和避免在理性、无偏见并了解具体个案情况的人心目中造成有失公正的印象之间，寻求一个恰如其分的平衡点。然而，仍值得重申的是，但凡一个理性、无偏见并了解具体个案情况的人审视法官的某一行为时，就会对有失公正产生合理的怀疑，那么，这种行为就必须避免。这种印象一经产生，它影响的就不仅是出庭的诉讼当事各方，而且还殃及公众对整个司法的信心。

3. 民间活动与慈善活动

（1）法官是被任命来服务公众的。被任命的人当中，许多人仍然并且希望能够以除此之外的其他形式继续为公众服务。这对社会和法官本身都是一件好事，但是，这样做也担有一定的风险。基于此原因，对司法任命给法官的社会活动带来的限制，有必要进行一番说明。

（2）法官代表社会掌管法律，因而不必要地孤立于社会，不利于产生睿智和公正的判决。尊敬的首席大法官 Gerald Fauteux 阁下在法文版《法官手册》（*Le Livre du Magistrat*）中，对此问题做了一语中的论述（原文为英文译文）：

（没有意图）要将法官群体置于象牙塔内，要求他们切断与服务社会的组织间的所有联系。法官是社会组成的重要部分，我们不希望法官们都生活在社会的边缘。实施司法权的要求恰恰相反。这样做有违有效实施司法权的宗旨。①

（3）对于法官在参加民间活动和慈善活动时，应以什么为准确界限，法官们以及外界都有不同看法。既然问题涉及各种观点的平衡，那么，出现这样的局面并不奇怪。一方面是法官积极投身其他形式的公益事业，对社会和法官群体本身有益的观点。这须以具体的社会期望和社会环境来衡量。反过来说，在某些情况下，法官的介入可能有损公众对于公正的理解，或者可能导致相当数量的不理解。情况果真如此的话，法官们应避免参加该类活动。

（4）尽管加拿大不可能全盘采纳约束美国联邦任命的法官的

---

① G. Fauteux, Le Livre du Magistrat (1980) at 17.

《美国法官行为准则》，但该规范却提供了一个可供参考的起点：民间活动与慈善活动。

法官在不贬损司法公正形象、不妨碍履行其司法职责的前提下，可以参与民间及慈善活动。法官可以在教育、宗教、慈善、互助或对其成员不产生经济、政治效益的民间组织内任官员、董事、受托人或非法律顾问等职。但受以下限制：

①如果该组织可能涉诉而该诉讼通常由该法官审理或者该组织经常会出庭涉诉的，则法官不应该在该组织任职。

②法官不应为任何教育、宗教、慈善、互助或民间组织筹募资金，也不得利用或准许使用法官的威望达到这一目的，但是，法官之名可作为官员、董事或受托人，列于该组织的名单上。如果招募活动会被合理地视为强迫性的或实质上是一种募捐机制的话，法官不应以个人身份参与招募活动。

③法官不应向这样的组织提供投资建议，但可以在该组织出任董事或受托人，即使董事会有批准投资的职权。

（5）上述规定都是为了试图保持参与社会活动和维持司法公正间合理的平衡，尽管在原则中，并未对它们加以特别采纳，却也可以提供一些有用的指导。

（6）除了下述情况，法官可以自由选择成为公民和慈善机构的成员，当然也包括享有宗教信仰的自由。然而，总的来说，无论看来是多么有意义，法官也不得应允司法职责的声誉被用作协助某具体事由募集资金。该原则表明，法官（除非应司法同仁之请）不得私自募集资金或者将其名望出借给财经活动使用。《司法行为评述》一书中说，当一名法官直接参与资金募集活动时，就可能对律师和诉讼当事方构成一种引诱，诱使他们试图通过募捐行为来巴结法官。更有甚者，这种募集活动，符合法官和该组织的目标、宗旨。[1] 然而，法官的名字作为董事（或同等的职位）出现于某组织的普通笺头上，这本身并没有什么不当。

---

[1] See Commentaries on Judicial Conduct (1991) (Here after "Commentaries") at 18-19.

(7) 服务于法官的职业或教育要求之外，法官必须谨慎考虑是否要成为某些组织的董事。对一名法官来说，供职于商业机构的董事会是不合适的（并且是被禁止的）。①

(8) 对于担当社区、慈善、宗教或教育组织的志愿服务者这样的职位，又该如何看待呢？许多机构是从政府募集和/或接受资助的。除非为募得维持良好的司法行政所需资金，否则法官直接参与向政府募集资金是不合适的。董事会对组织整体的行为负责。组织可能会被卷入与员工或他人的纠纷中，会被起诉或被诉，也可能违反政府的各种规章制度或者受到某一公共对立事件的牵连。如果法官作为组织中的成员，任何该类情况出现，都会令法官和他们的同事尴尬，并且当某些争议交由司法裁量时，人们会对法官的公正性产生合理的疑虑。组织中那些董事同僚们，很自然地在遇到法律事物时会求助并依仗法官。而对于法官来说，出具这样的建议却是不合适的。所以，在作出是否供职的决定前，法官必须根据具体环境，仔细衡量这些可能遇到的风险。

(9) 有几名加拿大法官供职大学校长或教区领袖，还有一些其他人供职于学校、医院或慈善基金组织的董事会。这些参与行为，现在可能会暴露出一些以前不曾表现出来的风险。必须慎重地对待这些风险。大学、教堂、慈善和服务性组织，现在都以各种方式被卷入了诉讼以及公众对立事件中，有些方式哪怕是在不久的以前也是闻所未闻的。如果法官供职的组织卷入诉讼或公众对立中，那么法官的位置就很难摆了。

(10) 对法官来说，要他们写推荐信恐怕是很难的。同意之前，他们当然想弄清一些问题。其一，法官应避免给人印象是在用其司法职位的声誉为某个人牟取私利；其二，法官也必须避免给人的印象是，有些人处在特殊的可以影响或与法官交好的位置。这两点合起来表明，法官应同意出具推荐信的情况仅限于：第一，法官推荐运用的是对被推荐对象个人的认识，而不简单地是法官的地位；第二，法官对于被推荐人有充分认识时，如果法官拒绝推荐，

---

① Judges Act, R. S. C. 1985, c. J-1, s. 55.

无论对被推荐人个人还是对整个选拔程序都是一种不公平。

据《司法行为评述》报道，编者在写作该书的过程中曾向法官们发出了一份问卷，对问卷作出应答的大多数法官，都赞成法官可以书面对人的品质进行描述。然而，《司法行为评述》也注意到，实践中法官的做法千差万别，亦有相当数量的法官承认不愿意出具这样的证明。① 既然法官们对此有分歧，上段中列出的两部分标准，力求在听取法官观点带来的好处和降低减损法官中立性的风险两者之间达到大家都能接受的平衡。

《司法行为评述》说，法官可以在严格保密的基础上，适当地向司法任命建议委员会提供协助。美国律师协会的《司法行为示范规范》（1990年）对此的阐述更为通俗："尽管法官必须警惕出现对法官声誉的滥用，法官仍可基于个人的认识，出具推荐信或为推荐行为。应选拔机构之请，法官也可以允许其名义被用作选拔参考事项，并就个人推荐事项的询问作必要的回应。这些所谓的选拔机构包括预期的雇主、司法选拔委员会以及法学院招生部门。"②

这再次表明，法官写推荐信时应掌握的分寸，我们这里建议的两部分标准，总的来说，维持了受司法任命的特殊环境下的各方利益平衡，只是，较之美国律师协会《司法行为示范规范》（1990年）的观点更为严格。

4. 政治活动

（1）本部分涉及的是法官的庭外活动。尤其强调的是，法官参加的政治活动和一些其他行为，如在群体或组织中的会员身份或者对公众辩论和评论的参与，在一个理性、无偏见并了解具体个案情况的人看来，可能影响法官面对提交裁量的争议时的公正性。

（2）评论家们一致认为，"司法职务的前提条件是绝对不容含

---

① See Commentaries on Judicial Conduct (1991) (Here after "Commentaries") at 33-35.

② American Bar Association, Model Code of Judicial Conduct (1990), Commentary to Canon 2B.

糊地停止所有政治活动和政党参与"。① 支持这一规则的有两种想法。事实上的和设想中的公正对司法职责的行使都十分关键。参与政治活动或在庭外就公众冲突的问题发表评论,都会有损人们对法官的公正的印象,而且还可能混淆公众对司法和行政、立法部门的关系的本质的认识。带有政党倾向的行为和言辞,使法官当众选择了加盟论战中的一方。对于另一方,通常法官的观点会遭到不可避免的批评或反击,这时,人们关于法官不公正的印象将会加强,转而影响到司法独立。② 简而言之,法官以其司法职位作为进阶政坛的优越资本,实际是将公众对公正的信任和法官的独立置于了险境。

（3）原则 D.3（a）和（b）是广为接受的法官受命后不得从事的明显的政治活动的例子。法官还应考虑仅仅出席某些公众集会,是否也会有合理地被视为继续介入政治的嫌疑,或者对某个可能提交法庭的争议问题,法官的公正性也会受到合理的怀疑。

（4）原则 D.3（c）是关于反对向政党捐赠的意见。这一建议的理论依据是,法官的追求不应等同于政治追求,法官也不应对于政治争执持特定立场,当然要以原则 D.3（d）为限。新斯科舍省司法理事会曾收到投诉,指控一名法官向一政党捐款,以解救该党前领袖的财政窘况,这位前领导人是受控法官的朋友兼昔日同窗。这名法官还曾为其近亲属的政治竞选活动捐过款,还有另外 3 次对同一政党的不明捐赠。新斯科舍省司法委员会对这名法官示以警告,理由是:当一名法官资助的对象是如本案中的 3 个人这样高职位的政治人物时,我们相信,在公众心目中,很难将他们个人与他们效力的政党完全割裂开来……虽然在我们的观念中,赠与金钱不是唯一的参与政治组织的形式,但这种形式也被视为法官不应从事

---

① See Commentaries on Judicial Conduct (1991) (Here after "Commentaries") at 9. 和美国、英国一样,加拿大法官有选举权,行使选举权并不违反职业道德。

② Peter H. Russell, The Judiciary in Canada: The Third Branch of Government (1987) at 87-88.

的政治活动。①

（5）原则 D.3（d）的适用，与本节其他各条比起来，问题更多，争论也更多。D.3（d）是关于避免公开参与冲突性政治辩论的问题。法官接受任命，并不意味着放弃了普通加拿大公民享有的全部言论自由。但是，职务要求法官接受某些限制，以利于维护公众对于法官公正和独立的信心。就如何把握法官参与公共辩论的尺度，有两项必须考虑的内容：首先，法官的参与对减损其公正性是否是一种合理的可能。其次，该种参与是否不必要地将把法官置于政治攻击之下，或者与司法职责的尊严不相适应。无论两种情况中的哪种成立，法官都应避免参与。

（6）原则 D.3（d）承认，限制参加政治性辩论是一般原则，但如果问题涉及法院的运作，法官的独立（可以包括法官薪金和福利）、司法行政的基本内容或者法官个人的诚实信用，即使事情名义上属政治冲突，在有限的条件下，法官也可以适当地表达对事情的看法，但是法官的行为要极为谨慎。法官必须牢记，他们的公开评论可能会被视为是整个法官群体的观点的反映；人们很难将某个法官表达的观点视为纯个人观点，而非全体法官的普遍观点。对于公众辩论，通常有替代方式。比如说，首席法官可以通过合适的人选，把某个问题正式提出来。而且，除了在法律和宪法规定的特定职责以及事关法院运作或司法行政时，首席法官的地位与其他法官没有任何区别。与 1982 年加拿大司法理事会在 Berger 事件中所作的评论相比，本原则建议的介入范围多少有些扩大。在处理 Berger 案的投诉时，理事会认为，冲突性的政治事件与法院的运作没有直接关系，则法官不应对其说三道四。我们此处的建议是：虑及法官对司法行政特殊的知识和经验以及他们对维护司法独立负有的职责，在适当情况下，允许他们庭外介入政治冲突性事件的范围可以多少放宽一些。如果被要求提供参考性意见，那么，作为对调查委员会负责的法官，可以更自由地就相关问题进行评论。但是，

---

① Nova Scotia Judicial Council, Report Concerning the Conduct of His Honour Paul S. Niedermeyer, June 17, 1991.

即使在暂时履行这些特殊职责时，法官也要谨记自己的法官身份。

（7）法官可自由参加法律改革或其他不具党团性质、旨在促进法律和司法行政的学术和教育活动，所有的道德原则都不阻止，也不打击参与的积极性。被调派到法律改革委员会工作的法官，在委员会所议事项上，可以极大自由地发挥其观点。美国律师协会的《司法行为示范规范》（1990年）的评注指出："……作为一名司法官员和法律学识尤其渊博的人，法官处于推动法律、法律制度和司法行政进步独一无二的地位……法官可以参加致力于促进公正司法行政、法官独立和法律职业尊言的活动。"① 但是，法官在参加这些活动时，行为要有度，不能使其看来像在游说政府，也不能看来像是在向人们暗示，当某类问题提交法庭裁量时，他们将作出某种特定判决。不过，这不妨碍法官就司法独立问题向政府陈述意见，也不妨碍法官通过正当的机制就薪金和福利问题提出意见。对法律进行教学性的探讨或在适当的时机指出法律的漏洞，都是不应受到打击的。例如，在一些特殊情况下，对立法草案的司法评价就是很有裨益的，只要法官不对宪法性问题作非正式的解释或意见就可以了。② 在正常情况下，对于立法提议或其他政府政策问题的司法评论，应该与其现实意义或立法起草有关，而应该避免涉及政治冲突问题。总的来说，这种司法评论应作为全体法官集体或单位努力成果的部分，而非某个法官个人的工作成果。

（8）原则 D.3（e）表明，法官不得签署会影响政治决定的请愿书。请愿书只是举一个例子，有些情况下，法官可能被认为支持某个观点或者在游说试图实现某种改变，哪怕只是一种相当被动的行为。就像新斯科舍省司法委员会对这个问题的阐述，要求法官与所有政治活动完全决裂，意味着"法官不应有影响政客们或政治

---

① American Bar Association, Model Code of Judicial Conduct (1990), Commentary to Canon 4B.

② 例如，加拿大司法理事会召集了一个特别小组，审查刑法典新总则部分的提议，还组织资深政府官员和法官，共同就儿童抚养问题的指导方针进行研讨。

问题的企图"。① 而这正是请愿书的确切目的。

（9）首席法官有时也可能是负有行政管理职责的其他法官，他们的职责导致他们会与政府官员发生联络和合作，特别是与司法部部长、司法部副部长和负责法院供给的官员们。这是必要的，也是正当的，只是这种合作不得具有党派色彩，谈论的内容应仅限于司法和法院的行政工作，不得涉及具体个案。法官，包括首席法官，应注意不使自己看来像政治领导或行政机关人员的顾问。

5. 利益冲突

（1）法官应妥善筹划私人事务和商业事务，尽量减少对他们的司法职责存在的潜在冲突。即使法官尽到了最大的努力，有时为了在形式上符合司法公正的要求，也难免会碰到需要他们回避的情况。在本小节要谈的就是：①利益冲突的构成是什么？②在什么情况下，法官应披露可能构成利益冲突的情况？③在什么情况下，当事方会认可法官无须回避？④在什么情况下，即使有明显的利益冲突存在，也必须由该法官主持审理？上述问题将在下文中逐一论述。

（2）利益冲突的构成是什么？Perell 认为："各种利害冲突共同或统一的主题是忠诚和责任的割裂。"② 当法官的个人利益（或他身边的人的利益）与法官公正判案的职责发生冲突时，利益冲突就浮出水面了。司法公正既与事实上的公正有关，又与理性、无偏见并了解具体个案情况的人心目中的公正有关。在司法事务中，关于利益冲突的判断标准，必须既包括法官私利和公正司法的职责间实际存在的冲突，又包括理性、无偏见并了解具体个案情况的人合理认为存在冲突的情形。

（3）有大量的书籍和评论纷纷为法官们提供该主题的指导。例如，尊敬的 Wilson 法官在《写给法官的书》中说道，如果法官与案件审理的相关人存在金钱利益关系，或与诉讼当事人、律师或

---

① Nova Scotia Judicial Council, Report Concerning the Conduct of His Honour Paul S. Niedermeyer, June 17, 1991, at 12.

② Paul M. Perell, Conflicts of Interest in the Legal Profession (1995) at 5.

证人存在近亲属、私人或职业关系，或与法官曾表达过对诉讼当事人一方的偏见，则法官应当回避。①

（4）魁北克省《民事诉讼法典》是加拿大仅有的权威指导提供者。第234、235条对法官回避作出了明确规定。在此举例其中的几项：法官与一方当事人是堂、表亲范围内的亲属关系，曾代理一方当事人，与案件审理的相关人有利益关系，等等。②

（5）同这一领域的所有其他问题一样，关注点是合理想象的利害冲突和事实上的利害冲突。总体来说，如果法官与案件的审理结果有经济上或财产上的利益或者以理性、无偏见并了解具体个案情况的人的标准，可能合理地认为法官的行为有失公正，那么法官不得主持审理该案。③ 该一般规则适用于利益本身为问题焦点的情况，也适用于案件处理结果可能严重影响法官、其家人或亲近的同事的利益或财产的情况。但是，法官的利益是与全民共享的情况除外。

（6）但是，这条界定宽泛的规则，不能过于严格地适用。持有一份保单，开有银行账户，使用信用卡或通过投资公司拥有某家公司的股票，在正常情况下，这些不会引起利害冲突或者看来也不可能有利害冲突，除非案件的结果会对法官的正常持有使用状况产生重大的影响。而且，这些小额的持有、使用，不应视为会引起所谓法官公正性之类的担忧。这里所谓小额的持有、使用指的是诸如美国律师协会《司法行为示范规范》（1990年）中"微小、无关紧要的事"小标题下规定的事项。④ 然而，如果持有的数量较大，则法官不应该审理有关案件，除非符合第（17）节讨论的必要性考虑。

（7）法官家人、密友或同事在案件中的利益，应被视作会引

---

① J. O. Wilson, A Book for Judges (1980) at 23.

② Code of Civil Procedure, art. 234-235.

③ J. Shaman et al., Judicial Conduct and Ethics (2d, 1995) at 136.

④ American Bar Association, Model Code of Judicial Conduct (1990), Commentary to Canon 3B. "微小、无关紧要的事"是指"不足以对法官的公正性引起合理的疑虑的不显著的利益"。

起疑虑的利益吗？作为广义的一般原则，人们能够想象到，有哪些事由会导致人们认为法官家人、密友或同事在案件中的利益与法官职责有冲突。要想对这些事由进行更为精确的定义则又是另外一回事。《民事诉讼法典》第234条之（1）和（9）对需要回避的法官与当事人或律师间的亲属关系，进行了精确的界定。第235条则是关于法官本人或其"配偶"的利益引发的回避。美国律师协会《司法行为示范规范》（1990年）也对引致法官丧失案件审理资格的所谓亲属关系给予了定义。①

（8）纠缠于澄清这些观点，往往会忽略了更为根本的原则，那就是法官本人在意识到存在任何使理性、无偏见并了解具体个案情况的人担忧法官的公正的利益或关系，就应自动提出回避该案。为了促进加拿大全国范围内的司法职业道德的统一，在适用这一规则时，应避免强调更多的特殊借口。

（9）个人破产会给法官导致一系列的麻烦。法官是否可因此被解职不是本文要讨论的问题，如果回答是肯定的，那么，又应在什么条件下施行呢？《破产法》第175节认为，破产可能因灾祸而致，与行为过错没有任何关系。比如，法官可能要对其以前的合伙人的错误或其配偶或子女驾车引起的事故负责。基于这样的事实，不可能也不应该设立普遍的规则。

（10）遇有财务危机的法官，无论对于事实上的，还是想象中

---

① 以美国律师协会《司法行为示范规范》（1990年）准则3E（d）为例：

(d) 法官或其配偶，或他们三代以内的亲属，或者该亲属的配偶：

(i) 是诉讼一方，或诉讼一方的官员、董事或受托人；

(ii) 在诉讼中担任律师；

(iii) 据法官所知，案件结果对他们的影响大于所谓微小的程度，可能十分重要；

(iv) 就法官的认识，可能成为诉讼中的重要证人。

"三代以内的亲属"。下列人等属于三代以内的亲属：曾祖父母、祖父母、父母、叔伯、舅舅、姑姨、兄弟、姐妹、子女、孙子女、曾孙子女、侄甥子女。

的利益冲突都应保持更高警惕。当法官主持审理牵扯到其债权人的案件或者其他类似问题的事件时，可能会有困难。如果法官财务危机的任何一点可能引发争议，那么问题就严重了。这时，该法官可能会成为另一名同事庭审上的当事人或证人，财务危机对法官任职能力的日渐影响，将随情况和管辖的范围发生重大变化。对大的法院来说不足挂齿的情况，却可能对规模较小的法院构成重大影响。这再次证明，僵化地用分数等级来看问题根本不可行，也不明智，只能用普遍适用的规则来指导评判，也就是用合理第三人的标准，只要他们认为法官有丧失公正立场的可能，那么法官就不应坐庭听审。在有些情况下，勤勉的原则也是一个相关问题，因为有时冲突对法官的影响很深远，以致它有效地阻止了法官履行职责。法官个人的破产可能以引人瞩目的形式引起这些问题。当法官遇到了财务危机或类似事情，并意识到可能因此影响公众对其公正性的认识时，他们应主动提请首席法官注意他们的问题。

（11）披露。加拿大没有关于财产情况披露的成文法要求，这解决不了什么时候法官应向当事人披露可能被认为会引起潜在利益冲突的职业道德问题。英格兰和澳大利亚的立场似乎是，法官应披露任何可能要求法官回避的利益或因素。① 然而，这一观点是以另一观点为前提的，那就是披露是为了寻求当事人对该法官听审案件的认可。

（12）是否在某些情况下，当事人的认可是法官得以庭审案件的关键，这是下一节的题目。然而，披露和认可不是两个必然关联的问题。至此，可以得出的结论是，法官应在法庭记录中披露任何可能支持法官不适任论点的事情。

（13）当事人的认可。《司法行为评述》一书承认，试图通过向当事人披露情况，期望取得他们的认可，从而解除人们对法官不适任的担忧，这在实际操作中有困难。该观点令人担心之处在于，它将律师置于了不公的地位。有人曾说，律师只能要么被认可，要

---

① 如 S. Shetreet, Judges on Trial, (1976) at 305; J. B. Thomas, Judicial Ethics in Australia (2d, 1997) at 53-55.

么冒被视为麻烦制造者的风险。①

(14) 法官本人认为回避更为恰当时,即使当事人同意也不足以使法官可以继续审理。因而,需要当事人同意只适用于有限的情形,即法官认为关于回避与否存在争议,但最终在法官看来,合理的第三人不应有关于法官缺乏公正性的担忧。这种方式可能将律师陷于更加为难的境地。披露情况并寻求当事人同意继续审理,法官无异于是在向大家说,一个合理的第三人不会认为存在法官丧失公正立场的可能。因而,一旦律师不予认可,律师(或其客户)可能被视为选择了不合理的立场。解决这一担忧的方法之一,可能就是采纳英国的做法,只告知法官有当事人反对该法官继续审理案件,但不告知究竟是哪方当事人反对。②

(15) 更好的解决办法是,法官不必征得当事人认可就作出决定,但是可能会听取同事或首席法官的意见。如果法官认为合理的第三人在考虑这一问题时,根本不会产生什么法官有失公正的担忧,那么他就可以继续把案子审下去。如果结论相反的话,法官就应回避。

(16) 有两种情况,法官应在法庭记录中披露,并邀请当事人发表意见。第一,法官对回避是否有争点存有疑问时。第二,意想不到的问题在程序即将开始或进行中才出现。法官在征求意见时,必须强调不是在寻求律师的认可,只是为了大家共同来弄清楚是否有关于回避的争点存在以及在该情况下,必要性原则是否适用。

(17) 必要性。在有些极端的情况下,我们可能必须撇开上述所有观点。必要性原则认为,虽然法官可能被视为应当回避,但是,如果法官放弃审理该案件,那将导致更大的不公,权衡利弊,法官应选择继续审理。它的出现可能有两种情况:延期审理或宣布审判无效会造成不当的困难,或者没有其他适任的法官可以审理

---

① See Commentaries on Judicial Conduct (1991) at 74.
② S. Shetreet, Judges on Trial, (1976) at 305.

该案。①

(18) 关于法官是否可以作为遗嘱执行人的观点，数目可观。Shetreet 描写道，英国的实践是，在没有报酬、不必终日打理受托财产也不会影响法官司法职责的前提下，法官可以作为其朋友或亲戚的遗嘱执行人。② 在美国，律师协会的《司法行为示范规范》(1990 年) 对该问题作了下述规定：

①法官不得作为遗嘱执行人或管理员或其他形式的身份代表人、受托人、保管人、事实上的律师或其他形式的受托人，除非为了法官本人的家庭成员的不动产财产、信托财产或人员，但是仍以不得影响司法职责的正当履行为限。

②如果法官作为受托人，可能会陷入诉讼，而且这些诉讼一般情况下会提交该法官裁量，则法官不应担任受托人，如果不动产、受托财产或被监护人卷入诉讼对抗，而且提交到法官所在法院或其上诉管辖权范围内的下级法院的，法官同样不应担任受托人。

③适用于法官个人的财务活动限制，同样适用于他实施的受托行为。③

在加拿大，《写给法官们的书》(英文版和法文版)④ 和《司法行为评述》⑤ 一致认为，作为一般规则，法官不应作为受托人，但是如果财产属于亲戚或密友，并且事情简单、没有争议时，可以允许法官接受委托。如果前述先决条件经证明有误，上述的几个权威著作都建议法官及时退出受托事务。

总结下来，对该问题的一个有效的观点是：

①一般规则是，法官不得做遗产执行人。

②如果有下列情况，法官作为遗产执行人亦非不当：

---

① See J. O. Wilson, A Book for Judges (1980) at 29.
② S. Shetreet, Judges on Trial, (1976) at 331.
③ American Bar Association, Model Code of Judicial Conduct (1990), Commentary to Canon 4E.
④ G. Fauteux, Le Livre du Magistrat (1980) at 24.
⑤ See Commentaries on Judicial Conduct (1991) at 35-36.

(a) 法官不收取报酬；

(b) 受托财产属于法官的密友或亲戚所有；

(c) 不可能有人质疑；

(d) 担当该责任不会影响法官的司法职责。

③一旦已经担当了遗产执行人，如果受托财产发生争议或者会影响司法职责的履行，那么法官应辞去该职。

(19) 以前的客户。

涉及法官以前的客户、以前供职的律师行或法官受任命前曾工作过的政府部门或法律援助机构时，法官是否应听审这些案件？对于这一问题，需要考虑以下三项内容：第一，法官不应处理确有利益冲突的案件。例如，在受任命前就对案件中某些保密的内容有所了解。第二，必须避免出现合理第三人看来有公正丧失之嫌疑的情况。第三，法官不应无谓地回避，因为这样做会增加同事的负担，而且会加剧法院工作的迟滞。

下列是一些可能有益的指导方针：

(a) 曾私人执业的法官在被任命为法官前，本人或其律师事务所，作为律师或因其他方面的职责直接介入的案件，法官不宜再审理。

(b) 如果法官以前供职于政府或法律援助机构，那么方针(a) 就不能严格适用。比较明智的选择是，当涉及当地办事处的案件在法官被任命前就开始了诉讼程序，则法官不要去审理该案。

(c) 关于法官与以前的合伙人或同事和以前的客户的关系，传统的观点是要经过一个"冷却阶段"，按地方习惯，这个阶段经常是两三年或五年不等，无论如何，至少这一阶段应与律师和法官之间感情存续时间相关，对于如何处理与以前的客户的关系，由方针 (a) 指导。

(d) 对于那些律师的朋友和亲戚，适用与利益冲突有关的一般规则，也就是说，只要理性、无偏见并了解具体个案情况的人认为法官的公正性值得怀疑，法官就不应审理这一案件。

对于向在职法官任期结束后的就业伸出橄榄枝的问题，需要类似的处理方法。这种表示可能来自律师事务所,也可能来自其他潜在顾主。对于这种情况,在理性、无偏见并了解具体个案情况的人看来,法官的个人利益和职责间存在产生冲突的风险。法官应从这种角度审视这些友好的表示。同样需要铭记的是,即使现在已不是法官,但只要他曾经当过法官,其行为就同样会影响公众对司法的认识。

附录3　2015年加拿大司法理事会调查细则[①]

解释

定义

（1）下述定义适用于本细则：

"法令"

"法令"指的是《法官法》。

"资深成员"

与投诉或指控有关的"资深成员"指的是之前没有考虑过投诉事项的司法行为委员会中任职时间最长的成员，在没有合适的司法行为委员会成员的情况下，指的是之前没有考虑过投诉事项的任职时间最长的司法理事会成员。

司法行为审查小组的成立与权力

成立司法行为审查小组

（2）①为了处理对高等法院法官的投诉或指控，司法理事会设立了司法行为委员会，如果司法行为委员会主席或副主席判定投诉或指控可能足够严重，以至于需要免除法官职务，则可成立一个司法行为审查小组，由审查小组依据《法官法》第63（3）条判断是否应成立调查委员会。

指定成员

②由资深成员指定司法行为审查小组的成员。

司法行为审查小组的组成

③司法行为审查小组由5人组成，其中有3名司法理事会成

[①] 夏利华译，黄文旭校。Canadian Judicial Council Inquires and Investigation By-Laws, 2015, https://www.cjc-ccm.gc.ca/cmslib/general/CJC-CCM-Bylaws-Reglement-2015.pdf.

员，1名普通法官（puisne judge），以及1名既非法官也非律师的成员。

严重的事项

④司法行为审查小组只有在投诉事项可能足够严重以至于需要免除法官职务时才可决定组建调查委员会。

退还给主席或副主席的事项

⑤如果司法行为审查小组决定不组建调查委员会，则必须把该事项退给司法行为委员会主席或者副主席，以便他们用一个最合适的方式作出解决问题的决定。

通知投诉人

⑥如果司法行为审查小组决定组建调查委员会，则司法理事会的执行主任必须以书面形式通知投诉人。

问题的结论、理由和声明

⑦司法行为审查小组必须为调查委员会考虑的争议问题准备好书面理由和声明。司法理事会执行主任必须把司法行为审查小组对问题的结论、理由和声明的副本发送给：

a. 被诉讼法官及其所在法院的首席大法官；

b. 加拿大司法部部长。

c. 调查委员会（一旦成立的话）。

邀请司法部部长指定成员的通知

⑧司法理事会执行主任应当给司法部部长发送通知，邀请司法部部长根据《法官法》第63（3）条，指派一名省律师协会的律师加入调查委员会。

为调查委员会指定成员

指定成员

（3）①依据《法官法》第63（3）条成立的调查委员会成员数量为单数，由资深成员指定，多数来自司法理事会。

候补成员

②如果司法部部长自收到第2（8）条下的通知之日起60日内没有指定任何成员，资深成员就可以再指派一名理事会成员加入调

查委员会，以完成调查委员会的组建。

资深成员指定主席

③由资深成员指定调查委员会中的任何一员担任委员会主席。

不能成为调查委员会成员的人

④列人员不能成为调查委员会的成员：

a. 将案件提交司法行为审查小组的司法行为委员会主席或者副主席；

b. 与受调查的法官所属同一法院的成员；

c. 参与审议是否要成立调查委员会的司法行为审查小组的成员。

法律顾问或者建议者

提供建议和协助的人员

(4) 调查委员会可以雇佣法律顾问和其他人员以提供建议，协助调查的进行。

调查委员会的程序

投诉或指控

(5) ①调查委员会可以考虑任何引起其注意的与法官有关的投诉或指控。在这一过程中，调查委员会必须考虑司法行为审查小组对争议问题的书面理由和声明。

对回复的充分通知

②调查委员会必须向法官告知所有涉及该法官的投诉与指控，并且必须给予法官充分的时间以便作出彻底答复。

法官的意见

③调查委员会可以根据实际情况设定一个接收法官意见的合理期限，并且必须将该期限通知法官，对于期限内收到的法官意见，调查委员会必须考虑。

公开或者不公开听证会

(6) ①根据《法官法》第63（6）条，调查委员会的听证会必须公开进行，除非调查委员会认为公共利益和司法正当管理需要听证会全部或部分不公开进行。

不符合公共利益时禁止公开

②如果调查委员会认为向其出示的信息或文件的公开不符合公共利益，则可以禁止公开这些信息或文件，并且可以采取一切必要措施以保护某些人员的身份，这些人员包括在考虑有关法官的投诉或指控中向其作了秘密保证的人员。

公平原则

（7）调查委员会在实施调查的过程中必须以公平为原则。

调查委员会的报告

结论报告

（8）①调查委员会必须向司法理事会提交一份关于是否建议免除法官职务的结论报告。

报告副本和通知投诉人

②报告提交理事会之后，执行主任必须向被投诉法官或其他参加听证的人或机构提供一份报告副本。如果有投诉人，在调查委员会完成报告时，执行主任必须同时通知投诉人。

听证会公开进行

③如果听证公开进行，则报告必须公开，如果有投诉人，还应给投诉人提供一份报告副本。

法官对调查委员会报告的回复

法官的书面意见

（9）①自收到调查委员会报告之日起30天内，法官可向司法理事会提供一份有关该报告的书面意见。

延期

②如果法官申请延期，并且司法理事会认为延期符合公共利益，则理事会必须同意法官延期提交书面意见。

理事会关于免除法官职务的审议

资深成员主持会议

（10）①能够参与关于免除法官职务的审议的资深成员需要主

持理事会中与该审议有关的所有会议。

法定人数

②对免除法官职务进行审议的会议需要17名司法理事会成员。

法定成员死亡、丧失行为能力、辞职或者退休

③在审议过程中，如果17名法定成员中有发生死亡、丧失行为能力、辞职或者退休的情况，则剩余的成员构成法定人数。

平局时投票

④在理事会对是否免除法官职务进行审议的过程中，主持会议的资深成员可以在理事会双方意见不分胜负时投票决定理事会的结论报告。

审议

⑤理事会关于免除法官职务的审议也能以语音会议或者视频会议的形式进行。

理事会对调查委员会的报告进行考虑

对报告和书面意见进行考虑

（11）①司法理事会必须考虑调查委员会的报告和被投诉法官所提交的书面意见。

禁止参与人员

②第3（4）条所提到的人员以及调查委员会的成员不允许参加理事会对报告的考虑或者理事会对相关事项的其他审议。

澄清

（12）如果司法理事会认为调查委员会的报告需要进一步澄清说明，或者需要补充调查或调查，理事会可以将全部或部分事项退回调查委员会，并附指导意见。

理事会报告

给司法部部长的结论报告

（13）司法理事会执行主任必须将依据《法官法》第65条提交给司法部部长的结论报告副本提供给被投诉法官。

过渡条款

(14) 尽管存在本细则,如果审查小组或调查委员会进行的调查或调查以及司法理事会依据第 11 条或第 12 条实施的行为是根据《2002 年加拿大司法理事会调查细则》启动的,则继续适用本细则生效前该细则的最新版本。

废止

(15)《2002 年加拿大司法理事会调查细则》[①] 废止。

生效

(16) 本细则登记之日生效。

[①] SOR/2002—37.

附录4　加拿大司法理事会关于对联邦政府任命的法官投诉或指控的审查程序[①]

简称:"审查程序"

2015年7月29日生效

加拿大司法理事会的审查程序

1. 定义

下列定义适用于这些程序。

"法"指的是《法官法》。

"细则"指的是《加拿大司法理事会调查细则》。

"投诉"指的是有关高等法院法官的投诉或指控。

"主席"指的是司法理事会建立的司法行为委员会的主席或一位副主席,但这一定义不适用于第2条。

"首席法官"指的是司法理事会成员中的首席法官或资深法官。

"理事会"指的是根据《法官法》第59条设立的加拿大司法理事会。

"执行主任"指的是司法理事会首席行政官。

"调查委员会"指的是根据第63条第3款成立的委员会。

"审查小组"指的是根据细则第2条成立的司法行为的审查小组。

2. 投诉程序的管理

2.1　执行主任负责司法投诉程序的管理,包括接收投诉申请。

2.2　司法理事会主席不参与对投诉的处理。

[①] 龙俊文译,黄文旭校。Canadian Judicial Council Procedures for the Review of Complaints or Allegations About Federally Appointed Judges, https://www.cjc-ccm.gc.ca/cmslib/general/CJC-CCM-Procedures-2015.pdf.

3. 提出投诉

3.1 包括司法理事会成员在内的任何人均可对法官提出投诉。

3.2 投诉必须以书面形式,并以邮寄或其他电子方式送达理事会办公室。

3.3 对于匿名投诉,应尽最大可能与其他投诉以同样的方式予以处理。

4. 执行主任的初步筛选

4.1 执行主任必须对所有表面上看旨在提出投诉的来信进行审查,以确定其是否值得考虑。

4.2 对于任何引起到执行主任注意的涉及高等法院法官行为的其他事项,如果表面上看值得考虑,执行主任也可进行审查。

4.3 如果执行主任决定把某事项纳入考虑范围,则必须将该投诉提交给司法行为委员会主席,而不是提交给和被投诉法官在同一法院工作的理事会成员。

5. 初步筛选标准

基于本程序的目的,以下事项不值得考虑:

(a) 微不足道、无理取闹、目的不正当的投诉,明显无实质内容的投诉或滥用投诉程序的投诉;

(b) 不涉及行为的投诉;

(c) 其他任何不符公共利益且不应得到司法行政考虑的投诉。

6. 主席筛选

司法行为委员会主席必须审查执行主任提交的事项,并且可以:

(a) 向投诉人寻求额外信息;

(b) 寻求被投诉法官及其所在法院首席法官的意见;

(c) 如果司法行为委员会主席认为不值得进一步考虑,则撤销该案。

7. 撤回投诉

如果投诉人以书面方式撤回投诉,司法行为委员会主席可以:

(a) 撤案;

(b) 对值得考虑的事项继续审查。

8. 主席的进一步筛选

8.1 如果司法行为委员会主席决定根据第 6（b）段寻求意见，执行主任必须给被投诉的法官和其所在法院的首席法官写信，分别要求他们在收到请求后 30 日内提供书面意见。执行主任必须将主席在第 8.2 条下的权力告知被投诉法官。

8.2 司法行为委员会主席必须审查被投诉法官和其所在法院首席法官的意见，以及他们收到的任何其他相关材料，并且可以：

（a）如果司法行为委员会主席的结论是不需要采取进一步措施，则撤销该案；

（b）暂时搁置，等待补救措施；

（c）要求根据第 9.1 条进一步收集信息，如果司法行为委员会主席认为这样做有助于处理该案；

（d）如果司法行为委员会主席认定该事项足够严重以至于需要免除法官职务，则根据细则第 2（1）条将该事项提交审查小组。

8.3 当根据第 8.2（a）条撤销案件时，司法行为委员会主席可以通过书面方式对法官的行为进行评估，并表达主席对该行为的顾虑。

8.4 当根据第 8.2（b）条将案件暂时搁置的情况下，司法行为委员会主席可以：

（a）在与被投诉法官所在法院的首席大法官协商并征得法官的同意后，建议通过咨询或其他补救措施来解决投诉中确定的任何问题；

（b）如果问题得到妥善处理，则将案件终结。

8.5 如果将投诉事项提交审查小组，则司法行为委员会主席必须提供书面理由。执行主任必须向被投诉法官及其所在法院的首席法官提供一份书面理由副本，并邀请法官在收到邀请后 30 日内以书面方式向审查小组提交意见，其中包括是否应成立调查委员会的意见。

8.6 在第 8.5 条下的邀请送达被投诉法官 30 日后，执行主任将把从该法官处收到的意见提供给审查小组。

9. 信息收集

9.1 司法行为委员会主席可以指示执行主任聘请一名调查员来收集有关投诉事项的更多信息，并准备一份报告。在这种情况下，执行主任必须告知被投诉法官及其所在法院的首席法官。

9.2 调查员的职责是收集相关信息。如果必要，他们可能会进行秘密采访，并可能向提供信息的人确保保密。

9.3 在完成最终报告之前，调查员必须为法官提供对调查中获得的信息发表意见的机会。该法官的意见必须包括在调查者的报告里。

9.4 在信息是秘密获得的情况下，调查员必须在报告中写明已经提供保密保证的原因。

9.5 执行主任必须将调查员的报告提供给司法行为委员会主席和被投诉法官。

9.6 司法行为委员会主席必须审查报告，并且可以：

（a）如果司法行为委员会主席得出不需要采取进一步措施的结论，则撤销该案；

（b）暂时搁置，并等待补救措施；

（c）如果司法行为委员会主席认定该事项足够严重以至于需要免除法官职务，则根据细则第2（1）条将该事项提交审查小组。

9.7 在根据第9.6（b）条将案件搁置的情况下，司法行为委员会主席可以：

（a）在与被投诉法官所在法院的首席大法官协商并征得法官的同意后，建议通过咨询或其他补救措施来解决投诉中确定的任何问题；

（b）如果问题得到妥善处理，则将案件终结。

9.8 如果司法行为委员会主席根据本条将案件撤销或终结，执行主任必须通过信件将案件已撤销或终结的情况通知投诉人，并将该信件副本提供给被投诉的法官及其所在法院的首席法官。

10. 涉及理事会成员的投诉

10.1 当投诉涉及身份为首席法官的理事会成员时，适用第6条至第9条应将该首席法官排除在外。

10.2 当提议撤销涉及事理会成员的案件时，司法行为委员会主席必须将案件及处理建议提交给法律界公认能力和经验俱佳的权威人士，由该人对处理建议发表意见。

11. 推迟与被投诉法官的通信

11.1 在任何时候，如果司法行为委员会主席或审查小组发现被投诉法官仍在处理投诉所涉事项，则可以通过以下方式推迟和该法官的一切通信：

（a）将给该法官的信件寄送给该法官所在法院的首席法官，并要求首席法官在其认为合适的时候将该信件交给该法官；

（b）推迟给该法官的信件，直到该法官不再处理投诉所涉事项。

11.2 当司法行为委员会主席根据本条推迟与法官的通信时，与投诉人的通信也应当相应推迟。

12. 投诉通知

12.1 当案件被司法行为委员会主席撤销或终结时，执行主任必须写信通知投诉人，并写明撤销或终结的理由。

12.2 执行主任也必须给被投诉法官及其所在法院的首席法官提供投诉申请的副本及告知投诉人案件已经撤销或终结的信件的副本。

12.3 当一个案件根据第8.2（b）条和第9.2（b）条搁置时，执行主任应当通过信件通知投诉人。

12.4 当司法行为委员会主席将案件推向收集信息阶段时，执行主任应当通过信件通知投诉人。

12.5 当司法行为委员会主席根据第8.2（d）条和9.6（c）条将案件提交审查小组时，执行主任应当用信件通知投诉人。

附录 5　加拿大司法理事会调查委员会实践与程序手册①

序文

《加拿大司法理事会调查委员会实践与程序手册》适用于质询委员会根据《法官法》第63（2）条的规定进行的听证会。该手册旨在为调查委员会的听证会和程序提供明晰一致的指导。该手册是根据《法官法》《加拿大司法理事会质询和调查细则》（以下简称《细则》）和《加拿大司法理事会对联邦任命法官投诉和指控的审查程序》（以下简称《审查程序》）制定的，仅具有指导意义。

司法理事会将定期对该手册作必要的修订，以反映《法官法》《细则》《审查程序》中的变化。通过出版该手册，司法理事会希望能够提高调查委员会或司法理事会进行质询或调查的效率。

1. 质询委员会

1.1　根据《法官法》第63（3）条和《细则》的规定，调查委员会由一名或多名司法理事会成员组成。加拿大司法部部长可指定一名或多名在某省或特区有至少十年从业经验的律师为成员。如果司法部部长拒绝指定律师，则只有司法理事会成员会被任命。

1.2　一旦调查委员会的组成确定，司法理事会执行主任会将所有他曾提供给被投诉法官的信息提供给调查委员会，包括任何已经准备好的报告和正在收集的信息，以及将涉案事项提交审查团的司法行为委员会成员的理由和司法行为审查团的理由。司法理事会执行主任还会将法官呈递给司法行为委员会成员或专门小组的意见提供给调查委员会。

---

①　程睿哲译，黄文旭校。Handbook Of Practice And Procedure of CJC Inquiry Committees, https://www.cjc-ccm.gc.ca/cmslib/general/CJC%20Inq%20Handbook%20-%20CCM%20manuel%20enq.pdf.

2. 总则

2.1 所有当事人、证人及他们的律师都必须在调查委员会的指导下遵从这份手册。

2.2 调查委员会的听证会可以公开进行,也可以不公开进行,除非司法部部长要求公开进行。然而,在意见被调查委员会于首次合理机会下提出之后,如果质询委员会认为该动议对于秩序维持或司法的正常管理是必需的,则质询的某些部分可以不公开进行或禁止新闻报道。

2.3 任何关于非公开听证的动议只有在相关各方包括媒体代表已得到适当通知之后才能进行。

3. 听证之前

3.1 调查委员会在必要时可聘用有专业人员为质询行为提供协助。

3.2 调查委员会可聘用一名或多名法律顾问来协助整理证据;同被认为掌握有与质询内容相关的信息和证据的人面谈;为调查委员会评议提供协助;进行法律研究;在程序事项和其他确保听证会公平公正所必需的措施上为委员会成员提供建议。

3.3 法律顾问和委员会聘用的其他人员没有独立于委员会之外的职权,他们在任何时候都受委员会职权和规则的约束。

3.4 委员会可在听证会之前召开一个或多个案件管理会议,这些案件管理会议会可现场举行,也可通过视频会议或音频会议的方式举行。

3.5 调查委员会的权限通常限制在司法行为审查团认定的"议题声明",或者司法部部长或检察总长依照《法官法》第63(1)的提出的要求。但调查委员会在给被投诉法官适当通知的前提下,可以决定某些指控不值得进一步考虑,也可以决定需要考虑与审查的额外问题。

3.6 根据《法官法》第64条,调查委员会将会准备一份详尽的指控通知,并在听证会之前提交给被投诉法官。

3.7 在举行听证会之前,调查委员会应当向被调查法官提供以下信息:已知掌握相关事实的证人的姓名和地址、证人证言以及对证人的谈话纪要。

3.8 在举行听证会之前，委员会还应向法官提供其掌握的与指控有关的所有无特权文件。

3.9 所有当事方都应在调查委员会于案件管理会议上确定的时间表内提供他们掌握的与质询事项有关的所有文件副本。委员会可以要求他们提供其掌握或控制的相关文件的原件以备检查。

3.10 在文件被提供给一方当事人之前，他们应当保证文件仅用于委员会听证会，并且为文件内容保密，直到这些文件在听证会中被采纳为证据。此外，他们还需要遵守委员会合理考量过的有关披露和宣传的其他限制条件。

3.11 任何文件都不得用于质证，除非文件副本已经提前交给调查委员会或者得到委员会的授权。

4. 听证会

4.1 除了离席这一例外情形，所有程序性事项，例如动议（Motion），都必须在听证会之前将材料提交给调查委员会，并将副本发送给所有当事方。

4.2 任何声称对文件有特权的当事人应当列举一张清单，说明对哪些文件有特权并列明理由。如果当事人申请证据上的特权（包括律师-客户守秘特权、诉讼特权、举报人特权、内阁特权、公共利益特权），调查委员会将审查申请特权的文件以判定是否适用特权。

4.3 可向调查委员会主张机密谈话特权（医生和病人、心理医生和病人、记者和线人、宗教谈话）。

4.4 调查委员会可依申请或依职权主动开出传票。在工作期间，行动资金和出席费用应按听证会举行地的省高级法院适用的规则支付。

4.5 证人在作证时应当宣誓或作郑重声明。

4.6 调查委员会和被投诉法官应当告知对方他们想要传唤的证人的姓名、地址和电话号码。如果已经与证人面谈，委员会或法官则根据具体情形将对方所需的证言概要提供给对方。如果还没有与证人面谈，委员会或法官将在可能的情况下要提供证人可能掌握的信息概要。

4.7 调查委员会应当确定盘问证人的规则,包括交叉盘问或重复盘问的权利。

5. 听证会的结论

5.1 在听证会作出结论之前,应给在场当事人以机会向调查委员会陈述有关案件的最后意见。

5.2 在听证会作出结论之后,调查委员会需向司法理事会提交一份报告,写明是否建议免除法官职务的结论并陈述理由。

附录6　加拿大司法理事会年度报告 2015—2016[①]

（2015年4月—2016年3月）

前　言

去年，我们承诺给读者提供更多的有关司法行为的投诉是如何审查与处理的信息。司法理事会在网站上为读者开辟了一个新的栏目，在该栏目可以按年份查到几乎所有投诉的摘要。我们在继续考虑如何以最好的形式呈现投诉摘要。同时，我们希望读者发现这一增加的信息是有用的，符合我们的工作更加透明和更负责任的原则。

调整对有关司法行为的投诉进行审查的新版程序规定和细则于2015年7月29日生效。这些修改是经过近两年的咨询和起草完成的。新程序规定的最终目标是使对司法行为投诉的审查更有效率，更有效果。新程序的概况如下：

2015年版审查程序的重要改变是授予执行主任和高级法律顾问一项权力，即在初步筛选程序中确定来信是否构成值得考虑的投诉。2015年7月之前，是由司法行为委员会成员来确定来信是否构成一项投诉。通过授予执行主任对来信初步筛选的权力，可以大大提高效率。如果执行主任认为某一事项值得考虑，则会将该事项提交给司法行为委员会的首席大法官。

案　件　量

由于新的程序规定于2015年7月29日生效，2015年的案件量

[①] Canadian Judicial Council Annual Report 2015-16, https：//www.cjc-ccm.gc.ca/cmslib/ar15-16/en.html.

分为两个部分：程序规定修改前的期间，即 2015 年 4 月 1 日至 7 月 28 日；新程序规定生效后的期间，即 2015 年 7 月 29 日至 2016 年 3 月 31 日。

改革前：2015 年 4 月 1 日至 7 月 28 日。

新增投诉：58 件。

结案投诉：51 件。

收到来信：247 件。

指令型信件：120 件。

无理或滥用程序：12 件。

改革后：2015 年 7 月 29 日至 2016 年 3 月 31 日。

新增投诉：223 件。

结案投诉：235 件。

收到来信：404 件。

指令型信件：58 件。

无理或滥用程序：3 件。

（从开改前开始的遗留案件）

总　　结

2015—2016 年，司法理事会一共收到 651 件有关司法行为问题的来信。由于新程序规定和提高程序效率和效果的需要，司法理事会新增 281 件投诉案件，结束 286 年投诉案件（一些投诉是上一年度遗留的案件）。

很明显，人们给司法理事会的来信数量缓慢但稳步增长。虽然并非所有来信都是有关法官行为投诉的，但司法理事会认真审查了每一封来信。

财务概要

人事：1 062 302 加元。

交通与通信：63 155 加元。

信息：32 510 加元。

专业与特殊服务：252 099 加元。

租金:24 834加元。

采购、维修与保养:18 073加元。

物资供应:17 142加元。

采集设备:51 170加元。

其他补贴与付款:2 803加元。

总预算:1 537 244加元。